湖南师范大学道德文化研究中心
中国特色社会主义道德文化省部共建协同创新中心
国家社科基金项目"当代中国家庭政策建构的伦理维度研究"
（16BZX104）
资助成果

李桂梅

——

著

ETHICAL DIMENSIONS OF
FAMILY POLICY CONSTRUCTION
IN CONTEMPORARY CHINA

当代中国
家庭政策建构的
伦理维度研究

社会科学文献出版社
SOCIAL SCIENCES ACADEMIC PRESS (CHINA)

李桂梅

  湖南师范大学道德文化研究中心、中国特色社会主义道德文化省部共建协同创新中心教授、博士生导师。湖南省青年骨干教师,湖南省青年社会科学研究人才"百人工程"人选,湖南省新世纪121人才工程人选。主要研究伦理学原理和家庭伦理,主持国家社科基金课题4项、教育部人文社会科学重点研究基地重大项目1项和省级社科基金课题10余项,出版专著、合著10余部,发表学术论文90余篇。

目　录

导 言

　　家庭政策是现代社会的产物。工业化、城镇化在推动社会发展的同时，也带来了一系列的社会问题，家庭作为最古老的社会制度，也遭受了现代化的严峻挑战，家庭失去了传统的社会保障功能。最初的家庭政策为的是弥补家庭功能缺陷，它是补缺和应急性的政策，针对的是特殊的问题家庭，主要集中于妇女权利和儿童照料，对家庭的保护和支持非常有限。

　　"二战"结束后，西方国家在发展经济和国家重建中，其家庭政策也开始走向普惠发展，这一时期是西方福利国家发展的黄金时期。西方国家创建家庭政策机构，对家庭事务进行专门管理，并实施家庭津贴发展计划等。这一时期的家庭政策过度强调国家的福利功能而忽略了家庭自身的保护功能，导致家庭和社会成员对国家福利的依赖。20世纪70年代福利国家危机的爆发，促使西方国家反思国家、家庭、市场等主体在家庭福利供给中的角色和责任，家庭又重新回到家庭政策制定者的视野中，他们开始重视家庭在福利供给体系中的作用，并给予家庭以发展型的福利支持。20世纪90年代以来，以詹姆斯·梅志里为代表的学者提出了"发展型社会政策"，这一提法注重对公民尤其是弱势群体的人力资本的积累，强调福利接受者的劳动参与，试图通过政策措施和福利服务帮助弱势群体增强自我生存和发展的能力。这一时期家庭政策的重点在于预防和早期干预，并把支持家庭、维护家庭和促进家庭发展当作政府和全社会的目标。

　　中国社会正处于传统社会向现代社会的快速转型期，家庭所面临的问题与西方家庭政策改革时有相似之处。婚姻的稳定性下降，生育率持续低迷，人口老龄化加速，家庭规模缩小，老人赡养和儿童抚育问题突出，"两性养家模式"下男女两性工作与家庭的平衡问题凸显。这些都急需家庭政策的积极应对和介入。但从目前来看，我国的家庭政策还无法适应家庭的变化和需要，具有一定的滞后性。如何在吸取和借鉴西方家庭政策改革的经验和教训、继承中国传统文化重视家庭及家庭责任的优良传统的基础上，建构与中国的政治、经济、文化相适应的具有中国特色的家庭政策，是一个重大的理论和实践课题。从伦理的角度对当代中国家庭政策的建构进行探讨具有重要价值。这表现为一方面拓展应用伦理学的研究视域，伦理学是政策科学的重要学科基础，对家庭政策的伦理分析是伦理学需要重视的内容；另一方面为政府制定家庭政策提供理论的支持和指导。随着经济社会结构的急剧变化，家庭承受的压力和面临的风险越来越大，给予家庭以人文关怀和社会的积极实质性支持、改善家庭的生态环境，是家庭政策和服务的题中应有之义。本研究探讨家庭政策建构的伦理价值观念，有助于政府进一步改革完善家庭政策。

政策科学或政策分析是第二次世界大战后首先在美国兴起的，它是政治学、经济学和社会学等跨学科综合性研究的重要议题，政策的伦理分析也是政策分析的一部分，伦理学是政策科学的重要学科基础，甚至有学者认为政策科学是应用伦理学，在政策制定、执行和评估的各个环节都存在价值分析和价值判断，对家庭政策的伦理分析是保证政策合理性的价值基础。也正是在这一时期，西方家庭政策研究进入一个以价值研究为中心的反思时期。公共政策价值分析成为新的研究趋势，研究更加注重公共政策与伦理价值的相关性，主要研究政策的价值观、政策的合理性、决策伦理等问题，如罗尔斯（Rawls）的《正义论》、布坎南（Buchanan）的《伦理与公共政策》、高斯罗普（Gawthrop）的《公共部门的管理、系统与伦理学》，以及卡恩（S.M.Cahn）、卡萨西可夫（T.Kasachkoff）主编的《道德与公共政策》等。总之，西方家庭政策研究的多学科综合理论视角和研究方法，尤其是价值研究的视野值得我们学习与借鉴。

中国家庭政策研究始于 20 世纪 80 年代，先后经历了三个不同的发展阶段：起步阶段（1981-2000 年），论文发表少、研究进展缓慢，少有引用率高或社会影响力大的研究论文，研究内容主要是西方学者向中国介绍西方家庭政策研究成果，如 M. 拉罗克的《法国的家庭体制和家庭政策》、莫利纽克斯的《社会主义国家的家庭政策》、利格尔的《苏联家庭政策的马克思主义基本原则》和 B. J. 纳尔逊与子华的《西方家庭生活的变化——评有关西方家庭政策的 7 部著作》。成长阶段（2001-2006 年），研究论文开始增多，最具代表性的是张秀兰与徐月宾的《建构中国的发展型家庭政策》，首次明确提出转型期的中国需要在政策范围内承担保护家庭的责任。稳步发展阶段（2007 年至今），研究论文数量相对稳定。

目前国内有一定数量的家庭政策研究成果，主要专著有吕青和赵向红合著的《家庭政策》（社会科学文献出版社，2012），祝建华的《缓解城市低保家庭贫困代际传递的政策研究》（浙江大学出版社，2016），吕亚军的《欧盟层面家庭政策研究》（经济科学出版社，2009），刘笑言的《走向关怀：性别正义视阈下家庭政策的理论模式比较研究》（吉林大学出版社，2016），金一虹和史丽娜主编的《中国家庭变迁和国际视野下的家庭公共政策研究》（南京师范大学出版社，2014），胡湛的《传统与超越：中国当代家庭变迁与家庭政策》（社会科学文献出版社，2018）等。

以上著作中吕青和赵向红合著的《家庭政策》是国内第一部单独以家庭政策为书名的著作，在该书中，作者对当前学者争议颇多的家庭政策的含义进行了梳理和总结，并将家庭政策界定为："它是一种获得合法性与权威性并由多种主体共同参与的，针对家庭资源与家庭行为实施引导、干预与管理的政策手段与集体行为方式。"[①] 此外，作者还对中西方家庭政策及其演变进行了细致的分析，在作者看来，在新形势下，"我们应该作出新选择：重视家庭，形成全社会支持家庭、投资儿童的社会环境和制度体系，发挥政府、市场组织、社区及公民社会组织的功能，支持家庭、帮助

---

① 吕青、赵向红：《家庭政策》，社会科学文献出版社，2012，第 40-41 页。

家庭更好地履行其责任"。① 其他著作分别从不同的视角对家庭政策展开了研究，它们的共同点是旨在为中国的家庭政策体系的完善出谋划策，提升家庭的发展能力，建设和谐家庭。

论文方面的研究内容与政策学科的性质相吻合，既有描述性（事实性）的也有规范性（价值性）的。但从已有的文献来看，家庭政策研究中描述性成分占比较大的文献较多，集中在以下三个方面：第一是围绕家庭变迁对家庭政策进行研究；第二是对发达国家（主要是西方）家庭政策及其对中国的启示的研究；第三是基于特定视角对家庭政策进行研究。

第一是围绕家庭变迁对家庭政策进行研究。吴帆的《第二次人口转变背景下的中国家庭变迁及政策思考》（《广东社会科学》2012 年第 2 期）以第二次人口转变为背景，阐述了这次转变中家庭变迁所引发的家庭困境和政策需求，以此为基础对家庭政策进行研究，并提出了自己对中国家庭政策建构的建议；李楯通过对中国家庭制度的特质进行分析，阐述了中国家庭的变迁，并概括了当代中国家庭政策的特点。他强调这些特点实际上反映了国家在家庭变迁和家庭政策中的作用，并认为"家庭政策、法律及实际社会生活之间的关系，是研究中国家庭的重要课题"。② 胡湛、彭希哲对家庭变迁背景下的中国家庭政策进行了专题研究，他们指出随着人口的转变和经济的发展，家庭也发生了巨大的变迁，为此当代中国的家庭政策也必须作出相应的变革和调整：中国的家庭政策体系应当尽快实现向明确型和发展型转变。首先，应创建专门的家庭政策机构，在统筹行政资源的基础上有效推动中国家庭政策的重构；其次，明确将家庭整体作为基本的福利对象，考虑不同类型家庭的福利需求；最后，以发展家庭能力为目标进行家庭投资、强化家庭政策的适度普惠性，并尽量避免其他政策安排与家庭政策的相互制约乃至冲突。③

---

① 吕青、赵向红：《家庭政策》，社会科学文献出版社，2012，序言，第 2 页。
② 李楯：《家庭政策与社会变迁中的中国家庭》，《社会学研究》1991 年第 5 期。
③ 胡湛、彭希哲：《家庭变迁背景下的中国家庭政策》，《人口研究》2012 年第 2 期。

第二是通过对西方家庭政策的转变和主要家庭政策类型进行阐述，指出中国家庭政策的建构可以从中得到一定的启示和参考。盛亦男、杨文庄认为："依据西方发达国家家庭政策的已有经验，我国家庭政策体系可以采取'保基本、广覆盖、福利与调控人口并重'的政策路线。"① 何欢对美国的家庭政策进行了专题研究，她首先对美国家庭政策的含义进行了界定，然后分别对美国家庭政策的发展背景、美国当前主要的家庭政策进行了详细论述，最后将重点落在美国家庭政策的特点上，她认为美国家庭政策至少具有立法先行、政策手段灵活、重视网络服务建设、发展型社会政策模式、重视监测和评估体系建设、政策智慧突出② 等六个特点，中国家庭政策的建构可以从中得到一定的启示和参考。马春华对瑞典和法国的家庭政策进行了研究，她指出在家庭政策上瑞典偏重于性别平等，法国偏重推动工作和家庭的平衡，但是这两种政策工具不是对立的，具有重叠和相似之处，可以互补，它们对"在面临生育政策调整时继续推动妇女发展都有着重要的借鉴意义"。③

第三是基于特定视角对家庭政策进行研究。这类文章比较灵活，切入点比较多，视野也比较广阔，总的来说，有以下三种视角比较新颖，值得借鉴。①以增强家庭的发展能力为视角，张秀兰、徐月宾指出建构发展型家庭政策的关键是"在全社会形成一个支持家庭、投资儿童的社会环境和制度体系，形成一个政府、市场组织、社区及公民社会组织等都有责任、动机和行动来支持家庭、帮助家庭更好地行使其责任的制度框架"。④ ②以工作与家庭的平衡为视角，对家庭政策进行研究。张华首先对中国的工作—家庭冲突的现状和挑战进行了分析，然后结合 OECD 四个

---

① 盛亦男、杨文庄：《西方发达国家的家庭政策及对我国的启示》，《人口研究》2012 年第 4 期。

② 何欢：《美国家庭政策的经验和启示》，《清华大学学报》（哲学社会科学版）2013 年第 1 期。

③ 马春华：《瑞典和法国家庭政策的启示》，《妇女研究论丛》2016 年第 2 期。

④ 张秀兰、徐月宾：《建构中国的发展型家庭政策》，《中国社会科学》2003 年第 6 期。

典型国家平衡工作和家庭的实践，提出了自己的建议和看法，他认为："我国在建立家庭政策时需要理性对待国外的家庭政策经验、努力促进工作的灵活性与安全性的平衡、树立发展型家庭政策的理念以及将性别公正意识纳入决策的主流。"① ③以社会性别为视角，建构家庭政策。卢文玉从性别平等的视角出发，对我国婚姻家庭政策的性别盲点进行了剖析，指出有必要引入发展型社会政策理念，构建发展型婚姻家庭政策。她认为应该从三个方面入手：（1）政策理念：社会性别与发展；（2）行动体系：妇女赋权，决策过程利益表达；（3）制度转型：从规范平等到事实平等。② 计迎春、郑真真从社会性别的视角审视中国的低生育率现象，认为女性的工作—家庭冲突是关键，提出建立具有社会性别视角的公共政策是缓解冲突的社会机制，提倡马克思主义男女平等的性别意识形态是缓解冲突的意识形态基础，促进公私领域性别平等的同步发展对于缓解冲突、维持一定的生育率有积极的作用。③

　　以上对家庭政策的研究主要侧重于家庭政策整体的事实维度，涉及家庭政策的价值维度的不多。目前关于家庭政策价值维度研究的文献相对较少，已有的研究更多是从公共政策或社会政策视角展开的。具有代表性的有王庆华的《利益博弈时代公共政策的价值取向》、吴忠民的《从平均到公正：中国社会政策的演进》、文勇的《公共政策伦理研究》、赵韵玲的《公共政策过程中的价值取向研究》、王兴盛的《公共政策伦理向度研究》、谢金林的《公共政策的伦理基础研究》、陈晓虹的《公共政策的伦理价值取向》、伍颐园的《西方公共政策的伦理价值研究》、周明侠和谢峻峰撰写的《当代中国公共政策伦理研究述评》等。这些文献论述公共政

① 张华：《家庭政策：基于工作与家庭平衡的视角研究》，南京大学硕士学位论文，2014。

② 卢文玉：《论社会性别视角下发展型婚姻家庭政策的构建》，《法制与社会》2014年第7期。

③ 计迎春、郑真真：《社会性别和发展视角下的中国低生育率》，《中国社会科学》2018年第8期。

策或社会政策的伦理基础或价值取向，对社会政策的制定、执行、评估等方面的伦理问题进行探讨。如王庆华认为公共政策必然以一定的价值取向为依归，政策科学研究是问题取向与价值取向的融合，以人为本是公共政策的价值取向，最终指向是富裕、和谐、自由的价值理想。[①] 吴忠民认为公正理念是社会政策的基本立足点。[②] 赵韵玲认为对公共政策价值取向构成已基本形成共识，主要包括正义、效率、平等、民主、秩序、发展、利益等。[③] 而具体从价值维度研究家庭政策的具有代表性的文献有吴小英的《家庭政策背后的主义之争》《公共政策中的家庭定位》、吴帆的《我国家庭政策的价值取向、框架与路径》、陈友华的《减少婚姻焦虑，须从完善公共政策做起》等。这些文章聚焦当代中国公共政策中的家庭定位和家庭政策的价值问题，指出中国的公共政策或缺乏家庭视角，或对家庭没有正确的定位，或在政策的价值取向上摇摆不定，政策本身的不完善给婚姻家庭带来了一些问题。有学者认为家庭政策研究充满争议，是与其背后秉承的价值立场和主义密切相关的，[④] 中国家庭政策未来发展需要建立一套协商机制，在家庭友好、性别友好与个人友好的不同宗旨之间达成均衡与协调；[⑤] 而且认为家庭政策必须以家庭为整体进行政策评估，以家庭整体作为政策实施对象，充分考虑家庭的整体利益，以及家庭成员之间的利益关联，建立个人与家庭并重、个人与家庭关联的家庭政策。[⑥]

综观我国的家庭政策研究，主要从特定的视角如从家庭变迁、性别平等和中外政策的比较来探讨家庭政策的建构，在公共政策视域下谈家庭的定位，从家庭政策背后的主义的争议中阐述家庭政策应把握好的关系，虽

---

① 王庆华：《利益博弈时代公共政策的价值取向》，《吉林大学社会科学学报》2010年第2期。

② 吴忠民：《从平均到公正：中国社会政策的演进》，《社会学研究》2004年第1期。

③ 赵韵玲：《公共政策过程中的价值取向研究》，《改革与战略》2016年第9期。

④ 吴小英：《家庭政策背后的主义之争》，《妇女研究论丛》2015年第2期。

⑤ 吴小英：《家庭政策背后的主义之争》，《妇女研究论丛》2015年第2期。

⑥ 吴帆：《我国家庭政策的价值取向、框架与路径》，《中国妇女报》2014年6月17日。

然涉及了国家与家庭、家庭与个人、性别平等等价值问题，但大多是从现有的家庭政策存在的问题出发，从社会学、管理学和政治学等视角分析如何完善家庭政策，较少从价值维度系统研究家庭政策的建构，缺乏对家庭政策建构的价值原则和理念的系统诠释，只是泛泛而谈政策的伦理性。但已有的研究成果对于家庭政策建构的伦理研究具有重要的借鉴和启示意义。

本书在已有研究的基础上，以家庭政策的相关理论为基础，阐述家庭政策的基本价值理念和道德价值。通过对中西方家庭政策价值取向变化的历史描述及对我国家庭政策建构实践中的主要伦理问题的分析，揭示当代中国家庭政策建构的价值取向、伦理原则和伦理机制，明确家庭政策建构中其他相关者的责任，以保证家庭政策体现社会主义道德要求，实现家庭政策目标和道德导向的有机统一。其基本内容和观点如下。

第一，家庭政策的内涵及其价值属性。家庭政策有广义和狭义之分，广义的家庭政策将所有与家庭相关的政策囊括其中。狭义的家庭政策是指具有明确的家庭目标，且对象限于家庭本身或者家庭中个人的政策，具体指以家庭整体为目标对象，旨在增强家庭发展能力、完善家庭功能、提升家庭成员福利水平的一整套政策体系。家庭政策是工具理性与价值理性的统一体，它内在包含着目的理性或价值理性，具有一定的道德规定性，应该对其进行道德向度的考量和评判，政策的道德性具有内生性特征，贯穿于家庭政策的制定、执行和评估等过程。家庭价值理念为家庭政策提供价值导向和价值考量，使政策获得合理性和正当性，而政策维护家庭价值理念的有效性，保证家庭价值理念的实现。

第二，家庭政策的价值性主要体现为三个基本的伦理价值理念：权利、福利、公正。社会权利理论提供了现代福利国家发展的政治道德上的理论依据，社会福利从此摆脱了慈善救济的人道主义关怀的局限，成为人们拥有的经济与社会权利。而权利的实现和福利的获得都依赖公正的制度。权利是现代家庭政策建构的基本价值基础，福利是社会权利的实现，是家庭政策的核心内容，公正是社会权利和福利的保障。家庭政策的实质在于它是政府进行社会治理的手段，可以调节社会和家庭的利益关系，推动社会经济、文化的进步，促进家庭能力的发展。具体而言，家庭政策是通过它的导向功能、约束功能、调控功能、分配功能而发挥作用的。其道德价值表现为促使道德具体化、现实化，提供道德建设的制度化保障；促进社会治理，厚植道德建设的民生基础；增强执政合法性，夯实道德建设的政治基础；增强家庭及家庭教育功能，奠定道德建设的主体基础。

第三，每个国家的家庭政策都与它的经济、政治和文化传统紧密相关。西方家庭政策从满足生存需要开始，向满足社会成员交往、发展、尊严等高层次的需求发展，从维系社会秩序的工具性价值向重视人的价值转变，它的发展是从"家庭化"的补缺型福利、"去家庭化"的普惠型福利到"再家庭化"发展型福利的过程。中国家庭政策经历了从以公平为导向，到以经济发展为导向，到以家庭发展能力为导向的变化；中国家庭政策价值取向呈现从"去家庭化"的平均主义，到"家庭化"的功利主义，再演变到"再家庭化"整体主义（国家、家庭和家庭成员均有责任）的进路。发展型的家庭政策是我国家庭政策发展的方向。

第四，通过对家庭政策建构实践的伦理审视，我们发现当代家庭政策制定者的家庭伦理价值理念是有所缺失的。最常见的是家庭政策制定者缺失性别平等的意识。家庭政策作为社会政策的一部分，并非单独适合和作用于女性，但是它对女性的影响更大更直接，因此对家庭政策进行研究时，性别的伦理分析就非常重要。家庭政策的价值理念必须与男女平等的基本国策和法律原则一致，性别平等应该成为家庭政策制定的出发点和基本的价值原则。我国基本上是基于国家主义和功利主义的治理模式来制定家庭政策的。这种对家庭的定位损害了家庭的利益和生存环境，也制约了社会的有序发展。家庭政策制定必须走出"干预"与"放弃"家庭的两种悖论，淡化工具主义的政策取向，实现家庭政策的范式转型，真正将家庭整体及其成员作为家庭政策的对象，本着支持家庭的基本理念，维护家庭的完整和加强家庭的功能，提升家庭生活质量和能力。

第五，立足于当代中国社会转型的背景，针对家庭的变迁及家庭政策建构中的伦理问题，从家庭政策直接涉及的利益关联者的角度，即国家与家庭、家庭与个人、男性与女性的利益角度探讨家庭政策建构应有的基本价值取向。价值取向是家庭政策的最基本的价值规定性，是发展型家庭政策的具体目标。它体现为政府责任与家庭责任并重、家庭整体福利与成员福利并重、女性权益与男性权益并重。家庭政策建构的价值取向作为政策的价值目标决定了我国家庭政策必须坚持托底性、公益性、普惠性、整体性、积极性的基本原则。政策的价值取向和原则必须贯穿在政策建构的伦理机制中。其中决策的科学化和民主化是家庭政策决策的伦理要求，而法制化是家庭政策决策伦理要求实现的制度保证。

第六，落实家庭政策相关者的责任，促进家庭政策的实施。家庭政策从制定到实施，涉及政府、企业、社区、大众传媒等主体，要想家庭政策能够起作用和有影响力，各主体必须明确责任、承担义务。社区承载着的家庭既是家庭政策的适用对象，又是中国人独特的情感承载方，把社区作为基础和平台，通过建立和发展社区家庭服务体系来呼应家庭政策，可以打通政策与家庭的"最后一公里"。用人单位采取有利于工作与家庭平衡的各种人力资源管理策略，给予员工更多的伦理关怀，将有效缓解我国普遍存在的工作与家庭责任失衡的状况，进一步促进企业的发展。现代大众传媒成为家庭价值观传播的重要手段和途径，影响人们的家庭价值观念与价值选择，进而对家庭政策的制定、传播与实施产生深刻的影响。目前在家庭价值观念的传播方面存在导向错误、刻板化和媚俗化问题。因此必须发挥主流媒体的舆论导向功能，强化媒体从业人员的道德素养，健全有关的法律法规，对媒体进行引导、约束和监督，为家庭政策的顺利执行提供正确价值导向。

第一章
家庭政策伦理分析的理论基础

政策分析将事实分析和价值分析作为自己的两大方法论基础。政策分析不仅要提供相关的事实，而且要提供价值以及采取何种行为方面的知识。事实分析是价值分析的基础，价值分析是依据事实分析对客观的价值关系进行选择和判断，尽管在政策研究中我们可以将事实分析与价值分析区分开来，但在实际的社会情景中，两者相互交织、互为前提存在于我们的政策中，我们无法将它们截然区分。对家庭政策进行伦理分析，首先要对家庭政策的概念、家庭政策的伦理价值属性和道德功能做出界定和阐述。

一　家庭政策概述

家庭政策是社会政策的重要方面，而社会政策是公共政策的一个组成部分，公共政策包括社会政策。因此，要界定家庭政策，首先必须了解政策这个基本概念，在此基础上分析公共政策和社会政策。对基本概念的分析属于社会科学方法论领域，也是研究的基础和工具性的准备。

国内对政策有不同的定义。有的认为"政策是社会公共权威在特定情境中，为达到一定目标而制定的行动方案或行动准则。其作用是规范和指导有关机构、团体或个人的行动，其表现形式包括法律法规、行政规定或命令、国家领导人的口头或书面指示、政府大型规划、具体行动计划及相关策略等"。[1] 有学者认为"政策是国家机关、政党及其他政治团体在特

---

[1]　谢明编著《公共政策导论》，中国人民大学出版社，2012，第5页。

定时期为实现或服务于一定社会的政治、经济、文化等目标所采取的政治行为或规定的行动准则，它是一系列的谋略、法令、措施、办法、方法、条例等的总称"。①

西方学者对政策也有不同看法。哈罗德·拉斯韦尔（Harold D. Lasswell）等指出："政策是一种含有目标、价值和策略的大型计划。"② 拉斯韦尔的定义较为全面，指出政策包含价值。戴维·伊斯顿（David Easton）认为"政策是对全社会的价值进行权威性的分配"。③ 他所指的价值应从广义理解，包括所有有价值的东西，既指实物、资金和知识，又指权利、声誉和服务等。美国学者卡尔·弗雷德里奇（Carl J. Friedrich）认为："政策一词最普遍的社会与政治用法，是指行动过程，或有目的的行动过程。经过深思熟虑的构思，在评估可能的选择后，加以采纳、追求或刻意追求。"④ 弗雷德里奇着重强调的是政策是一个行动过程。

参考以上学者的观点，本书采用这一定义，即"政策就是正式的社会组织，包括政府也包括其他各种类型的组织，为了有计划地处理某些事务、解决某些问题、做出某些改变等，有意识、有目的地设计的行动原则和行动方案。这些行动原则和行动方案的形式化的表达方式可以是法律、法令、规划、计划、条例、规章、规定、指示等"。⑤

我国学者对公共政策的定义有多种。中国学者关信平认为公共政策是"政府或社会公共权威机构为有效管理社会、处理公共事务和解决社会问题而制定的行动方案和行为准则"。⑥ 有人认为"公共政策归根到底是解决稀缺的公共资源与不断增长的公众需求之间矛盾的具体制度设计和安

① 陈振明主编《公共政策分析》，中国人民大学出版社，2003，第43页。
② 林水波、张世贤：《公共政策》，台湾五南图书出版公司，1982，第8页。
③ 张金马主编《政策科学导论》，中国人民大学出版社，1992，第17~18页。
④ Carl J. Friedrich, *Man and His Government: An Empirical Theory of Politics*, New York, McGraw-Hill Book Company, 1963, p.5.
⑤ 杨伟民编著《社会政策导论》，中国人民大学出版社，2004，第29页。
⑥ 关信平主编《社会政策概论》，高等教育出版社，2004，第8页。

排，其实质就是以公共组织为主导，围绕利用公共权力、配置公共资源、解决公共问题、维护公共利益等所展开的一系列谋划和行动的总和"。[1]伍启元认为公共政策是政府所采取的对公私行动的指引，原文是："公共政策是将来取向的；公共政策是目标取向的；公共政策是与价值有密切关联而受社会价值所影响的；公共政策是由政府或有决策权者所采取或选择的；公共政策是具有拘束性而受大多数人接受的行动指引。"[2]

美国学者托马斯·戴伊（Tomas R. Dye）指出"公共政策是政府选择做的或选择不做的事情"[3]，侧重指出了政策的行动内容。詹姆斯·E.安德森（James E. Anderson）在《公共政策制定》一书中指出"公共政策是一个或一组行动者为解决一个问题或相关事务所采取的相对稳定的、有目的的一系列行动"。[4]

我们认同公共政策是：政府或社会公共权威机构为有效管理社会、处理公共事务和解决社会问题而制定的行动方案和行为准则。[5]

社会政策是公共政策的一个部分，我国学者对社会政策有不同的定义。有人认为它是政府为满足社会成员基本需要而采取的行动，有人认为社会政策主要是为了满足弱势群体的基本需求而采取的行动。有人认为它是"政府或其他组织在社会公平等价值目标的指导下，为了达到满足民众基本需要、解决社会问题，进而维护社会稳定和提高社会生活质量等社会目标而采取的各种福利性社会服务行动的总和"。[6]有人认为它是以"公正为理念依据，以保证民众的基本权利、提升民生水准、增进社会的整体

---

① 严强：《国家治理现代化与公共政策研究范式的选择》，《江海学刊》2014年第1期。
② 伍启元：《公共政策》（上册），台湾商务印书馆，1985，第5页。
③ 参见〔美〕托马斯·R.戴伊《理解公共政策》，谢明译，中国人民大学出版社，2011，第2页。
④ James E. Anderson, *Public Policy Making*, Fifth Edition, Boston, Houghton Mifflin Company, 2003, p.2.
⑤ 关信平主编《社会政策概论》，高等教育出版社，2004，第8页。
⑥ 关信平主编《社会政策概论》，高等教育出版社，2004，第12页。

福利、保证社会安全为主要目的，以国家的立法和行政干预为主要途径而制定和实施的一系列的行为准则、法令和条例的总称"。①

国外学者对社会政策多从广义和狭义两个方面分析。广义即对社会政策的解释不仅仅是对国家或政府既有社会政策的解释，还包括对可能和应该的社会政策的解释，对政府或国家既有的政策和项目的解释即社会政策的狭义解释。如社会政策创建时期的著名学者马歇尔（T.H. Marshall）就认为"社会政策公开宣称的目标就是福利，是政府通过向其市民提供服务或收入的方式，从而直接影响他们的福利"。② 蒂特马斯（R.Titmuss）则认为"社会政策基本上是有关矛盾的政治目的和目标的抉择，以及它们的厘定过程"③，米沙拉（Mishra）认为社会政策就是依据需求的某些标准分配社会资源的有关的社会安排或社会行动模式。④

综合上述定义，我们认为社会政策是国家或政府为实现某个历史时期的任务，以解决社会问题、保证社会安全、改善社会环境、增进社会整体福利为主要目的而采取的有关行动准则。公共政策与社会政策的不同点在于三个方面：第一，提供的物品和服务的性质不同，社会政策提供的物品和服务主要是可排他性使用或消费的物品和服务，而公共政策主要涉及的是不具有排他性的物品和服务。第二，增进社会福利的路径不同。社会政策通过增进个人福利来增进社会福利，公共政策是通过增进社会福利来增进个人福利。第三，决定政策的大前提不同。决定社会政策的大前提更多的是价值判断，是一个社会占主导地位的思想价值观念和信仰体系，而公共政策的大前提则更多的是事实判断和科学范式。

家庭政策是有争议的一个概念，对它的界定有广义和狭义之分。广义

---

① 吴忠民：《从平均到公正：中国社会政策的演进》，《社会学研究》2004年第1期。

② Marshall T.H., *Social Policy*, London, Hutchinson, 1965, p.7.

③ 〔英〕理查德·蒂特马斯：《蒂特马斯社会政策十讲》，江绍康译，吉林出版集团有限责任公司，2011，第31页。

④ 杨伟民编著《社会政策导论》，中国人民大学出版社，2004，第47页。

家庭政策的含义就是将所有与家庭相关的政策囊括其中，既包括直接以家庭为对象制定的政策法规，也包括那些不以家庭为对象和目标，但会对家庭产生不同程度影响的政策法规，其涵盖的范围较广且边界比较模糊。而从研究层面的可操作性来说，学界的共识是将家庭政策更多集中于狭义的理解，即"一般限于具有明确的家庭目标，且对象限于家庭或家庭中个人的政策"[①]；是"以家庭整体为目标对象，旨在增强家庭发展能力，替补与完善家庭功能，提升家庭成员的福利水平"[②]的一整套政策体系；是"政府通过政策作用于家庭的各项支持"。[③] 目前学界比较一致的共识是认为家庭政策适用的对象应该是家庭，它包含两层含义：一是当政策适用对象是家庭时，应从家庭的整体状况考虑政策适用条件；二是当政策适用对象是个人时，主要考虑的是个人的家庭角色和在家庭中的行为。[④]

目前，我国学界也有人认为家庭政策不是一个独立的政策体系。它只是政策研究的一个视角和一个方向，它是为保证家庭作为一种基本的社会组织单位能够正常发挥功效而设计的方案和举措。从这个意义上而言，我们可以说家庭政策就是社会政策。中国政府的文件没有界定家庭政策。目前，中国正式的法律法规和政策文件中一直没有"家庭政策"的表述及系统论述。《国家人口发展规划（2016—2030年）》初步提出了"建立完善包括生育支持、幼儿养育、青少年发展、老人赡养、病残照料、善后服务等在内的家庭发展政策"。尽管如此，仍然没有对家庭（发展）政策做出明确的界定和边界划分。[⑤]

家庭政策起源于欧洲，最初的家庭政策包含在人口政策或劳动保护政策中。但对于什么是家庭政策，至今没有统一的定义。有学者认为"家

① 陈卫民：《我国家庭政策的发展路径与目标选择》，《人口研究》2012年第4期。
② 吴帆：《第二次人口转变背景下的中国家庭变迁及政策思考》，《广东社会科学》2012年第2期。
③ 吕青、赵向红：《家庭政策》，社会科学文献出版社，2012，第36页。
④ 陈卫民：《我国家庭政策的发展路径与目标选择》，《人口研究》2012年第4期。
⑤ 钟晓慧：《改革开放以来政策过程中的积极家庭》，《妇女研究论丛》2019年第3期。

庭政策是以家庭或家庭中的个体为对象，通过收养、看护、计划生育、妇女、儿童保健、家庭生活教育、日托服务等内容，影响家庭养老、抚幼、社会资源分配以及劳动力供给等社会功能发挥的一系列公共政策行为"。[①]经济合作与发展组织（OECD）这样定义："家庭政策是引导或促进就业的社会政策。家庭政策通过为父母提供既适合其收入来源又适宜于儿童发展的儿童照看机构以及支持父母在工作和照看孩子之间做出自己的选择，以推动就业中男女两性之间的平等，并使家庭生活与职业生活的冲突得到一定程度的调和。"[②]从广义和狭义的角度来说，广义上"'家庭政策几乎可以等同于社会政策'，因为所有社会政策都直接或间接地对家庭产生影响；最狭义的则集中在直接有意针对或影响家庭的社会政策，'直接清楚地表明是为家庭所制定的政策'"。[③]欧盟"应对人口问题的政府专家小组"在建构和评估欧盟国家的家庭政策框架时，也没有提出家庭政策的定义，而是根据历年欧盟理事会提出的有关家庭的目标，明确了家庭政策包含的三个内容：性别平等、工作家庭平衡和儿童福利。

有的学者则从政策目的视角来看家庭政策，将其划分为明确家庭政策和含蓄家庭政策（显性家庭政策和隐性家庭政策），前者是指直接以家庭为政策对象或者客体而制定计划和实施特定服务的政策，例如日托服务、收养服务、儿童保护服务、家庭生活服务等，一般实行明确家庭政策的国家都会设立专门的家庭政策规划与实施部门。后者则并非专门或特别地为家庭而制定的但对家庭有间接影响的政府行动，如所得税、为新房的购买提供的贷款等。实施含蓄型家庭政策的国家一般不会设立专门处理家庭事

---

① Kahn A. J., Kamerman S.B., The Politics and Organization of Services: the Course of Personal Social Services, *Public Welfare*, 1978(3).

② 和建花、蒋永萍：《从支持妇女平衡家庭工作视角看中国托幼政策及现状》，《学前教育研究》2008 年第 8 期。

③ 唐灿、张建主编《家庭问题与政府责任：促进家庭发展的国内外比较研究》，社会科学文献出版社，2013，第 18 页。

务的部门。^① 从国家责任承担角度而言，家庭政策可划分为补救型或普惠型。^② 从性别平等角度可划分为"鼓励女性承担传统看护角色的通用型政策，帮助女性平衡'家庭—工作'职责、提高妇女劳动参与率的双薪型政策和政府不干预性别分工的市场型政策"。^③

　　还有些学者从家庭政策的理论和思想来源探讨家庭政策。古斯塔·艾斯平－安德森（Andersen）依据福利的去商品化、福利的阶层化和市场与政府的关系，提出三种社会福利体制，即自由主义、保守主义和社会民主主义福利体制。在艾斯平的理论框架中，福利去商品化是一个基本的概念，"这个概念所指的，乃是个人或家庭能够独立于市场参与之外，仍能维持社会可接受的生活水准的程度"。^④ 其理论框架中家庭居于核心地位，福利体制本身分析的就是福利生产中国家、市场与家庭之间的关系，而作为福利生产和供给的重要甚至是主要对象的是家庭，家庭和家庭中的个体是福利最终的供给对象。因此艾斯平的福利体制理论框架被研究者用来进行家庭政策的比较研究，其中影响最大的是高塞尔（Gauthier, A.H.）的研究，他将家庭政策体制划分为自由主义、保守主义和社会民主主义家庭政策体制及南欧家庭政策体制，在此之后的研究者补充提出了东亚家庭政策体制。下文逐一介绍。

　　自由主义的家庭政策体制主张主要依靠市场去分配资源和提供福利，认为家庭要努力使自己适应市场，并通过自己的努力满足家庭和个人的福利需求。国家不通过立法强制雇主提供家庭友好政策，而是鼓励劳资双方相互协商达成协议，自愿提供相关的服务和福利。国家只是在市场与家庭都失灵后，为陷入危机和风险的家庭提供帮助，更多的是针对低收入家庭

①　吕青、赵向红:《家庭政策》，社会科学文献出版社，2012，第38-39页。

②　李树苗、王欢:《家庭变迁、家庭政策演进与中国家庭政策构建》,《人口与经济》2016年第6期。

③　Lewis Jane, Gender and Welfare State Change. *European Societies*, 2002(4).

④　〔丹麦〕古斯塔·艾斯平－安德森:《福利资本主义的三个世界》，古允文译，台湾巨流图书公司，1999，第61-62页。

和困境家庭的一种社会救助，这种救助只能以最低标准给付，而且是暂时性和替代性的，以避免造成人们对社会福利的依赖性。这种家庭政策主张只能以积极的私人福利补贴方式来促进市场的发展，而不能用社会福利来抑制市场机制。而且该政策主张只有将去商品化的效果减到最小，才能让社会充满活力。因而自由主义家庭政策提供的是"残补型"（residual）的福利，而不是普惠型福利。这起源于济贫法的传统，以严格的财产调查作为提供社会救助的条件。实际上每个国家都有此类财产调查式的救助，只是艾斯平－安德森认为美国、加拿大、澳大利亚、新西兰等国家此类给付的比例相当大，而去商品化的程度则相对比较低，于是把这些国家划为此类型。

保守主义的家庭政策体制是地位分化和家庭主义的混合物。地位分化是指根据劳动力市场现有的社会地位和社会群体给付福利，强化了既有阶级和社会地位的差别。家庭主义则主张家庭是福利产品的主要提供者，国家只是家庭的辅助者，家庭政策支持传统的男主外女主内的家庭模式，家庭政策的目标是帮助家庭稳定家庭结构以满足家庭成员的需要，不鼓励和支持女性外出工作，对老人和小孩也没有提供更多的照料和经济上的支持。国家只是在家庭无力承担福利主要提供者角色的情况下，提供"残补式"福利。艾斯平－安德森把法国、德国、奥地利的家庭政策归为保守主义系列。

社会民主主义家庭政策体制主张国家和政府是福利的主要提供者，国家负责提供所有资源和所有服务，最大可能地减少个人对家庭和市场的依赖。"去商品化""去家庭化"是这类政策的特征，普遍主义和平等主义是社会民主主义家庭政策的两大核心价值观。其福利给付的依据就是看个体是不是该国的公民，秉持的是普遍主义的公民权利原则。其主旨是促进社会公正，最大限度地消除市场机制带来的社会不平等和对立，使家庭从父权制家庭转变为合作伙伴型家庭。为满足在职父母平衡家庭与工作的需求，国家要为所有家庭提供高水平的家庭支持以帮助所有父母分担儿童照料和家务。这种家庭政策推行的福利是普惠型的。艾斯平把瑞典、丹麦等国家划归此类型。

南欧家庭政策体制中家庭福利是根据父母的职业和社会地位状况来给付的，呈现高度分化的状况，国家没有规定法定的最低收入保障，对家庭提供的现金补贴也很少，对工作的父母也没有什么支持。其福利模式是普惠制和私营福利并存。西班牙、希腊、意大利、葡萄牙属于此类。

东亚家庭政策体制主张个人应该努力工作以解决养家糊口的问题，通过就业来满足福利需求，这种家庭政策体制非常重视家庭的作用，支持保留传统家庭，提倡主要依靠社区组织和人际关系帮助家庭照顾老人、小孩，国家对家庭的支持不多，产假和育儿假期比较短，提供的现金补贴大多是资产审查式的。有的国家在育儿养老服务方面提供了较多的服务，出台了平衡工作与家庭的一些政策，但提供福利和服务时，倾向于通过市场提供服务，偏向公私分担的财政模式。日本、新加坡、韩国等属于此类。[①]

当然没有哪个国家的家庭政策恰好是其中的一种类型，实际上所有国家的家庭政策都是混合型的，只是看哪种类型占据主导地位而已。事实上每个国家的家庭政策都与它的社会经济、政治、文化背景有关，各国政府对自己承担的福利责任有不同的见解，各国的家庭政策也就不同，这种差别也是多种因素相互作用的结果，反映了一个国家通行的价值观念、需求、资源、权力关系、决策结构和过程的特征。

综合以上分析，我们认为家庭政策是指国家和政府对家庭及其成员提供的福利与服务。它是"以家庭整体为目标对象，旨在增强家庭发展能力、替补与完善家庭功能、提升家庭成员的福利水平"[②]的各种法规、规章制度和方案。

---

① 参阅唐灿、张建主编《家庭问题与政府责任：促进家庭发展的国内外比较研究》，社会科学文献出版社，2013，第26页。

② 吴帆：《第二次人口转变背景下的中国家庭变迁及政策思考》，《广东社会科学》2012年第2期。

二　家庭政策事实与价值的关系

从本质上说政策是公共权力为着一定的目标而进行的社会资源的配置和社会利益的分配，政策的制定、执行和评估等活动都因为人及其利益的存在而必然存在道德问题，必然打上人的价值理念的烙印。政策制定和执行等各个环节本身依赖于人的价值判断，受到一定社会的道德价值理念的指导和制约。任何政府的家庭政策都必须承诺一种价值判断和价值理想以用来观察现实和解决现实问题。

社会政策的理论创始人理查德·蒂特马斯（R. Titmuss）就认为"最低限度，我们有责任清楚说明自己的价值；当我们讨论像社会政策一类的科目时，我们更有这么做的义务；相当清楚，以中立的价值立场讨论社会政策是没有意义的事情"。[①] 他指出："在社会福利体系之内，人们无法逃避各种价值选择。任何模型构筑或理论的阐释，只要涉及'政策'，都不可避免地关切到'是什么'和'该是什么'的问题；关切到我们（身为社会成员）的需求（目标）问题；以及关切到谋成的方法（手段）问题。"[②] 他也强调："对于任何给定政策的'对错'问题，社会科学都没有最终答案……有关目标的评论——讨论什么是正确的需求——那该是哲学家和神学家的用武之地了。"[③] "就研究这些社会政策问题而论，我们所能做得到的，是更清楚地揭示需要社会正视的价值抉择——无论是医疗照顾、社会保障、教育还是其他服务，在本质上它们都涉及社会关系和

---

① 〔英〕理查德·蒂特马斯:《蒂特马斯社会政策十讲》，江绍康译，吉林出版集团有限责任公司，2011，第 12 页。

② 〔英〕理查德·蒂特马斯:《蒂特马斯社会政策十讲》，江绍康译，吉林出版集团有限责任公司，2011，第 99 页。

③ 〔英〕理查德·蒂特马斯:《蒂特马斯社会政策十讲》，江绍康译，吉林出版集团有限责任公司，2011，第 101 页。

信念体系。"① 在蒂特马斯看来，社会政策研究无法逃避价值判断。蒂特马斯认为，社会政策的目标是通过再分配途径实现社会的平等，促进社会整合和加强共同体的团结友爱，更重要的是培养了人们的互助精神和利他主义价值观。因而，社会政策是"一系列指挥行动实现既定目标的原则"。②安德森（James E. Anderson）的《公共决策》中也提出，决策者本人的价值观对政策选择的作用不可忽视。因为一般意义上说，技术本质上是一种在人的某种价值理念的支配下完成的物质化的过程。人的世界就是一个价值世界，价值取向就是一种评价性的态度，它是人们思考和行动的内在根据。

从上述学者的论述可知，价值分析（伦理分析）是政策分析的基本方面。但在 20 世纪 70 年代以前，学者们更多关注的是政策的工具理性研究，认为只有科学的解释和预测才是政策分析的合理目标。他们主张政策的制定过程是一个纯粹的"事实领域"的问题，与价值无涉，甚至认为价值分析必然会影响政策的科学性，政策分析必须严格区分事实与价值，反对将价值分析作为政策分析的一个基本方法，认为政策分析的重点要放在预测差异上，而不是分析价值的差异。尤其是随着运筹学、系统分析、应用经济学等实证科学的研究方法被引入政策科学研究与分析后，这种价值中立或价值无涉的倾向更加明显，一时间工具理性统治着政策科学的研究，成为社会政策的唯一的哲学基础。

毋庸置疑，价值中立说对政策科学的发展有重要的现实意义。它通过对事实与价值的二元区分，将自然科学的方法引入政策科学研究领域，强调过程、技术、手段、方法、实证、量化等，促使政策分析有了科学的范式和形态，形成系统化的知识体系，凸显了研究成果的客观真实性，也对

---

① 〔英〕理查德·蒂特马斯:《蒂特马斯社会政策十讲》，江绍康译，吉林出版集团有限责任公司，2011，第 102 页。

② 〔英〕理查德·蒂特马斯:《蒂特马斯社会政策十讲》，江绍康译，吉林出版集团有限责任公司，2011，第 9 页。

政策分析的主体提出了实事求是、诚实、独立自主进行研究的职业要求。但价值中立只是为政策研究的需要而设立的，其本身没有客观现实性。而且仅有政策研究的科学知识体系是不够的，它只能告诉我们，通过什么方法和手段、如何达到目标，却不能为目标的正当性与合理性提供依据，而要解决这个问题只能依赖政策的价值分析。"政策伦理是制定良好的公共政策的前提"，"原因在于所有的政策都依于伦理"。[1] 只有通过对价值的分析，我们才能确定哪些目标是具有合理性和正当性的，是应当被实现的。因而政策研究中事实分析和价值分析是不可或缺的，价值分析在逻辑上应该优先于事实分析。"任何决策都是以突出价值因素为特征的，无论怎么强调决策的科学化，都无可否认决策的价值考量和决策的价值旨归。对于公共政策的制定来说，价值考量和价值旨归无论何时都是首要的"。[2]

20 世纪 70 年代的"水门事件"后，人们对政府机构的信任度下降，政策中的伦理问题才重新成为政策关注的主题，并作为对政府缺乏信任的结果持续至今。[3] 西方国家政策制定和执行正努力走出以往技术主义的误区，开始重点关注公共政策的价值方面，并初步取得了一些进展，"政策科学则试图把完全由伦理学和哲学所垄断的价值观问题，引入科学研究之中。即试图通过探讨价值的含义、价值的协调、价值的代价和信奉价值的行为基础，进一步帮助决策者进行价值观的选择"。[4]20 世纪 70 年代以来，政策价值观研究成为政策科学研究的新热点、新趋势之一。这一时期的几部著作如罗尔斯的《正义论》、詹姆斯·M. 布坎南的《伦理与公共政策》等都理性地分析公共政策的伦理价值。以美国为代表的西方政策科学

---

① Dennis F. Thompson, Paradoxes of Government Ethics, *Public Administration Review*, 1992（3）.

② 张康之:《公共政策过程中科学与价值的统合》,《江苏社会科学》2001 年第 6 期。

③ 参见〔美〕卡尔·帕顿、大卫·沙维奇《公共政策分析和规划的初步方法》(第二版),孙兰芝等译,华夏出版社,2002,第 25 页。

④ 〔美〕斯图亚特·S.那格尔编著《政策研究百科全书》,林明等译,科学技术文献出版社,1990,序言,第 5-6 页。

从以下三个方面对政策伦理价值观进行分析：一是从政治哲学的立场探讨政策伦理的最一般方法。如罗尔斯的《正义论》就试图用分配正义取代传统的功利主义，特别强调公共政策的正义性质；二是从特定的伦理案例分析政策伦理或价值，如从国家安全、社会福利、堕胎等案例中引申出政策伦理问题；三是从政府机构或职业组织的伦理问题入手分析公共责任与义务，探讨政策分析中的职业伦理规范问题。[①]

今天政策的价值研究已引起学者的高度关注。事实证明，政策分析中不存在完全与价值无涉的纯粹"客观"的事实分析或行为研究。只靠政策的科学和实证技术方法自身是无法解决政策面临的问题的。政策的问题往往涉及的并不是技术层面的问题，也不是用科学技术的手段就可以解决的，而且社会政策涉及更多的是价值方面的问题，是事实与价值的整合问题。如女性的身体权与堕胎权问题，以及在医疗资源匮乏时有限的资源是用来救治老年人还是青年、医疗资源如何分配才是正当合理的、安乐死的合法化问题等。这些都是技术方法无法解决的，而这些问题又恰恰是现代社会生活中必须面对的难题，它需要在价值层面认真思考，以帮助人们做出价值抉择。政策的伦理分析的主旨在于运用社会的伦理原则和道德标准对政策的目标、制定和执行等过程进行价值追问和道德引领，以确认政策的正当性和合法性，防止由价值取向的偏差而导致决策失误和道德风险，发挥政策调节社会利益和促进社会和谐的作用。家庭政策的分析同样包括事实分析和价值分析。事实分析是指对事实及客观存在的因果关系的分析，它需要运用实证研究方法，通过实证研究使家庭政策的制定和执行更具有针对性、科学性，更能满足其对社会认可的需求，使家庭政策与其他政策的协调等具有合理性、可行性。因为任何政策的制定和实施都需要收集信息、确定目标群体、筹集和调配各种资源、选择有效的政策手段，这些都需要有科学的精神和科学的理论方法。政策研究的第一步就是通过观

---

① 陈振明：《美国政策科学的形成、演变及最新趋势》，《国外社会科学》1995 年第 11 期。

察、调查的方法对客观存在的问题进行分析，就是对客观事实进行收集和整理，但不是所有客观存在的问题都能进入研究范围，对客观事实的筛选必须根据一定的价值标准进行，因而在问题的选择和政策目标的提出上，已经蕴含决策者的价值取向和诉求。不论采取什么样的研究方法，都不能将价值因素剔除在外。在研究阶段同样有价值参与，社会科学在分析行动时必须探讨行动背后隐藏的意义和价值。而且对于是否需要一项具体的家庭政策，我们不能仅仅从这一政策将提供的物品或服务本身的性质的实证研究中得出答案，更要从不能获得这些物品或服务本身会给个人、家庭、社会带来什么问题的角度去论证。因而"社会政策的产生和形成经常是缘于提出它们的人的信仰体系"。"古典自由主义影响了维多利亚时代的社会政策，费边主义和社会民主主义影响了福利国家，新右派影响了20世纪八九十年代的福利国家的重建。其他的观点虽然没有如此重要的影响，但是也对主流研究方式提供了一些有用的视角，并影响了组织社会政策的可替代的方式"。[①] 这就说明决定社会政策的大前提是价值判断，是这个社会居于主导地位的价值观念。而对于家庭政策而言，更多的是取决于政府对家庭的定位和它倡导建构什么样的家庭伦理价值理念，家庭政策关心事实，但更关心的是价值和行动。

三　家庭政策建构的基本伦理价值理念

家庭政策涉及国家与家庭、国家与个人、家庭与个人等方面的利益关系，它内在包含着目的理性或价值理性，具有一定的道德规定性，应该对其进行道德向度的考量和评判。政策的道德性具有内生性特征，贯穿于家庭政策的制定、执行和评估等全过程和各个环节。家庭伦理价值理念为家庭政策提供价值导向和价值考量，使政策获得合法性和正当性，而家庭政

---

①　杨伟民编著《社会政策导论》，中国人民大学出版社，2004，第89~90页。

策赋予家庭伦理价值理念以现实性和具体性，是家庭伦理价值理念的规范化和法律化，保证家庭伦理价值理念的实现。

家庭政策的价值性主要体现为三个基本的伦理价值理念：权利、福利、公正。社会权利理论提供了现代福利的政治道德上的理论依据，福利打破了慈善救济的人道主义关怀的局限，成为人们的社会权利。而权利的实现和福利的获得都依赖公正的制度。权利是现代家庭政策建构的基本价值基础；福利是社会权利的实现，是家庭政策的核心内容；公正是社会权利和福利的保障。

（一）权利

权利是一个关乎人们生活幸福的概念。在一般意义上是指为保护人的平等、自由，维护人们的需要和追求美好生活愿望而采取的社会性措施。权利是一定社会的政治和道德的产物，它是具体的、历史的。各个时代人权的主体不同，权利内容也有不同，但权利是人们在社会生活中的利益和需要。这些利益要求包括经济、法律、政治、文化和道德利益，它们是由一定国家的法律形式或者其他制度确认的。

现代社会，权利是从"受益关系"来理解的政治权利和社会经济权利，本质上是福利权利。[1]"任何法定的权利都会与福利必然具有的直接的或间接的性质存在着关联，因为权利存在于那些可以被期待带来福利的利益，以及就平均的计算而言，那些将会带来福利的利益"。[2]权利究其本质旨在保护人们的生活安全和幸福，权利是作为社会福利的政治基础而存在的，而福利权利的现代理论形式就是公民权利。

公民身份和公民权就是建构家庭政策的前提，是参与家庭政策活动的

---

① 俞可平：《权利政治与公益政治》，社会科学文献出版社，2001，第 103 页。

② T.H. Marshall, *The Rights to Welfare*, in *Talking about Welfare*: *Readings in Philosophy and Social Policy*, edited by Noel Timms and David Watson, London, Routledge & Kegan Paul, 1976, p.52.

权利证明。"公民资格是第一个公职，是至关重要的社会和政治'地位'，是所有其他职位的先决条件"。① 公民身份"主要指的是一种与民族国家相联系的社会地位，这样的社会地位标志着个人与国家，以及同一国家中的个人之间的相互关系"。② 作为一个公民就意味着被授予某些权利和承担某些责任。正如马克思指出的："一切人，或至少是一个国家的一切公民，或一个社会的一切成员，都应当有平等的政治地位和社会地位。"③ 拥有公民身份使个人有资格要求国家或社会对他承担责任，使他能够分享社会善带来的各种好处，享有平等的地位，以使他能够获得满足自己需要和利益的各种能力。而国家则有保障个人作为公民的活动自由的责任。

公民权利包括法律权利、政治权利、社会权利和参与权利。④ 马歇尔（T. H. Marshall）是从公民身份角度系统阐述公民权利理论并用公民权利理论解释社会政策的第一人。他认为公民身份是"一个共同体的充分的成员身份"⑤，在他看来与公民身份相联系的公民权利有一个不断发展和扩大的历史过程，从最初的内涵即法律权利，发展到政治权利，再不断拓展到社会权利，社会权利的产生就是公民权利的最终和全面的实现。第一个阶段的公民权利是18世纪末19世纪初出现的得到法律保障的人的言论自由、迁徙自由等公民的基本的自由权利。19世纪末20世纪初公民权利中的政治自由权得以出现，它是以公民的选举、被选举的权利以及政治参与为标志的。20世纪公民权利以基本的自由权利和政治权利为基础实现了其

---

① 〔美〕迈克尔·沃尔泽:《正义诸领域：为多元主义与平等一辩》，褚松燕译，译林出版社，2002，第187页。
② 杨伟民编著《社会政策导论》，中国人民大学出版社，2004，第240页。
③ 《马克思恩格斯选集》第3卷，人民出版社，1995，第444页。
④ 〔美〕托马斯·雅诺斯基:《公民与文明社会》，柯雄译，辽宁教育出版社，2000，第39页。
⑤ Marshall T. H., "Citizenship and Social Class" [essay first published 1950], in his Sociology at the Cross-roads, London, Heinemann, 1973, pp.69-70.

最终的形式，即体现为社会权利，它是公民具有的平等享受国家提供的普遍性福利的基本权利，即公民享有国家的教育、医疗和养老等基本生活保障。这种社会权利是通过失业保险和社会政策等方面的制度化实现的。马歇尔正是基于这种考虑，把社会政策定义为"政府用以直接影响市民福利的政策，其行动是提供服务或收入予市民。其核心因而包括社会保险、公共（或国民）援助、保健及福利服务、房屋政策等"。[1] 目的是让人人都能享有有尊严的生活，在社会和文化上得到发展，同时不断缩小社会的贫富差距，促使社会正义的实现。

社会权利理论和观念的建立，是社会福利思想的重要变革，提供了现代福利国家发展的政治道德上的理论依据。社会福利从此摆脱了慈善救济的人道主义关怀的局限，成为人们拥有的经济与社会权利。福利救助也不再仅仅依靠人们的怜悯与同情、依靠人们的善心，而变成了一种制度保障，消除了福利救助中的社会歧视和社会排斥。这也说明以人道主义思想观念为基础的自然权利，尽管诉诸人性和人的道德要求，宣传人的自由、平等和幸福，但并不能使人的平等幸福权利得到保障，反而使人的权利等级化，使之成为对社会不平等和不公平现象进行掩饰的虚假意识形态，甚至成为深化剥削和压迫的巧妙手段。"一旦人们处于这种状况之下，由于接受了剥削者的形象，并且将它内在化为自己的形象，他们也就意识不到自己是受剥削和被屈辱了……很清楚，'慈善'和'人道'虽然足以满足动物的权利，对人类来说却是不够的。所以，我们必须赋予人类另外一种我们有意不给动物的权利。这样一类权利就是更高一层次的尊重、一种不可侵犯的尊严"。[2]

要改变这种人道主义理想的异化，只有一条路可走，就是必须彻底改

---

① 转引自〔英〕理查德·蒂特马斯《蒂特马斯社会政策十讲》，江绍康译，吉林出版集团有限责任公司，2011，第14页。

② 〔美〕J.范伯格：《自由、权利和社会正义——现代社会哲学》，王守昌、戴栩译，贵州人民出版社，1998，第141页。

革社会不合理的经济政治制度，真正将纯粹的政治理想变为人人都享有的平等经济社会权利。通过社会权利的表达，公民权利体现了对人的尊重。但公民身份和公民权利理论在强调个人生存、发展基本权利的同时，也存在因为过分强调个人权利，忽略个人责任的问题，社会权利成为个体对国家的单向要求，权利成为满足个体需要的媒介，而个体"对实现这些权利所需要的义务和责任却保持沉默"①。公民权利的福利观也因此遭到质疑。但公民权利的基本价值在于它是以社会福利的实现为基本目标的普遍人权的表达，公民基本权利的合法性与正当性被从法律、政治和社会平等的角度加以充分论证。而且这些权利因社会福利制度的保障而根深蒂固，不可能取消，福利制度的改革也不能因噎废食，需要的是如何对症下药。于是发展型社会政策及家庭政策应运而生，积极社会福利权也开始建构。这些政策的核心理念就是要求人们在享受权利的同时必须承担义务，在以权利保障各阶层群体和谐共生的同时促进社会经济发展，以避免福利国家的危机。②

公民权利的社会福利理论在实践中出现的种种问题，最根本的原因在于福利国家的福利权利更多的是为获取政治利益而采取的策略，成为国家政党竞选和谋求执政党合法性的工具，也使公民权利的社会福利理论的政治目的与道德前提相脱离。尤其是公民权利政治化以后，社会福利的道德本质被政治的要求和"日常惯例"的工作深深地掩盖。"在福利制的实践中，'对规则的程序化执行已经取代了道德的评估'"。③这导致它的道德本质被忽略，福利实践出现盲目性，人们对社会福利形成误解。因而公民权利理论必须回归其应有的道德基础。但无论如何，公民权利理论是现代社会福利制度建立的基本的价值基础，公民权利理论的民主、平等和社

---

① 〔美〕托马斯·雅诺斯基：《公民与文明社会》，柯雄译，辽宁教育出版社，2000，第1页。

② 吴德帅：《消解与重构：社会福利权历史流变及启示》，《理论月刊》2017年第11期。

③ 〔英〕齐格蒙特·鲍曼：《个体化社会》，欧阳景根译，上海三联书店，2002，第92页。

会正义的政治道德理想对于现代社会的福利发展，对于保护人民的基本生活安全、抑制经济全球化对人民生活带来的负面影响，仍然具有基本的价值，我们要坚持这一基本价值。

现代中国家庭政策建构的基本伦理价值基础就是所有公民享有平等的社会权利，所有公民共享发展成果、共担发展的责任。权利平等首先是主体资格平等。这是指在法律赋予的权利面前平等享有权利，在享有宪法和法律规定的权利时，每一个公民都有平等的法律主体资格。权利就是一种资格，"拥有权利就被赋予力量来坚持权利要求，这种要求通常比功利、社会政策以及人的活动的其他道德或者政治基础更加重要"。[①]它确保我们可以向国家社会或其他责任承担者提出相应的权利的要求，唯一的依据就是个体的公民身份。对公民权利的确认与保障一般是在作为国家根本大法的宪法中体现。我国宪法已将"国家尊重和保障人权"规定为一项基本原则，对公民的基本权利作出全面的规定，并依法保障公民的生存权和发展权。宪法规定的社会权利主要有劳动权、社会保障权和教育权等。这些社会权利的下位立法也较为完善，如相应的有《中华人民共和国劳动法》、《国务院关于在全国建立城市居民最低生活保障制度的通知》、《城市居民最低生活保障条例》和《中华人民共和国教育法》等，这更加明确了权利与义务的对应关系，更有利于权利的实现。具体与家庭政策相关的社会权利的条款还有《中华人民共和国宪法》第 45 条规定："中华人民共和国公民在年老、疾病或者丧失劳动能力的情况下，有从国家和社会获得物质帮助的权利。国家发展为公民享受这些权利所需要的社会保险、社会救济和医疗卫生事业。国家和社会保障残废军人的生活，抚恤烈士家属，优待军人家属。国家和社会帮助安排盲、聋、哑和其他有残疾的公民的劳动、生活和教育。"[②]这些条款都表明我国对公民平等的社会权利的高度重视和认

---

① 〔美〕杰克·唐纳利：《普遍人权的理论与实践》，王浦劬译，中国社会科学出版社 2001，第 3 页。

② 《中华人民共和国宪法》，人民出版社，2018，第 24-25 页。

同，也是对权利作为家庭政策的伦理价值基础的确认。

但理论上的应有权利、法律上的法定权利不等于现实的权利，真正实现权利平等还任重道远。目前中国的家庭政策因其具有复杂的社会身份特征而呈现公民权利的差别化。为实现公民平等的社会权利，必须完善我国家庭政策中还存在的因城乡二元结构和因所有制身份、行业身份、职业身份、行政身份等因素导致的差异化的政策体系，消除政策体系中的某些带有排斥性的成分，逐步缩小城乡、地区和不同群体之间的家庭福利权利的不平等和实际的福利差距，真正实现家庭政策的均等化。建构起一个基于统一公民身份的以满足公民基本需要为目的的家庭政策体系，为公民提供较为完善的社会保护。

其次，权利平等表现为利益共享，在今天体现为共享改革发展的成果。党的十九大报告要求："必须始终把人民利益摆在至高无上的地位，让改革发展成果更多更公平惠及全体人民，朝着实现全体人民共同富裕不断迈进。"[1] 改革开放以来，我国经济取得巨大成就，人民的社会权利也不断扩大和得到落实。但是发展成果的分配不公，造成了社会的贫富分化，冲击权利平等的底线。这需要通过完善家庭政策保障所有家庭及家庭内部男女、夫妻、亲子之间共享社会发展成果，达成家庭之间、家庭内部成员之间的和谐。对于一些影响家庭之间、家庭成员之间利益共享的家庭政策要适时加以修改。尤其要发挥家庭政策合理有效调节收入分配的作用，特别保护弱势家庭及弱势家庭成员的利益，不断完善和优化老人、儿童、残疾人等的权益保障政策，在高质量发展中不断提高民生福祉水平。"保证和支持人民当家作主不是一句口号、不是一句空话，必须落实到国家政治生活和社会生活之中"。[2]

---

[1] 习近平:《决胜全面建成小康社会 夺取新时代中国特色社会主义伟大胜利——在中国共产党第十九次全国代表大会上的报告》，人民出版社，2017年，第57页。

[2] 中共中央宣传部组织编写:《习近平总书记系列重要讲话读本》，学习出版社、人民出版社，2016，第170页。

（二）福利

福利的英文是 welfare，意思是"好的生活"。《韦伯斯特新世界大学词典》对福利的解释是"一种健康、幸福和舒适的良好状态"，英国社会学家吉登斯也指出："福利在本质上不是一个经济学的概念，而是一个心理学的概念，它关乎到人的幸福。"[1] 社会福利一般指不以直接的商业交换性为原则，而是按照人们的实际需求来提供物质产品和服务的制度，它是在社会公共资金的支持下向个人和家庭无偿或低偿提供物质产品和服务。其目的在于增强社会成员的生活能力，创造一种安康的生活环境，实现社会公平，提高个人和社会的生活质量。

社会福利有广义和狭义之分。狭义指的是对社会弱势群体提供的以满足最基本的生活需求为目的的资金、实物和社会服务。广义指的是为改善和提高全体社会成员的福利水平而采取的各种社会措施、政策。但不论广义还是狭义，社会福利的主体都是现代国家，现代意义上的福利是政府管理职能扩大的结果，是政府公共服务职能与社会福利责任的体现，也是国家和政府职责范围内的核心任务。政府是社会福利的主要决策者、规划者、提供者和管理者，而社会、企业、社区和家庭等都是次要的辅助性的角色。有学者认为："作为制度化的社会责任，社会福利的目标体系反映了政府对自己责任的界定，它一般包括下述层次的目标：第一，社会救助层次，如一个社会可以针对绝对贫困、犯罪等社会问题，把对最困难的和有问题的群体的救助和提供服务作为目标，通过建立社会安全网，保障所有的社会成员都能生存和免于绝对贫困。这是为实现最低层次的社会福利状态所做的制度安排。第二，收入安全层次，如在工业化和市场经济的条件下，对大多数依靠工资生活的人来说，收入安全是最重要的。现代社会中有 8 种主要的收入风险，即疾病、老年、妊娠、工伤、残疾、失业（及失

---

① 〔英〕安东尼·吉登斯：《第三条道路：社会民主主义的复兴》，郑戈译，北京大学出版社、三联书店，2000，第 121 页。

收）、丧偶和失怙。作为社会福利制度的一个重要组成部分，针对收入安全的社会保障制度，其目标就比较具体，主要是针对这 8 种收入风险。所以，社会福利制度不仅为有困难和有问题的群体提供救助，也为大多数人提供收入保障。第三，如果国家把自己的目标定在更高的社会福利层次上，就可以把促进社会平等和所有的人实现发展的潜能作为目标，建立和实施自己的社会福利措施。这是更高层次的发展。在这个层次上，社会福利制度不仅包括社会安全网、社会保障，还包括更进一步的收入再分配的制度措施。"[①] 社会福利是社会政策及家庭政策的核心内容，它超出了个人的范畴，体现了社会大众的理想，它要求人们在社会层面上来思考如何使人们过上"好的生活"，选择什么样的制度和政策安排来保证人们生活得幸福，社会财富如何在社会成员之间进行分配。当我们面对这些问题时，社会福利问题已进入政治道德领域。社会福利是现代国家治理的主要政治构件之一，成为现代政治的主要组成部分，同时它也是和每个人的幸福紧密相关的。社会福利的普遍实现就是社会的善，但它也需要人与人之间的互助和关怀。

欧美国家的社会福利经历 400 余年的发展，已经历最初的兜底（济贫解困）、底线普惠（满足所有人的基本需要）、高水平普惠、多元参与发展四个阶段。20 世纪 60 年代欧美国家就普遍建立了高水平的普惠福利，但在 80 年代陷入福利国家危机，进入"高福利陷阱"。于是西方国家开始社会福利改革，强调将权利与义务、能力发展与福利享受结合起来，进入发展型社会政策阶段和"积极福利"阶段。学界普遍认为福利国家的最大弊端就是权利和责任的脱节，导致公民形成福利依赖，降低了人们的工作意愿和人们的自我责任能力，人们家庭观念淡薄，削弱了社会的道德能力，人们的道德水准也开始下降。因为"它削弱了个人的进取和自立精神，并且在我们这个自由社会的基础之下酝酿出某种一触即发的怨

[①] 尚晓援：《"社会福利"与"社会保障"再认识》，《中国社会科学》2001 年第 3 期。

恨"。[①] 因此改革后的政策主要是帮助受助者重新参与到经济活动中，通过工作或市场满足自己的需要，政府虽然有责任帮助困难者，但个人和家庭必须尽到自己的责任，培养个人的福利责任，不能把集体的福利当作"白吃的午餐"。而且政府在给予帮助时都附带一定的条件，即受助者必须参加劳动技能培训，必须在一定时间内参加工作。这也是公民在享受福利权利时必须履行的义务。

西方福利国家的经验教训告诉我们，任何国家都不可能承担所有的社会福利。一个国家良好的福利发展体系需要国家、市场、社会组织、家庭、社区等多个主体参与协同建设，不同主体在社会福利制度中有不可替代的作用，应该恢复它们各自的福利功能，建立人与人之间的平等、互助、互惠和友爱的关系。鼓励人们树立自立意识和自主精神，在个人与集体的互动中实现社会福利的目标。

政府是家庭福利的主要决策者、规划者、提供者和管理者。它是社会公共物品的最大提供者，也是向公民提供福利的主要责任人，任何国家的福利制度建构都不能忽视政府的作用。但它不是唯一的责任承担者，企业、家庭、社会组织等也承担着自己的责任，这也是对欧美国家福利制度建设的有益借鉴。对于企业来说承担员工的福利责任，保证员工享有职业福利，在一定程度上可以帮助他免除陷入贫困之忧。如果企业能承担起更多的社会责任，在慈善和公益方面有所投入，这对福利制度就是有利的支持。我们要把现代企业的社会责任理念与单位福利制度的传统优势结合起来。适度普惠性福利制度本身是以家庭福利为基础的符合我国文化传统和社会基本结构的一种设计。我国文化一直以来重视家庭和家庭责任，强调个人与家庭的一体关系，强调家国一体和家国情怀。这是我们建构家庭政策和发展家庭福利可以传承的珍贵的文化传统。现代家庭政策和福利制度的建构只是对家庭福利的支持，无法替代也不可能替代家庭的福利功能。

---

① 〔英〕安东尼·吉登斯：《第三条道路：社会民主主义的复兴》，郑戈译，北京大学出版社、三联书店，2000，第 14 页。

适度普惠型这一制度设计有利于家庭福利的增进，有利于激活家庭及其成员的福利责任，从而培育家庭自身应对社会风险的能力，发挥它对家庭互助团结和社会稳定的作用。与此同时我们也要认识到家庭也有失灵的时候，它需要社会组织的帮助。因为政府无法实施细致的社会服务，家庭政策所涉及的福利服务需要社会福利机构以其专业化的服务理念和方法来完成，而福利服务具有的预防、补救和发展家庭功能的作用，是对家庭成员的支持和慰藉。社会福利机构是我们在建构家庭政策的福利伦理价值主旨时不可或缺的重要力量。

新时期我国要建构的是发展型的家庭福利制度，它注重保护公民的基本需要和权益，尤其是弱势家庭的需要和权益，强调社会经济的可持续发展和公民的权利与义务责任的统一。它既不同于中国传统的补缺型的社会福利，也不同于西方社会福利国家的统一均等的高津贴和服务的福利制度。目前中国社会福利水平是基本解决兜底问题、进入适度普惠阶段。这一阶段是中国社会补缺型福利到普惠型、制度型福利的中间阶段，而适度指的是我国的福利发展要立足于具体的国情，要与国家的经济社会水平相适应。由于中国人口众多、收入差距大，高水平的普惠还无法实现。但不能因此忽略人民的福利需求，也不能只强调创造和积累财富而忽略财富的合理分配，更不能只是把福利当作维护社会稳定的手段，而忽略它本身也是社会发展的基本目标和基本价值。我们必须认识到建设福利社会是人类社会发展的必然趋势，是人类共同的价值目标。社会和家庭福利水平作为衡量国家现代化和一个社会文明程度的重要标志之一，也是社会主义的本质规定性和优越性所在。新中国成立至今，中国共产党带领中国人民经过艰苦努力，已逐步建立较为完整的家庭政策和福利体系。进入 21 世纪以来尤其是十八大以来，我国的家庭政策更加注重保障家庭福利、改善人民生活品质。最大的成就就是消除了绝对贫困，全面建成小康社会。但从人民美好生活的愿景来看，中国的家庭政策还有待完善，福利水平还有待提高。政府还需要花大力气加强福利建设，提升国家的福利水平，进一步满足人民的美好生活需要，提升人们的获得感和幸福感。中国共产党执政理念的制定和实施，就是一个逐步扩大国民社会福利的过程。"为民造福是立党为公、执政为民的本质要求"。[①]

中国社会目前并没有出现"福利危机"和"福利陷阱"，也还不具备实现高福利制度的现实基础。因而我们不要一提发展社会福利就用西方"高福利陷阱"来进行自我警告。其实高福利也并不必然会使经济发展受到损害，"高福利陷阱"也不是普遍或必然现象。发达国家至今并没有降低而是在不断提高总体福利水平，这除了要满足民众的福利需要、满足执政党和政府的政治目标这个原因外，福利水平的提升对经济发展有促进作用也是一个重要原因。一些北欧"福利国家"的研究报告已经表明，如果制度设计合理，高水平的社会政策不仅不会拖累经济发展，相反可能成为经济发展的保证和动力。[②]

从实质而言，发展型的家庭政策本身和积极福利理论都认为家庭福利不仅仅是社会财富的再分配和纯粹的社会支出，它同样是一种社会投资，通过提升个人、家庭、社区、企业、社会组织等的能力建设，提高人力资本，提升家庭和个体成员的发展能力，实现家庭成员的自立、自强和自我完善，降低他们对福利政策的依赖。因而家庭政策本身就是通过再分配的手段将社会资源投资于人力资本，从而促进经济社会发展，在这个意义上社会政策及家庭政策被视为生产力。作为后发的现代化国家可以借鉴发达国家的经验和教训，在以人民为中心的发展方针指导下，正确处理经济发展和社会民生发展、经济政策和家庭政策之间的关系，建构发展型的家庭政策，把能力建设和多元参与发展纳入社会福利资源体系建设中，逐步实

---

① 习近平：《高举中国特色社会主义伟大旗帜 为全面建设社会主义现代化国家而团结奋斗——在中国共产党第二十次全国代表大会上的报告》，人民出版社，2022，第46页。

② 佘宇：《福利国家模式是否必然影响经济增长——围绕北欧福利国家模式的争议》，《发展研究》2013年第2期。

现社会经济发展水平与社会福利享受水平同步的目标，提高人民的社会福利享受水平。①

（三）公正

公正在西方社会最初被视为一种个人德性，作为个人行为的正当品德而被称为美德。如亚里士多德所说："所谓公正，是一种所有人由之而做出公正的事情来的品质，使他们成为做公正事情的人。由于这种品质人们行为公正和想要做公正的事情。"② 作为个人美德的公正是古希腊人崇尚的"四德"（智慧、勇敢、节制和正义）之一。而且亚里士多德还认为公正关乎社会财富分配的问题，"正直一词还有比较普通的意义，即给予每一个人他所应得者，这是分配上的正直"。③ 在亚里士多德这里，公正也是社会德性，即公正是指给予每个人所应得，换言之就是社会成员应当"得其所应得"。英国学者米尔恩（A.J.M.Milne）认为"公正如果表现为'给每一个人他所应得的'这种基本的形式，那么它在任何社会共同体中都是一项必不可少的道德原则。它要求每一个成员依其成员的身份，给予伙伴成员们应得的东西，并从他们那里获得他所应得的东西"。④ 因而人们对家庭政策的道德要求就是可以通过正当的途径获得其"应得"的权利。这种权利既指经济权益，又指政治、文化等权益。因而公正既是个人德性又是社会的制度德性。

人们对公正的认识、需求和接受都具有社会性和时代性的特征。离开一定的社会历史条件，无法说明公正的内涵和实现形态。马克思主义认为公正源于人们的经济关系和财产关系。"希腊人和罗马人的公平观认为奴

---

① 王春光:《中国社会政策阶段性演变逻辑》,《国家行政学院学报》2018 年第 3 期。

② 〔古希腊〕亚里士多德:《尼各马科伦理学》,苗力田译,中国社会科学出版社, 1999,第 101 页。

③ 〔美〕梯利:《西方哲学史》(增补修订版),葛力译,商务印书馆,1999,第 96 页。

④ 〔英〕米尔恩:《人的权利与人的多样性——人权哲学》,夏勇等译,中国大百科全书出版社,1995,第 58 页。

隶制度是公平的；1789年资产者的公平要求废除封建制度，因为据说它不公平……所以，关于永恒公平的观念不仅因时因地而变，甚至也因人而异"。[1] 资产阶级的公正只是形式上的公正，不断扩大的生产和再生产"引起生产过剩，并且是产生贫困的极重要的原因"。[2] 社会主义社会尽管克服了其他社会的诸多弊端，但也没有完全实现公正，没有能够保证社会资源或社会发展成果在社会成员之间完全实行公正分配。但公正是社会主义制度的本质要求，我们"在促进发展的同时，把维护社会公平放到更加突出的位置，综合运用多种手段，依法逐步建立以权利公平、机会公平、规则公平和分配公平为主要内容的社会公平保障体系"。[3]

权利公正是实现公正的逻辑起点和实践起点，也是家庭政策建构的伦理基础。它是指每个公民都是权利主体，每个公民都有享有基本权利的平等。基本权利是指政治权、财产权、劳动权和受教育权等。所有损害公民权利的行为和藐视人权的现象，都是社会的不公。机会公正是指国家应该在权利平等的基础上确保每个家庭每个成员的机会均等，每个公民都有参与经济、政治、文化和社会活动的平等机会，确保每个公民都有机会获得生存和发展的资源，确保每个公民的基本生存需求得到满足。"生活在我们伟大祖国和伟大时代的中国人民，共同享有人生出彩的机会，共同享有梦想成真的机会，共同享有同祖国和时代一起成长与进步的机会"。[4] 公正的家庭政策要求在分配资源与福利时，必须排除出生、性别、民族、宗教背景等先赋性因素和职业、行业、权力等后致身份的影响，保证每一个公民都有平等机会获得福利或服务。规则公正是指在获得生存和发展资源的过程中，所有经济主体都遵循同样的规则，在规则面前人人平等，这一规则

---

[1] 《马克思恩格斯文集》第3卷，人民出版社，2009，第323页。
[2] 《马克思恩格斯选集》第1卷，人民出版社，1995，第242页。
[3] 胡锦涛：《在省部级重要领导干部提高构建社会主义和谐社会能力专题研讨班上的讲话》，见《十六大以来重要文献选编（中）》，人民出版社，2006，第712页。
[4] 中共中央文献研究室：《十八大以来重要文献选编（上）》，中央文献出版社，2014，第235页。

对所有参与同一活动的人具有同等效力，不允许任何人享有特权。规则公正是实现公正的必要保障和重要环节，它反映的是主体地位的平等和面临机遇的均等，以保证社会公正竞争的顺利进行。公正竞争是指所有公民都受到国家法律和经济政策的同等保护，所有人都应该一样遵守竞争的规则。分配公正，并不是指所有家庭和所有人都应该有一样的生活，大家在财产分配数量上都完全一样，而是承认不同的工作能力是个人天然的特权，维护按劳分配和按生产要素分配的权威性，并以此作为初次分配的依据。同时家庭政策又要通过合理的再分配，限制人们在财富占有方面的过大差距，使所有人在政策的关照下能够趋向更加平等，而不是加剧贫富两极分化。社会要保证所有家庭平等地获得社会保障和其他各项福利待遇，加大社会保障和社会救助的力度，有效保证社会弱势家庭的基本生存、发展所需的资源，实现社会的共同富裕和发展。分配公正是公正的本质，也是公正最核心的要求和最后的归宿。分配公正是我们一直在追求的目标和理想，其实现需要个体的良好德性、形成合理的分配公正感、具有分配公正的品质，同时也需要家庭政策的合理设计和安排。

在当今社会利益剧烈分化的情况下，中国家庭政策的公正主要有两个方面的普遍利益需求和基本价值取向，这就是对人的尊严及生活底线的平等对待和人的多样化需求的自由发展。[①] 中国的家庭政策要努力消除社会排斥，更多地使弱势家庭群体通过政策的关照能融入社会共同体中，让社会每一个人都能共享社会发展的成果。"必须着眼创造更加公平正义的社会环境，不断克服各种有违公平正义的现象，使改革发展成果更多更公平惠及全体人民"。[②] 家庭政策再分配的正当性就在于它既能为弱势群体提供有尊严的生活，确保社会的基本秩序和平稳发展，又能保护先富家庭的利益，确保社会的活力和创造力。因而必须建构和实施以公正

---

① 吴忠民：《普惠性公正与差异性公正的平衡发展逻辑》，《中国社会科学》2017 年第 9 期。

② 习近平：《切实把思想统一到党的十八届三中全会精神上来》，《求是》2014 年第 1 期。

为核心的家庭政策，促使公民的权利和义务分配更加公平，社会利益的
矛盾得到更好的调节和控制，民生状况得到大幅度改善，所有家庭生存、
发展条件不断提升，所有人都得到基本的民生保障，不同家庭群体之间
互惠互利，每个家庭成员的潜力得到挖掘，全社会的创造力得到激发。
家庭政策公正才能促进社会的整体性和共享性发展、提升所有家庭的生
活质量，促使家庭成员保持创造社会财富的热情和积极性、整个社会发
展保持不竭的动力。

四　家庭政策的道德价值

家庭政策是政府进行社会治理的手段，它通过调节社会和家庭的利益
关系，推动社会经济、文化的进步，促进家庭能力的发展。具体而言，家
庭政策是通过它的导向功能、约束功能、调控功能、分配功能而发挥作
用的。

政策的导向功能是指政策引导人们的行为或者事物朝着政策制定者
期望的方向发展。政策通过规定目标和确定方向，引导公众的思想和行
为，使公众明确应该所为之事和不应该所为之事，并认识和明白为什么
这样做以及做得更好的道理，政策的导向功能从其结果来看有两种，一
是正向功能，二是负向功能。正向功能是政策对事物发展方向的正确引
导，体现政策与事物发展规律一致；负向功能则是政策对事物发展方向
的错误引导，体现政策与事物发展规律的冲突。如一些西方国家的社会
福利政策，使一些人不愿就业，使社会寄生阶层受益。约束功能是指为
避免社会发展中的不利因素出现，政策对目标群体实行约束和控制，分
为积极性约束和消极性约束。积极性约束是指政策条文的规定突出正激
励的原则，即对某种行为给予物质或精神方面的奖励，以刺激这种行为
重复出现。消极性约束是指政策条文的规定突出负激励原则，即对某种
行为给予物质或精神方面的惩罚，以抑制这种行为的重复发生，从而达

到约束的效果。调控功能是指通过政策对社会中的利益冲突进行调节与控制。现代社会利益主体多元化、利益诉求多样化、利益冲突显性化和常态化，为确保社会稳定和有序发展，需要政策发挥社会治理手段的作用，协调社会利益矛盾。政策的分配功能是指政策必须对公共利益进行合理分配。社会资源有限，每个主体的利益需要各不相同，政策对利益的分配不可能满足所有人的需要，可能一部分人受益、一部分人不能受益甚至损失原有的利益。如何保障利益分配的公正既是一个重要的理论问题更是一个重要的实践问题。

家庭政策只有具有公平正义的价值导向、真正为百姓带来福祉，才会对道德产生积极的影响；反之，则会产生消极影响，带来道德风险。这里道德风险"是指公共政策在制定和实行过程中可能产生的负面的道德影响。这种影响主要是隐性的，一旦产生以后，就会变成现实的道德危害"。[①] 在当今社会，我们必须发挥家庭政策的道德导向、调控、分配等功能，使家庭政策发挥积极的道德价值。

1. 促使道德具体化、现实化，提供道德建设制度化的保障

家庭政策是调整国家与家庭及国家与个人等关系的一个重要手段，它本身就是事实取向与规范取向的统一。社会主义的家庭政策必须以社会主义核心价值观为指南，发挥核心价值观的引导和整合作用，对其目标及过程进行追问，以保障家庭政策的正当性和合法性。一个真正的制度应当包含自己的道德性，一旦国家施行的制度没能蕴涵道德的价值取向，就会"导致一个根本不宜称为法律制度的东西"。[②] 罗尔斯认为制度"不仅建立在经济的基础上，而且建立在道德和政治基础上"。[③] 具体而言，家庭政策要将以社会主义核心价值观为指导的社会道德贯穿于其中，形成指导家

---

① 周中之：《新时代道德治理的新探索》，《思想理论教育》2020 年第 3 期。

② 李龙：《西方法学名著提要》，江西人民出版社，1999，第 529 页。

③ 〔美〕约翰·罗尔斯：《正义论》，何怀宏等译，中国社会科学出版社，1988，第 251 页。

庭政策制定的价值理念，使抽象的内在的社会道德理念在家庭政策中得以具体化、外在化和现实化，成为人们可以感知的现实形式和看得见的具体符号。家庭政策本身就是社会道德的制度化和法律化的产物，对社会道德产生深刻持续的影响，引导人们的道德观念和实践，规范人们的行为。

美国学者 L. 彼彻姆指出："因为法律常常以一定的道德信念为基础——这些道德信念指导法律学家制订法律——所以法律能够使道德上已经具有最大的社会重要性的东西形成条文和典章。"[①] 家庭政策的建构过程，也可以说是一个国家酝酿、制定和实施制度和法律的过程，是社会主流道德价值观念不断呈现与固化的过程，政策所选择和内含的道德价值理念逐步成为社会所大力倡导和公众接受的基本的价值理念的过程。家庭政策是对社会问题的回应，它服务、干预不同家庭不同成员的利益，并将社会中最初只是少数人具有的适应社会发展趋势的道德价值理念通过政策这一具体形式上升到国家的层面，使其合法化，并逐步使其普遍化、为社会公众所认同。因而，家庭政策也就相应成为一个社会新道德产生的助产士，为新道德的产生发展提供条件和支持，拓展了新道德的空间和舞台，并随着政策的颁布和实施对新道德形成长久持续的影响。

政策正是因其合法性和正当性，对社会或家庭道德具有强化和导引的重大作用。道德价值导向是依靠内在信念维系的，以自律为基础，具有内在、温和、缓慢的特点。政策是政府社会治理的重要手段，它是政府依据法定程序，以规范性的成文形式向社会公开发布的权威性的行为准则，"具有禁止政策制定者所不希望的行为发生的制约性功能，引导组织和个人朝着政策制定者所希望的方向发展的导向性功能"[②]。而且政策对行为的制约和控制可以通过利益的手段进行。对遵守政策的公民，给予物质或精神的奖励，使他们得到他们所期望得到的东西，并扶持其发展。而

---

① 〔美〕汤姆·L.彼彻姆:《哲学的伦理学》，雷克勤、郭夏娟等译，中国社会科学出版社，1990，第 17 页。

② 钱振明:《公民道德建设：现时代政府的新职能》,《中国行政管理》2002 年第 2 期。

对违背政策的公民，则用惩罚措施剥夺他们所不愿失去的东西。这种赏罚具有硬约束的性质。政策就是以其权威性和利益奖惩机制为社会道德或家庭道德建设提供强有力的价值导向和外在的支撑。因此家庭政策一出台自然会受到公众的普遍关注，并接受公众持续和细致的道德审视和质询，这也意味着政策可能会对社会道德产生积极影响，或有可能使社会道德面临某种风险。一个反映社会主流价值导向、满足人们的意愿和需求并被社会认可的好政策必定会提高社会治理的成效，对社会道德产生深刻而持久的影响，在人们心目中留下美好的道德记忆，同时改变人们的精神面貌和社会道德风尚，推动社会道德进步。因为家庭政策价值目标为道德的善提供了可操作的尺度和标准，政策中所内含的并被明示、确认和强化的社会道德规范也就自然成为社会的评价和选择准则，并随着政策的不断推进和实施，这种道德规范逐渐为社会大多数人所认识、接受和认同，并成为个人行为选择的指南，被内化为个体的道德信念。家庭政策是支持家庭道德价值理念和规范的物质和精神基础，在社会利益调节和精神引领中起着重要作用，并不断滋养公民的德性。反之，如果家庭政策与社会主流道德价值观不符合，有违于社会道德，那政策就会存在道德风险，即可能对道德产生负面的作用，阻碍社会治理的顺利进行，影响社会道德建设，甚至削弱已取得的家庭道德建设的成果，造成难以挽回的损失。

当前的家庭生活中，由于家庭结构和功能的变化，家庭政策的制定和落实在贯彻社会和家庭的伦理价值理念时还没有完全到位，如儿童福利问题。"建国以来，我国的儿童福利的对象主要是'三无'（即无法定抚养人、无劳动能力、无固定生活来源）的未成年人，实际工作中主要是福利机构中的孤儿（弃婴）和农村纳入'五保'供养的孤儿"。[1] 政策受益人范围相对狭小。作为一种修补型家庭政策，没有延伸到儿童抚育的家庭事务领域，尤其是面对"流动儿童"、"留守儿童"及城乡各类"困境儿童"

---

① 张世峰：《变革中的中国儿童福利政策》，《社会福利》2008 年第 11 期。

时，现行的家庭政策已经无法解决一些现实问题。因此，国家在抚育儿童中的角色必须加以改变，儿童保护和儿童福利问题应当成为政府的重要议题，成为家庭政策关注的主要问题。政策制定中理应贯彻的一个重要理念就是生儿育女绝不单纯是家庭私事，同时也是国家大事，要把家庭道德中的爱幼体现在政策的制定实施中，让家庭道德在具体的政策中变成看得见和摸得着的措施，落实落细家庭道德，使爱幼变得真真切切。如此才能真正发挥家庭政策的价值导向作用，增强现代家庭道德的影响力。

2. 促进社会治理，厚植道德建设的民生基础

家庭政策是伴随着工业化和现代社会而产生的。工业化和市场化在带来经济的迅速发展和丰厚的物质财富的同时，也带来了贫困、失业、伤残、养老等严重的社会问题。这些问题无法仅仅依靠个人、家庭与企业自己解决，需要国家采取多种途径和方法加以介入。传统社会个人的生老病死问题主要是依靠血缘和地缘共同体如家庭、家族和乡邻来解决，这些共同体承担了帮助人们应对各种社会风险的责任。进入现代社会后，经济社会发生巨大变化，人们面对的是一个风险社会和陌生人社会，人们遭遇的风险更大、更多而且更不可控，尤其在大灾大难来临时，个人和家庭的力量愈显薄弱，原来的共同体无法应对这些困难和风险，制度化、专业化和组织化的慈善和救济随之而产生。家庭政策就是其中解决问题的行动计划之一，它通过政府集聚社会力量，采取制度化的措施、运用公共资源帮助弱势群体，解决其基本生活困难，保障其基本权利。早期的家庭政策基本上是补救性的，目的是使失业、贫困等不至于酿成更大的社会问题、危害社会安全。因而家庭政策产生之初就具有社会治理的功能。

社会治理是家庭政策的本质属性，社会治理的实质就是政策治理，社会政策或家庭政策是社会治理体系的基础。进入工业社会后，家庭政策开始嵌入社会治理并成为重要的治理手段，其工具功能不断强化。家庭政策就是国家基于现实家庭和社会问题而采取的相应措施，它属于社会治理的有机组成部分，是国家干预家庭资源与家庭行为的治理模式，也是国家旨

在影响和改变家庭生活模式的原则和程序，是政府职能的体现。政府通过与社会组织联合共同解决家庭问题，以维护家庭、社会秩序和社会和谐，在这点上家庭政策是有效的治理手段和行动计划，这已被发达国家的经验所证明。

家庭政策如何才能促进社会治理，按照王思斌的观点，他认为主要看四个方面：政策的制定、政策内容、政策的实施和政策实施的结果。第一，政策制定的过程。20 世纪 80 年代，现代治理理念产生，联合国成立的全球治理委员会将治理定义为：公共部门和私人部门通过协调冲突或利益进而采取合作行动来管理公共事务的过程。[①] 在现代治理理念下，多元主体参与的社会治理取代了一元主体主导的社会管理，并成为社会行动的重要范式。家庭政策制定出现主体多元化的趋势，需要政府、市场、社会和个人尤其是利益相关者在政策制定中扮演一定的角色并以伙伴的关系整体性参与其中。家庭政策的制定过程如果吸纳了相关利益方参加，并且认真吸取他们的意见，尤其是政策对象群体的意见，这样的政策就具有较强的治理色彩。第二，政策内容。政策的内容如果能实现政府意志与民众需求的同构，必然能够达到治理效果。政策的内容反映政策对象的合理的需要，而且政府认可其合理性，且可以动用公共资源予以满足，特别是政策如能帮助弱势群体解决基本生活困难问题，其实施结果对社会问题的解决和社会公正有预期的贡献。第三，政策的实施。政策的实施既是政府责任部门系统有效运行的过程，也是政府与政策对象互动和共同行动的过程，双方共同行动的性质、行动的具体形式及相互的角色和体验都在具体建构着社会治理。第四，政策的实施结果。政策的实施真正解决家庭问题、促进社会和谐，就达到了社会治理的效果。家庭政策的社会治理功能的实现是政策制定的社会治理、政策实施的社会治理和政策实施的社会治理效果

---

① The Commission on Global Governance, *Our Global Neighborhood: Report of the Commission on Global Governance*, Oxford, Oxford University Press, 1995, p.2.

的综合作用。①

中国现在面临的是快速的市场转型和社会转型，与此同时出现了较严重的社会问题，尤其是家庭问题，需要制定和实施积极的家庭政策以解决家庭问题、达到社会治理的效果。社会治理的出发点和价值目标就是保障和改善民生。党的十八大以来，国家和政府坚持不懈地把关心人民群众最直接和最现实的利益问题作为自己工作的着力点，在解决和改善人民群众的民生问题上实施了一系列重大举措和行动，取得了巨大的成就。但民生的改善没有终点，永远在路上。这就要求我们继续完善家庭政策，为提高民生水平、为人民幸福提供保障。

在家庭政策制定中，政策制定者要有以人民为中心的基本立场和态度，理解和关心弱势群体的处境，真正为他们着想，主动吸纳他们的意见，对需要解决的家庭问题做深入的调查研究和细致的分析，将以人为本落在实处。如果我们对社会弱势家庭的问题不管不问，对他们缺乏应有的人道关怀，我们的社会治理就会失去道德基础，社会风险就会增大，社会安全无法保障。因而，家庭政策制定必须以社会主义核心价值观为指导，并使之在政策中具体化，在社会治理的各个方面得以体现。具体来说，家庭政策应当以促进社会进步和公正为宗旨，增进家庭利益、提高家庭能力，重点解决弱势群体的社会保障问题，保护弱势群体的生存和发展权利，改善他们的生存处境，使他们获得人格尊严。"为了平等地对待所有人，提供真正的同等的机会，社会必须更多地注意那些天赋较低和出生于较不利的社会地位的人们。这个观念就是要按平等的方向补偿由偶然因素造成的倾斜"。② 家庭政策的设计应该将改善社会最不利阶层的生活作为自己的出发点，这是服务型政府必须履行的政治和道德义务。同时关注家庭和社会福利的普惠性，将社会公正和社会安全转化为具体的社会保障制度和福利制度，解决人民群众最关心的住房、教育和医疗等问题，这些问

---

① 王思斌：《略论社会政策的社会治理功能》，《社会政策研究》2016年第1期。

② 〔美〕罗尔斯：《正义论》，何怀宏等译，中国社会科学出版社，1988，第96页。

题的解决，能很好地满足人民群众对幸福美好生活的期盼，也为社会治理打下良好的基础。在家庭政策的实施中政府必须树立服务意识，破除政策是上对下的关怀和恩赐的错误认识，更加关注政策对象的获得与感受，只有"良好的互动和对福利传送行为的共识性理解才会产生和谐"①。

　　贯穿社会主流基本价值原则的家庭政策具有伦理的合法性和合理性，它聚焦百姓的民生福祉，努力提高保障能力，保障人民的基本权利，提供优质、公平的公共服务，"使人民的获得感、幸福感、安全感更加充实、更有保障、更可持续"②，为人民群众践行社会主义道德尤其是家庭美德打下坚实的民生基础，大大激发人民群众参与道德建设的热情，增进人民群众参与道德建设的积极性、主动性和创造性。这样的家庭政策真正解决家庭的各种问题，促进家庭和社会的和谐，增强人民群众对政策的认同和支持，并进一步理解、认同和内化政策所蕴含的社会道德及家庭道德，并自觉按照道德要求规范自己的行为。

3. 增强执政合法性，夯实道德建设的政治基础

　　任何政党要取得和维护自己的执政地位，都必须寻找自身执政的合法性。"合法性是政治生命力的根本性、决定性的因素"。③"政治学中的所谓'执政合法性'，主要不是法律规范和法律原则意义上的'合法'，而是指执政党控制和运作政治权力的正当性与合理性，即必须得到社会成员的充分认同和支持"。④合法性就其实质是政党及其政权被公众接受和认可的状况。一个政党要想在执政后继续得到民众的拥护和支持，就必须不断积累和拓展其合法性资源。"党的先进性和党的执政地位都不是一劳永

---

① 王思斌:《略论社会政策的社会治理功能》,《社会政策研究》2016年第1期。
② 习近平:《决胜全面建成小康社会 夺取新时代中国特色社会主义伟大胜利——在中国共产党第十九次全国代表大会上的报告》,《人民日报》2017年10月28日。
③ 〔美〕罗伯特·杰克曼:《不需暴力的权力:民族国家的政治能力》,欧阳景根译,天津人民出版社,2005,第122页。
④ 中共中央党校编写《执政党建设若干问题研究》,中共中央党校出版社,2004,第35页。

逸、一成不变的，过去先进不等于现在先进，现在先进不等于永远先进；过去拥有不等于现在拥有，现在拥有不等于永远拥有。世情、国情、党情的深刻变化对党的建设提出了新的要求"。① 执政合法性并不是一劳永逸的，历史的合法性和现实的合法性不等于未来的合法性，合法性本身处于动态发展的过程中，它需要执政党居安思危，确立正确的执政理念，加强自身建设，凝心聚力，实现经济与社会发展，夯实政党执政合法性的基础。

政党合法性资源主要有意识形态、经济绩效、执政党自身建设等。其中意识形态是政党执政合法性的理论资源，经济绩效是政党执政合法性的物质资源，自身建设是政党执政合法性的主体资源。政党执政合法性的依据当然要看它的执政价值理念是什么，它的施政纲领说了什么，这也是其执政合法性的意识形态资源。但更重要的在于它执政期间做了什么，做的效果如何。政党执政合法性不仅仅是理论的建构，更重要的是实践检验活动。一个执政党如不能提供最基本的执政绩效，这个执政党就失去了履行职能的执政能力，无法维护其地位，将面临丧失执政合法性的危险。因而执政党都必须积极创造政绩，以获取执政的合法性。

经济绩效在政党执政合法性系统中处于基础地位，对加强和巩固政党执政合法性具有决定性的价值。历史事实证明，只有国家经济得到发展，民众真正享有利益和实惠，才会认同和拥护执政党。因为"人们为之奋斗的一切，都同他们的利益有关"。② 现代社会的政党执政合法性的主要依据是经济的持续发展和社会公共福祉的提高。没有经济的绩效，政党执政合法性就失去了实质性的支撑，有关合法性的所有说辞都无法得到人民群众的认同。在这个意义上，邓小平曾指出，经济发展速度"……不只是经

---

① 本书编写组编《〈中共中央关于加强和改进新形势下党的建设若干重大问题的决定〉辅导读本》，人民出版社，2009，第 11 页。
② 《马克思恩格斯全集》第 1 卷，人民出版社，1995，第 187 页。

济问题，实质上是个政治问题"。[①] "不坚持社会主义，不改革开放，不发展经济，不改善人民生活，只能是死路一条"。[②] 习近平总书记也强调，民生是最大的政治，民心是最大的政治。而这两个最大的政治是可以相通和统一的，只有不断发展民生才能赢得民心，而任何政党、政权的前途命运都是由其人心的向背所决定的。因而，民生问题关系政党执政的合法性，关乎国家的政治安全，它不仅仅是经济问题、社会问题，而且是政治问题。

然而仅有经济的发展，也未必就一定能夯实执政合法性的基础，经济绩效不是解决执政合法性问题的唯一法宝，不是确保执政党的执政地位的唯一因素。也就是说，不是经济发展了，一切问题就解决了，就一定会得到人民群众的拥护和支持。执政党只有同时解决经济发展过程中的贫富差距问题、解决社会财富分配问题，在经济发展与社会发展、发展与平等、效率与公平之间找到最佳结合点，实现社会公正，这样执政合法性资源才会不断积累，执政合法性基础才会坚固。要警惕执政合法性对经济发展的过度依赖，经济发展本身就有许多不可控的风险，任何一个社会都无法保持经济一直增长；否则，一旦经济发展出现问题，执政党执政合法性就会面临危机。因而建设多元的执政合法性资源和执政合法性的"综合绩效"，既是社会发展的必然要求，也是加强执政党执政地位的要求。将社会政策尤其是家庭政策作为政府争取民众支持的重要手段，已成为现代政治活动的突出特点，政党执政的合法性需要通过现实的执政业绩来加以证明。[③]

政府作为功能性实体，通过公共权力的运用、制定家庭政策来分配社会资源和利益，以达到修复家庭功能、维护家庭和谐与社会秩序、促进社会公正和发展的目的，因此家庭政策具有分配功能。现代家庭政策是公共

---

① 《邓小平文选》第 3 卷，人民出版社，1993，第 354 页。

② 《邓小平文选》第 3 卷，人民出版社，1993，第 370 页。

③ 刘歆立：《公共政策道德性及其意义初探》，《重庆社会科学》2005 年第 7 期。

意志和理性选择的结果，政府是制定家庭政策的核心主体，公众在很大程度上可以通过家庭政策实施效果来判断政府的执政业绩。因此有人认为，家庭福利本身就是政治过程的副产品。[①] 而且在现代社会，家庭福利还不仅仅是副产品，甚至成为政治生活的一个重要部分，成为能够改变政治格局中力量对比的杠杆，对于取得和维系政治权利的作用不可小视。历史上诸多福利政策的出台都是有一定的政治背景的。如俾斯麦的社会保险方案和罗斯福的《社会安全法》。20 世纪以来，各国政党的政治纲领和政府的施政纲要都把家庭福利政策作为重要内容。福利政策也因政治需要不断发展，并在政治实践中作为预防性对策被广泛应用，由此形成福利国家。福利制度既是国家体制又是社会福利制度。作为国家体制，其社会治理的政治基础是自由、平等和民主的原则，它最大限度地调节各阶级、阶层和不同利益集体的矛盾，保护劳动者和弱势群体的利益。作为社会福利制度，它是通过国家政治力量对市场和商品化的干预，维护社会成员的基本利益，并将社会福利上升为政治要求，成为社会生活的一个独立系统，影响了国家的政治进程。

很明显，公众可以直接从家庭政策中去评判执政党的业绩，感知执政党的执政价值理念。"政策是执政的生命，制定政策和实施政策是执政党提供政治供给最主要的方式"。[②] 公众是最朴实和最真诚的，他们从利益的获得中产生情感，从生活感悟中升华出理性认知。家庭政策关系到家庭及其成员的切身利益，公众对它执行效果的感受是最直接、最真实、最强烈的，也是最能影响公众对政府执政的道德评价的。一项政策有利于谁、不利于谁，公众心里最明白最清楚。公众认为好政策能符合人民意愿和满足绝大多数公众的需要，从某种意义上而言，好政策就是好政府的标杆，好政府才有公信力，才能得到信任。因而家庭政策的公平正义价值导向，

① 　钱宁：《社会正义、公民权利和集体主义——论社会福利的政治与道德基础》，社会科学文献出版社，2007，第 58 页。

② 　刘世军：《民心是最大的政治》，《光明日报》2017 年 1 月 23 日。

"既表现为最大限度地满足多数人的公共利益，又表现为最大可能地保护弱势群体在内的少数人的公共利益，公共政策一定是面向全体公民的正当利益诉求"。[①] 只有这样，家庭政策才有伦理上的正当性和合理性，才能得到人民的认同和接受。好政策体现和连接着民心，而民心是中国共产党执政的定心丸。一切为了人民、一切依靠人民，始终坚持和践行以人民为中心的思想和实践，随之而来的就必然是人民对执政党的执政理念、价值取向的认同和拥护，如此执政的基础才会永固。习近平总书记在庆祝中国共产党成立 100 周年大会上的讲话中就指出"中国共产党根基在人民、血脉在人民、力量在人民"。

随着中国多年改革开放的发展，经过全体人民的艰苦奋斗，我国社会实现了从温饱不足到小康富裕的转变，我国的主要矛盾也转变为人民日益增长的美好生活需要与不平衡不充分发展之间的矛盾。但我们也要看到中国仍然是世界上最大的发展中国家，还有相当数量的困难群众，还面临许多问题，民生问题还是政府应该摆在突出位置的问题。政府通过完善家庭政策不断满足人民对美好生活的需求，已成为当今社会化解社会矛盾、维护社会秩序的必然选择，也为我党执政合法性提供新的资源。

党的十八大以来习近平总书记始终坚持以人民为中心的思想，把人民的利益摆在第一位。一方面一心一意谋发展，促使中国经济实力不断增强，人民的生活水平和质量不断提高，为满足人民美好生活需要提供更强大的物质基础；另一方面，不断健全家庭政策和社会公平公正机制，充分发挥执政党的利益整合功能，缩小贫富差距，实现共同富裕，让所有人都能享受到发展的成果，都有获得感、满足感和幸福感。从目前来看，我国的社会福利水平还需不断提高，还必须强化政府的福利支出责任，不断增加社会支出，提高社会整体福利水平，在满足人民物质利益需求的前提下，要努力满足人民的政治、文化和精神需求。要特别关注社会的弱势群

---

① 孙春晨：《新时代公民道德建设的公共政策价值导向》，《东岳论丛》2020 年第 8 期。

体和困难群体，使他们获得基本的社会保障和及时的有效救助。只有真正关心人民利益、关心人民疾苦，切实维护人民利益，人民对政府和国家的政治认同和支持才会逐渐增强，政党执政的最深厚的根基才能稳固，人民对国家提倡的道德价值理念才会发自内心地赞同并积极遵守。

4.增强家庭及家庭教育功能，奠定道德建设的主体基础

家庭是个体生命的起点，个体在幼年时期与家人形成的社会关系对他们心理倾向、行为习惯和品性的形成有着先导性、深刻性的影响，而且这种影响伴随着孩子的一生，相比其他的教育，家庭教育对人的道德发展的意义和作用更为重要、更为长久和持续。正如袁隆平院士在给妈妈的信中说道："他们说，我用一粒种子改变了世界。我知道，这粒种子，是妈妈您在我幼年时种下的。妈妈，稻子熟了，我想您了！"[1] 袁隆平曾在口述自传中说过，母亲对我的教育影响了我一辈子，她总说，你要博爱，你要诚实。她还说，一辈子专心做好一件事就足够了。可见母亲对袁隆平的影响深刻。

家庭是儿童成长的最佳场所。每个人成长最初接触的环境就是家庭，家庭教育也是人一生中最早、最直接、最亲切的教育，它对儿童的成长和社会化非常重要，对家庭提供的各种政策支持旨在帮助儿童成长，保护儿童和促进儿童身心健康成长是各国政府最早采取的社会福利之一。但是过去的家庭政策只是针对那些失去家庭依托或受到伤害的儿童的救助工作，把家庭与儿童割裂开来。现代科学研究告诉我们：人类生命的最初三年对其今后的发展和成功具有重大影响。儿童的需要与家庭的需要密不可分，帮助家庭就是帮助儿童，不能帮助家庭就不能有效帮助儿童。[2] 儿童只有生长在功能正常完整的家庭里才能健康成长，反之一旦家庭功能无法正常发挥，儿童成长就会面临一系列问题。如离婚和分居就不仅对成年人产生

---

[1]　芒芒：《看了袁隆平的母亲才知道，什么叫真正的名门望族》，https://baijiahao.baidu.com/s?id=17031364056399793333&wfr=spider&for=pc。

[2]　张秀兰、徐月宾：《建构中国的发展型家庭政策》，《中国社会科学》2003 年第 6 期。

影响，更会对儿童产生不良影响。有研究表明，离婚家庭中的孩子更易出现心理失衡和社会适应不良的问题，更易产生学习障碍、情感和人际关系问题，出现攻击性和反社会行为。因而家庭政策要把保护儿童和支持关心儿童成长作为政府和社会的责任。

家庭是提高劳动者素质的摇篮。家庭担负着提高劳动者素质的光荣任务。随着社会的发展，对劳动者的素质要求越来越高。不仅要求劳动者拥有专业的知识和技能，而且要求劳动者具有人际沟通的能力、团队合作精神、领导能力等，现在更为重视的还有劳动者的价值观念、精神、情感等因素，这些构成了劳动者素质的重要组成部分。今天劳动者素质表现为劳动者的全面发展，这就更凸显家庭教育的重要。如果说人的知识和技能主要来自学校和其他机构的教育的话，那么人的思想价值观念和精神品质等则更多地与家庭关联、更多地来自家庭的熏陶和父母潜移默化的影响，很大程度上是在他们的社会化早期即家庭教育和学前教育时期被培育的。因此家庭政策要在营造和谐的家庭关系、发挥家庭育人功能上大做文章。

家庭是造就合格公民的最佳组织。在公民社会发育较早的西方国家，子女被视为新一代的公民的观念为大多人认同。随着经济全球化和国际政治的发展，公民社会的重要性日益凸显。一个积极活跃的公民社会是社会民主和可持续发展实现的基本保障。如果公民社会软弱无力，权力和财富就会流入少数人手中，社会公平状况就会日益恶化。今天社会的发展和人民生活质量的提升不仅仅表现为 GDP 的增长，更重要的是表现为经济与社会的协调发展即可持续发展。在影响可持续发展的多种因素中，其中最重要的一个因素就是公民的参与。公民社会的核心就是公民个人角色能否发挥作用。家庭对公民不同生命阶段以及同一阶段不同角色的作用发挥有着重要的影响，它不仅关乎个人的幸福，而且影响社会整体的发展。政府制定家庭政策来分担抚育子女的责任，已经反映出国家并未完全将家庭视为私域，而是将家庭看作对公民社会化尤其是政治社会化有重大影响的组织。正如迈克尔·罗斯金所说："孩子们所遇到的每一个场所，都是政治社会化的潜在机构，但是最早遇到的家庭具有其他任何机构所不能比拟的作用。""家庭塑造个体的心理特征，它决定着我们的政治态度，传递一套规范和价值（包括政治内容），以及信念和态度（如政党忠诚感和对政府的信任或不信任）。"[①]

从以上论述我们发现，家庭及家庭教育在对社会主体的培养中有着重要的作用，家庭教育的地位和价值也得到政府的高度认可。从 2012 年开始，特别是在 2018 年召开的全国教育大会上，我国家庭教育受到前所未有的重视，家庭教育的政策不断出台，促进了家庭教育的发展。但不可否认的一个现实是，我国家庭教育还存在一些突出的问题，如家长的"教育焦虑症"演变成了"群体性焦虑"。这些被学者进一步解读为"因'教育落后'的持续恐慌、因'教育重负'的压力和因'教育无用'的担忧"。[②]这既显示家庭教育责任的重大，又充分说明家庭和家长担当责任的能力和信心严重不足。究其原因，主要在于以下几点。[③]

第一，家庭在剧烈的社会转型和变迁中一直处于被动的客体位置。家庭是社会的细胞，这既说明了家庭的基础性地位，同时也使家庭容易被工具性定位。近年来国家出台了一系列家庭政策，保障了家庭的发展，如以家庭为单位的个税征收办法。但家庭也常常成为国家实现经济、人口和社会管理的工具，也常因为没有能够很好地承担工具职责而受到冷落。如家庭、工作平衡的问题导致家庭教育时间大大减少。家庭自身在社会压力面前无法独自应对，只能消极地应付，把希望寄托在国家家庭政策的改变上。

---

① 〔美〕迈克尔·罗斯金等:《政治科学》，林震等译，华夏出版社，2001，第 143 页。

② 陈华仔、肖维:《中国家长"教育焦虑症"现象解读》，《国家教育行政学院学报》2014 年第 2 期。

③ 余清臣:《面向立德树人的当代中国家庭教育：挑战与治理》，《西北师大学报》(社会科学版) 2021 年第 1 期。

第二，家庭中的个人主义观念增强。现代社会自由、平等、民主思想逐渐深入人心，家庭成员的个人权利思想越来越彰显和强烈，家庭是"个人主义化"的，家庭成员的个性越来越突出，家庭成员的个人差异越来越巨大。[①] 然而一旦这种个人主义意识膨胀，家庭共同体建设就会面临严峻挑战。家庭教育是建立在家庭这种特殊的亲密关系基础上的，这种个人主义化的家庭关系弱化了家庭的亲密关系，影响家庭教育的开展，使得家庭成员之间很难进行深入的交流和沟通，难以进行价值观、道德情操等方面的指导。而且家庭成员如果只是追求自我的发展和个人的利益，家长对于孩子的成长就会疏于关心，也不会投入太多的时间和其他成本用于孩子的教育。而孩子对于不符合自我需求和与自己的思想观念不相融的教育也会采取抵制的抑或阳奉阴违的方式，使得家庭教育的难度加大，父母需要有足够的耐心和智慧来教育孩子。

第三，家庭教育与学校教育的职责相互混淆。按照现行的家庭教育指导文件的规定，家庭教育的核心内容是家庭道德教育，这是全社会的共识，家长也高度认同。但目前的状况是学校教育的职责向家庭教育转移，家长不得不承担一部分学校教育的职责。"教师一方存在的突出问题在于，他们掌握及利用中式家长比较关注子女成绩的普遍心态来过度要求家长配合并承担本属学校分内事的学业监管责任"。[②] 但家长的文化素质参差不齐，又没有受过教师那样的专业训练，无法承担相应的教育职责。而今天由家庭教育承担主要职责的道德教育在社会强大的智育教育面前，也面临着强烈的冲击和影响，家庭道德教育生存的空间越来越狭窄，家长们大多有一种无可奈何的感觉。

面对家庭教育的孱弱，家庭政策需要提供制度性资源的保障。

一方面，在政策制定上要树立家庭是具有公私两重性、具有工具性

---

① 〔法〕弗朗索瓦·德·桑格利:《当代家庭社会学》，房萱译，天津人民出版社，2012，第5-7页。

② 俞婷婕:《"剧场效应"下教师专业危机与出路》，《探索与争鸣》2018年第11期。

和目的性的社会单位的价值理念，从根本上确立家庭教育的主体性。当前家庭教育存在依附于社会、学校，以满足外部期待和诉求为先的倾向。因此家庭政策对家庭教育功能的理解、指导和支持必须遵循家庭教育的属性和内涵，遵循家庭生活化的特征。"任何母亲或父亲都无法给予孩子超出自己行为能力的东西，所以只能通过善意的和专业的培训来改善教育，而不是通过指责和发怒"。[①] 家庭教育有自己的特点，其成员的不可选择性决定了家庭教育主体的能力和水平，家庭成员的社会阶层状况也决定了家庭教育的内容边界，对家庭教育的希望也无法超越家庭本身可以承载的限度。这些都说明家庭教育作为主体有自身的独立性，尽管国家、社会和学校对家庭教育都有自己的期待和诉求，家庭也必须尊重和理解这些合理期待，但这些都是建立在一个前提基础上的，那就是家庭教育主体自身有足够的能力和水平。而在现实中这又是个难题，父母的身份决定了他们是一个自然而然的教育者，在教育能力和水平上都还需要进一步提升。正因为如此，家庭政策亟须从制度上支持家庭教育，坚持家庭主体、国家支持、社会协调参与的原则。

目前，家庭教育受到党和政府的高度关注，采用立法方式促进家庭教育发展已成为人们的共识，家庭教育地方性法规不断出台。2016 年《重庆市家庭教育促进条例》颁布，随后贵州、山西、江西、江苏和湖南等地相继颁布家庭教育促进条例。《湖南省家庭教育促进条例》于 2021 年 3 月 1 日开始实施。2021 年 10 月 23 日通过了《中华人民共和国家庭教育促进法》。家庭教育促进法对家长、政府、学校及社会在家庭教育中的地位和职责做出规定。法律明确规定未成年人的父母或者其他监护人是家庭教育的责任主体。在家庭教育内容的规定方面突出"以德为先"，强调对未成年人道德品质的培养。家庭教育促进法第十六条明确规定"教育未成年人崇德向善、尊老爱幼、热爱家庭、勤俭节约、团结互助、诚信友爱、遵

---

① 〔德〕韦尔纳·劳夫:《理解教育：何为家庭教育的本质》，刘丽等译，龙门书局，2011，第 41 页。

纪守法，培养其良好社会公德、家庭美德、个人品德意识和法治意识"①，以与"德智体美劳"为主要方面的学校教育相区别。家庭教育立法后，家庭教育已由家事上升为国事，政府必须采取一系列的支持举措。如第七条规定"县级以上人民政府应当制定家庭教育工作专项规划，将家庭教育指导服务纳入城乡公共服务体系和政府购买服务目录，将相关经费列入财政预算，鼓励和支持以政府购买服务的方式提供家庭教育指导"。② 政府有关部门应该制定家庭教育指导大纲、家庭教育指导服务工作规范和评估规范，编写家庭教育指导读本等。学校和其他社会力量有配合与协助家庭教育的责任。

另一方面，通过家庭政策完善制度资源方面的供给，为家庭教育提供保障。从国家资源层面而言，我国高度重视学校教育，绝大部分政策资源是给予学校教育的，这也是我国学校教育发展迅速的原因。但是对家庭教育的关注度和支持度远远不够，给予家庭教育方面的资源相对而言还比较匮乏，对家庭教育的扶持力度很小。而且还有一部分人错误地将家庭教育看作家庭内部的事务，这与现代科技高度发达的信息社会是不相适应的。当务之急需要政府部门所有人员认真学习并贯彻执行《中华人民共和国家庭教育促进法》，提高对家庭教育的政治站位，充分认识到家庭教育在个体、家庭、社会和国家发展中的重要价值和作用，通过家庭政策对家庭教育进行统筹规划，加大资源供给，完善配套措施，改善家庭教育的外在条件和环境，为家庭教育提供更强有力的支持和保障。尤其是对困难未成年人家庭、留守未成年人家庭的教育工作要实行精准的服务和指导，建构有效的家庭教育扶贫政策，帮助家庭切实发挥家庭教育的价值引领和道德品性培养的作用。

---

① 《中华人民共和国家庭教育促进法》，《人民日报》2021 年 10 月 25 日。
② 《中华人民共和国家庭教育促进法》，《人民日报》2021 年 10 月 25 日。

第二章
家庭政策价值取向的发展

　　家庭是社会的基本细胞，家庭的发展与国家、民族的发展紧密相连，也是国家预防和控制社会问题最有效的切入点。家庭政策是国家旨在影响或改变现存家庭生活模式的原则和程序，是国家与社会为回应和解决家庭问题所做的努力。家庭政策的内容主要涉及家庭成员身份待遇、住房、经济、服务保障等领域。家庭政策以价值观为基础。家庭政策价值理念是人们在家庭政策实践活动中形成的一种系统性认识，反映出人类对家庭政策价值关系的评价，并用以指导人类实践活动。科学合理的价值理念是家庭政策制度的灵魂，关系到家庭政策的制定和实施。各个国家在不同的历史时期，因为家庭政策价值取向不同，国家、家庭、个人在权、责、利问题上的划分也有差异，但从历史上看，家庭政策大体上经历了从以家庭为中心的家庭福利，到以国家为中心的家庭福利，最终发展到以家庭和国家共为主体、共担责任的家庭福利的历程，家庭政策的价值依据也经历了从注重政治到注重社会经济、到注重人的价值发展的进路。

一　西方家庭政策价值理念的嬗变

　　西方国家的家庭政策价值理念根植于各国社会政治、经济、文化之中，表现出较强的时代性和政治服务性。同时西方家庭政策价值理念受不同时期理论流派的影响，表现出较强的动态性。如补缺型干预模式时期的古典自由主义、国家干预主义，普惠型福利时期的凯恩斯主义、新自由主义，发展型福利时期的第三条道路等学派，家庭政策价值理念逐渐从社会控制、保障人类生存的补缺型干预，转向满足人自身需要、实质平等的普惠型福利，再转向注重社会公平正义的发展型福利。与此同时，国家对家庭问题采取了家庭主义、去家庭化和再家庭化的不同态度。纵观西方家庭政策价值理念的发展，我们可以发现，早期价值理念带有很强的工具性，但随着对个人、家庭和国家责任范围的不同界定，社会福利在家庭与个人之间的不同分配，男性养家模式的失灵，西方社会家庭政策价值理念也不断进行调整，从满足生存需要开始，向满足社会成员交往、发展、尊严等方面的需求发展，从维系社会秩序的工具性价值到重视人的价值转变，形成西方家庭政策价值理念的演变进路。

（一）"家庭主义"的补缺型干预模式

早期各个国家的综合国力还不足以实施面向全体社会成员的普惠型社会福利，只能采取"家庭主义"的补缺型干预模式。家庭主义是指以家庭作为照顾弱势群体的主要责任者，要求其为家庭成员提供福利。这种价值观和实践原则，是针对最早出现的以妇女、儿童等家庭成员为主的家庭问题。补缺型干预意味着国家只对出现问题、急需帮助的家庭给予资助与服务，国家作为避免家庭陷入危机的最后安全网，主要承担拾遗补阙的角色，保证家庭能够自由支配自身，具有社会细胞的正常功能。"家庭主义"的补缺型干预模式的特点，是对少数贫困人员及其家庭实行救助，强调了家庭在西方国家政策体系中的重要作用。"家庭主义"的补缺型干预模式在权责划分上强调个人和家庭责任大于政府责任；没有区分家庭福利与个人福利；家庭主义模式下，男性在外工作养家，女性是家庭的主要照顾者，无法实现职业选择自由，即使就业也容易遭受不公平待遇，女性权益无法得到保障。

贫困家庭最初是从私人、慈善团体、教会等获得帮助。1601 年，英国政府颁布《伊丽莎白济贫法》，这是世界上第一部扶贫救助法律，将扶贫救助从临时性慈善事业转变为法定的国家责任，为现代扶贫救助制度的发展奠定了基础。《伊丽莎白济贫法》创立全国统一的扶贫救助管理体系，用强制征收的土地税来凑集资金，对那些确实无法参与社会生产或是在自由竞争中处于明显劣势的人进行救助。这一举措是运用国家机器来解决社会贫困人口问题的创举。但各个教区分散管理的方式导致管理上的混乱，人们只能获得慈善性救助，因此该法还不具备现代家庭政策的特征。随着新兴资产阶级的出现，处于资本原始积累时期的资本家不愿意通过税收方式凑集扶贫救助资金，于是在1834年，英国颁布《济贫法（修正案）》，确立了中央政府在扶贫救助中的作用：枢密院直接发布有关失业、粮食短缺和救济的政策措施，枢密院的权力来自王室；确立了劣等处置与济贫院规则，减少济贫税来满足资产阶级原始积累的需要。这种扶贫救助逐渐发展成为有选择地补救和扶助贫苦者和贫困家庭，扶贫救助政策经过兼并整合演变为一种制度体系，使家庭政策开始走上国家化与社会化的发展轨道，为欧洲其他国家建立扶贫救助制度提供了经验借鉴。古典自由主义经济学家，如亚当·斯密认为，个人应该对自己的全部生活负责，国家过度干预会危害到人们的自由，主张国家或政府尽好"守夜人"职责。在经济上，古典自由主义坚持自由竞争的市场经济。亚当·斯密在1776年出版的《国富论》中，反对国家干预并实行贸易保护的重商主义。在政治上，古典自由主义认为"管得最少的政府是最好的政府"。在法律上，古典自由主义强调物质之外的"法律之前人人平等"。这一时期的家庭政策价值理念强调个人和家庭责任。工业革命导致贫困阶层大量出现，年迈、疾病、伤残、失业等原因造成的生活无着落现象成为工业社会普遍面临的问题。家庭政策价值理念受新兴资产阶级原始积累需要的影响，以最低水平保障为原则。这一时期的扶贫救助主要目标是维护社会秩序，推动经济发展。扶贫救助制度的出台只是为了保障社会成员的基本生活，防止发生暴乱，没有意识到公民的生存保障权利和国家应有的责任。他们认为最低水平的扶贫救助，一是可以节约社会财富；二是可以避免人们对社会救助产生依赖，更好地提升社会效益；三是可以减少国家对社会生活的干预，保证个体的自由。因而主张以最低水平保障为原则的扶贫救助，是一种补缺型干预模式。这一时期家庭政策工具价值理念凸显，扶贫救助水平较低。社会成员获得的救济很少，而且要在收容所内接受惩罚、被迫劳动，既没有自由也丧失了尊严。这种施舍方式不能从根本上解决弱势群体的生存问题。因此，这一时期的扶贫救助活动只是政府维持社会秩序的手段，被救助者没有享受到生存保障权利，更没有得到人格尊重。虽然早期补缺型干预模式有很多缺陷，但以立法的方式将扶贫救助从临时性慈善事业转变为法定的国家责任，显然具有积极意义。

工业社会瓦解了农业社会自给自足的生产生活方式，大家庭开始向核心小家庭演变，家庭的传统福利功能受到冲击，出现了一系列家庭问题。以德国为代表的欧洲各国主张由国家出面、利用保险的方式解决这些问题。这样就出现了以家庭为目标、调节家庭资源和家庭行为的政策，现代家庭政策真正出现并得到发展。德国家庭政策的社会保险模式是以瓦格纳财政理论为基础的。瓦格纳于1873年提出：国家应该干预和调节社会经济活动；国家的重要职能是通过社会保险体系和赋税政策调节人民的收入分配；采用预防主义政策，"所谓预防主义，即指在国家的法治与权力领域中，对破坏社会秩序暴行作防患于未然的措施"。[1] 俾斯麦主政期间，1883年颁布了《疾病社会保险法》，随后《工伤事故保险法》《老年和残障社会保险法》相继颁布，标志着德国家庭政策社会保险模式形成。《孤儿寡妇保险法》于1911年颁布，与之前三部法律一起形成了帝国《社会保险法典》，这是世界上第一部比较完整和系统的社会保险模式法律体系。德国社会保险制度首次将家庭作为国家干预和保护的对象。保险制度以预防社会风险为目标，以家庭正常生活和就业为基础，旨在保证所有公民维持家庭基本生活水平。与以往的扶贫救助相比，扶贫救助对象主要是处于

---

① 〔日〕坂入长太郎：《欧美财政思想史》，张淳译，中国财政经济出版社，1987，第303页。

贫困状况的个人，试图解决贫困问题；社会保险对象是整个家庭，试图解决家庭生活问题。政府被视为阶级利益调和者，社会各有关成员都为工业社会的风险承担责任。以个人和雇主的缴费为前提建立的社会保险模式将支付制度化，形成一种群体性的普遍需求，成为整个经济运行中不可或缺的部分。以所有核心家庭成员基本生活需要满足为主要服务内容的社会保险制度，更加注重对老人、病人、伤残者的支持，为以后家庭政策的发展奠定了大致的格局。社会保险制度在世界范围内的广泛传播促进了现代家庭政策的发展。

德国社会保险模式的家庭政策价值理念既强调个人和家庭责任，又认为政府应适度干预家庭以防范社会风险。德国社会保险模式的家庭政策价值理念深受国家干预主义理论学派的影响。国家干预主义认为，"国家的职责是为公民创造条件，……'工作权利'和'基本生活工资'权利就和人身权利或财产权利一样地有效"。[①] 国家建立社会保险体系的目的，一是可以满足社会成员的基本生活需要，保证生存安全；二是刺激消费和扩大内需，解决生产过剩的危机；三是使社会成员有更多的机会接受教育，为资本家培养出更多优质的劳动力，推动资本主义经济的发展。国家对公民基本生活负管理责任，雇主负部分责任，个人对自己的生活负主要责任。社会保险制度强调效率应该与公平相结合，享受社会保险权利的同时应该承担缴费的义务，从而激励个体的积极性，也满足雇主盈利的需求。这样，社会保险制度确立了以个人和家庭为主、资本家和政府为辅的责任承担价值理念。

随着马克思主义广泛传播与工人运动风起云涌，资产阶级希望拿出一部分剩余财富来改善与工人阶级的关系，防止无产阶级革命的发生。工业革命使德国可支配的财富增加，政府有一定的财力增进社会福利，但马尔萨斯认为对贫困者进行救助会使其形成依赖。李嘉图认为"每个同情贫民

---

① 〔英〕霍布豪斯：《自由主义》，朱曾汶译，商务印书馆，1996，第80页。

的人都真切地希望废止这些法律"。[1] 英国社会学家穆勒认为："养成依赖他人帮助的习惯是有害的，而最为有害的莫过于在生活资料上依赖他人的帮助，不幸的是，人们最容易养成这种习惯……那么这种救济制度就会从根本上使所有人丧失勤奋努力、刻苦自励的精神。"[2] 俾斯麦认为一个期待养老金的人是最本分的，也是最容易统治的，"建立由国家领导并由国家出资的'社会保险制度'是使工人离开社会主义革命的最好办法"。[3] 这样一来，社会保险取代了社会救助。德国社会保险制度的目的依然是维护社会秩序，但与扶贫救助时期相比有了巨大进步。从维持个体最低生活水平发展到满足家庭基本生活需要，水平有了较大提升。社会保险的内容从单一的济贫拓展到养老、医疗、失业、教育等。社会保险制度的实施更加人性化，获得基本的生存安全成为社会成员的一项基本权利。

"家庭主义"的补缺型干预模式是以家庭为家庭成员的主要照料者，是国家通过对家庭问题进行干预来强化家庭的照护功能的福利供给模式。补缺型干预针对的都是社会最为关心的紧迫性家庭问题。20世纪初，随着工业化、城市化与市场化融合发展，除了传统的妇女和儿童问题外，住房作为家庭成员生活的物质基础，逐渐成为家庭政策议题。20世纪20年代末，随着西方经济危机和大萧条的到来，家庭津贴和保障家庭经济收入成为家庭政策的主要议题。20世纪30年代，出于对人口减少与人口结构失衡的担忧，欧洲国家普遍实行了应对低生育率状况的家庭政策。针对婴幼儿死亡率过高，西方各国用家庭福利计划帮助家庭摆脱贫困以提高生育率，并且限制避孕与堕胎。西方一些政府设立产妇与儿童福利中心，英国颁布《产妇与儿童福利法》，以维护妇女儿童的福利权、为母子提供健康

---

① 〔英〕大卫·李嘉图:《政治经济学及赋税原理》，周洁译，华夏出版社，2005，第74页。

② 〔英〕约翰·穆勒:《政治经济学原理——及其在社会哲学上的若干应用（下）》，胡企林、朱泱译，商务印书馆，1991，第559页。

③ 〔法〕卡特琳·米尔丝:《社会保障经济学》，郑秉文译，法律出版社，2003，第11页。

服务及其他福利。为了帮助工作的妇女照顾家庭，西方国家首次实施产假制度和建立公共的儿童照料机构。政府对有需要的家庭和寡妇、孤儿等提供财政支持，第一次发放现金津贴。1939 年，以法国颁布的《家庭法》为开端，现代家庭发展政策体系逐步建立起来。总之，在"家庭主义"的补缺型干预模式阶段，家庭福利与个人福利没有区分开来，男性养家模式居于主导地位，家庭作为社会福利资源传递的媒介，所获得的福利救助非常有限，主要针对育龄孕妇、婴幼儿和其他弱势人群，而且这些是在感受到人口压力及相关危机时才紧急采取的政策，带有明显的碎片化、临时性和补救性特征。

（二）"去家庭化"的普惠型福利模式

二战结束后，西方发达国家经历了一段黄金发展时期，政治稳定、经济发展，社会处于持续繁荣发展阶段。随着各个国家经济的持续繁荣以及民主政治的发展，社会公平、社会安全、社会包容和公民权利等反映人类美好愿望的价值理念逐步成为人们的共识，进而成为影响社会政策的重要因素。一些国家凭综合国力足以向全体社会成员实施普惠型的社会福利，人们要求社会福利以公民权利的形式变成社会政策。在联合国的推动下，家庭政策由原本救助特殊贫困家庭的补缺型政策逐步发展为面向全体公民的"去家庭化"的普惠型福利模式，各国还成立了专门的家庭政策机构。"去家庭化"是让国家和社会越过家庭成为所有公民即家庭成员的主要照顾者，国家制定政策让市场或社会服务组织为弱势群体及所有有需要的社会成员提供相关的公共服务，一方面可以减轻家庭照顾家庭成员的负担，从而消除家庭成员对家庭的依赖；另一方面可以让社会所有成员都能够享受社会福利，而不是等到个人或者家庭陷入困境时才提供补缺型帮助。所以，普惠型福利模式意味着国家给予所有家庭的普遍性支持，"去家庭化"是这一政策模式的主要特征。"去家庭化"的普惠型福利模式的特点，是强调政府责任大于个人和家庭责任、个人福利高于家庭福利，女性开始从繁重的家庭照顾中解脱出来，进入职场就业，女性权益得到改善。这一时期，国家与社会加速建立社会工作专业体系和家庭服务体系，家庭、儿童、学校、社区社会工作专业体系形成，儿童和家庭社会工作、母婴保健服务、托幼服务、亲子关系和家庭生活教育等家庭服务体系也开始形成。国家的家庭政策由经济保障升级为服务保障。

20世纪50年代后，人们认为要保障社会安全，就必须要求政府建立完整的社会福利体系，实现国民福利的普惠式发展。1942年，素称"福利国家之父"的贝弗里奇认为社会冲突是由分配不公引起的。国家是社会福利制度构建的主要责任主体。国家要为中断或丧失谋生能力者提供生活保障。[①] 社会福利制度由社会保险、社会救助和自愿保险构成，分别满足家庭的基本生活需求、最低生活需要及更高生活需求。他确立了社会福利制度的普遍性原则，目标是要解决社会的贫困、疾病、愚昧、肮脏和懒散[②]五大弊端，他主张采取中央政府集中统一的管理模式，提升社会福利制度的有效性和权威性。1948年，英国艾德礼首相宣布建成福利国家，成为现代社会福利国家出现的标志性事件。从1946年到1948年，英国颁布《国民保险法》《国民救济法》《家庭补助法》等系列法律，形成了"从摇篮到坟墓"的社会福利制度基本框架，社会福利日益成为现代社会的基本制度安排，社会福利成为公民的基本权利。随后瑞典、挪威、芬兰等国相继建成福利国家。西方发达国家从补缺型干预时代跨入了普惠型福利国家时代。这一时期的家庭政策覆盖了几乎所有个人和家庭不能解决的经济困难和服务问题，形成了覆盖全体家庭成员的一整套"从摇篮到坟墓"的家庭政策体系，表现出福利提供的普遍性和覆盖范围的广泛性。普惠型福利模式的家庭政策取得了三方面的突破：一是创建政府家庭政策机构。针对西

---

① 〔英〕贝弗里奇：《贝弗里奇报告：社会保险和相关服务》，劳动和社会保障部社会保险研究所组织翻译，中国劳动社会保障出版社，2008，第4页。

② 〔英〕贝弗里奇：《贝弗里奇报告：社会保险和相关服务》，劳动和社会保障部社会保险研究所组织翻译，中国劳动社会保障出版社，2008，第3页。

方发达国家普遍经历的"婴儿潮"，1948 年英国设立儿童部，德国在联邦政府设立"联邦家庭、老人、妇女和青年部"，卢森堡、瑞典在 1954 年成立家庭部。这是家庭政策"去家庭化"最显著的特征，即通过创建儿童部和家庭部之类的家庭机构，由政府对儿童和家庭事务进行日托服务和家政管理，从而将照料儿童和管理家庭事务从传统家庭中解脱出来，实现了"去家庭化"的目的，减轻家庭负担、支持家庭发展。二是扩展家庭补助金计划。西方绝大多数国家普遍性地实施了家庭津贴发展计划，几乎所有类型的家庭都被普惠纳入家庭福利政策范围，家庭补助金发放范围拓展到所有居民。三是规范孕妇产假制度，延长孕妇产假长度，实行强制性的产假计划，以此取代过去的自愿性产假计划；采用与工资挂钩的假期现金津贴，打破了以前的统一标准或一次付清的补足津贴。为了支持妇女在家庭生活与职业生活之间进行选择，北欧国家提出了就业上的性别非歧视原则、同工同酬原则、生育前后保护女工的原则、国家承担向在职母亲提供其他福利责任这四项原则。这样，"全面实现社会福利制度重点由以'社会保障为主'向以'社会服务为主'的战略升级"。[①] 英国建成了全民覆盖、从摇篮到坟墓的社会服务体系。随后，欧美国家相继构建支持家庭和家庭友好社会环境的家庭政策，这些政策超越经济保障与服务保障，以巩固家庭关系、培育家庭能力等内容为主，如带薪产假、母婴保健服务。特别是以妇女友好、家庭友好和支持家庭为特征的北欧福利国家模式的形成，推动了普惠型社会福利制度的发展。

"去家庭化"的普惠型福利模式下家庭政策价值理念强调公民社会权利的实现，主张政府干预、政府责任大于个人和家庭责任、个人福利大于家庭福利。二战结束后，一些国家颁布了许多保护与支持家庭的纲领性文件。1948 年，联合国的《世界人权宣言》第十六条规定："家庭是天然的基本的社会组织单位，有权受到社会与国家的保护。"1966 年 12 月联合国

---

① 刘继同：《世界主要国家现代家庭福利政策的历史发展与经验规律》，《中共中央党校学报》2016 年第 4 期。

在《公民权利与政治权利国际公约》中重申了这一原则。同年 12 月，联合国在《经济、社会及文化权利国际公约》第 10 条指出："应尽可能给予家庭最宽泛的保护与支持，尤其在组建家庭及家庭对未成年子女的照料与教育方面给予关注。"第 11 条还承认"每个人及其家庭都有获得充足生活条件的权利"。1950 年 11 月，欧洲理事会在罗马缔结《欧洲人权公约》，将联合国提出的公民社会权利的实现确立为区域内的通行准则。"20 世纪的公民权利的一个重大发展是社会权利，包括获得医疗保健、教育和保持收入水平的权利，它们将确保每一个公民享有广泛的社会地位和机会平等，这种权利不再满足于消除社会底层的匮乏，而是要改变整个的社会不平等方式"。[①] 社会福利制度的价值理念更多的是从实现公民权利的角度出发，来满足公民的基本生活需要以及对平等的渴望。凯恩斯主义学派提出非自愿失业不可避免的思想[②]，社会福利要确保失业者的生存安全，主张政府通过税收、财政等政策对市场进行积极干预，通过社会收入均等化来扩大有效需求和实现充分就业。国家对社会福利政策负有财政和管理双重责任，同时认为价值理念要以社会公平为原则。凯恩斯认为公平是一种天赋的权利。瑞典社会福利学家莫勒认为每个公民都应该享受到社会福利。在男女权益方面，虽然仍以男性养家模式为主，但随着家庭政策机构的设立，政府实施普遍性的家庭服务和儿童照顾，使女性能够大量进入职场实现就业，围绕着如何平衡社会成员工作、家庭之间的关系创立了产假制度，以保障父母都能够有一定的时间陪伴和照顾家庭。在两性关系方面，西方国家的家庭政策针对男女就业状况，将男性就业者的薪资福利考虑在内，把妇女家务劳动所得设计在男性的薪资福利中，由家庭传递至家庭成员。而英国工党接受这些理念建成了福利国家。国家为生活贫困的人

---

① 〔英〕马丁·鲍威尔：《新工党，新福利国家？英国社会政策中的"第三条道路"》，林德山、李资资等译，重庆出版社，2010，第 10 页。

② 〔英〕约翰·梅纳德·凯恩斯：《就业、利息和货币通论》，金陪、张世贤译，经济管理出版社，2008，第 22 页。

优先提供住房、饮食、医疗等基本保障，没有缴费能力的人同样可以享受到国民补贴，将福利与生活安全视为基本社会权利覆盖到社会的每一个公民。伴随西方福利国家公民权社会福利思想的发展，这种以"去家庭化"为显著特征的家庭政策逐渐走出了原有的"惩罚"模式，完成了从病理学向社会模型、从选择主义向普及主义、从事后补救向上游干预为主的路径转变。[①]"去家庭化"的普惠型福利模式的家庭政策价值理念实现了由社会控制向公民权利的转变。现代社会福利的公民权利观与传统补缺型社会福利的人道主义工具理性相比，有了巨大的历史进步，具有划时代的意义。

1973-1975年的世界经济危机后，西方国家普遍进入经济"滞胀"时期，国家财政无法承受巨额的社会福利支出，人们对福利的依赖导致失业增加、贫困人口比例急剧膨胀，普惠型社会福利制度发展陷入难以为继的困境。各国政府对家庭高福利的盲目追求、对个人福利的过度介入最终导致20世纪70年代福利国家的普遍危机。随后出现了一系列现代社会风险问题，这些风险包括：越来越紧张的工作与家庭生活的冲突问题，后工业化时代低学历低技术劳工的就业问题，越来越多的失业境况下收入保障不足问题，越来越多的单亲家庭问题，老年人和身心残障者亲属的照顾问题，等等。为应对日益增多的社会风险问题，西方福利国家需要重新采取更具针对性的家庭政策，欧美福利国家的福利政策发生变化，这是福利国家的危机与调整时期。英国撒切尔政府、美国里根政府都进行了福利制度的改革，引入市场福利与民间社会福利，同时扩大支持家庭的财政力度，为鼓励生育而对有子女的大家庭采取减税政策。设立针对低收入家庭的津贴、针对单亲父母家庭的津贴以及住房津贴。这种社会福利制度逐渐从资源的水平再分配改变为资源的垂直再分配。

西方福利国家危机的根源和深层次原因在于"去家庭化"的普惠型福利造成了公民权利、义务脱钩。社会福利以公民权利的形式变成家庭政

---

① 韩央迪：《家庭主义、去家庭化和再家庭化：福利国家家庭政策的发展脉络与政策意涵》，《南京师大学报》（社会科学版）2014年第6期。

策，在这种政策指引下，公民个人就业和努力工作的积极性降低，家庭责任感削弱，进而导致经济衰退。发达国家"去家庭化"的普惠型福利模式快速发展源于公民越来越注重自我发展，个人权利无限扩张，造成全社会只注重享受公民权利，而忽视了公民应该承担社会责任与义务，导致传统的家庭功能和家庭责任削弱，家庭被轻视的副作用逐步显示出来，国家发展也难免陷入危机。20 世纪 70 年代，西方福利国家开始对"去家庭化"的普惠型福利政策进行反思，重新强调公民权利与公民义务对等，对公民权利和公民责任作出调整。

（三）"再家庭化"的发展型福利模式

20 世纪 70 年代以后，家庭政策处于转型时期，原有的"去家庭化"的普惠型福利模式的负面影响日益凸显。国家责任完全取代家庭责任、国家对所有公民实施全方位照顾的家庭政策，一方面导致公民宁愿在家坐享高福利，而不愿意工作或工作的意愿下降；另一方面也使家庭成员之间相互照顾的传统观念逐渐淡薄，自私贪婪的个人利己主义开始盛行。这种普惠型福利模式最终导致整个社会经济衰退，家庭政策遭遇难以为继的困境。各国不得不开始对"去家庭化"进行反思，积极寻求家庭政策的转型，纠正原有的"去家庭化"的国家过度干预模式，引导家庭发挥其应有的作用，从而减轻国家负担。西方各国开始在"去家庭化"和"家庭主义"之间寻求平衡，以期实现国家责任与家庭责任、国家义务与家庭义务之间的平衡。随着全球化、信息化的发展，知识经济时代的社会政策、社会福利制度与家庭政策成为世界各国共同面对的社会议题。如果说"家庭主义"的补缺型干预模式和"去家庭化"的普惠型福利模式关注的是如何使弱势群体在突发意外或失业导致没有任何收入时，仍然能够维持正常的生活的话，那"再家庭化"的发展型福利模式考虑的是如何使弱势群体能够在政策的助力下参与到社会经济生活中来，通过政府帮助和市场机制来解决自己的工作和生活问题，从而扫除社会经济发展中的障碍，为国家发展创造更好的条件。于是，各国政府相继采取了"再家庭化"的发展型福利模式，从过去的国家责任取代家庭责任转向强化家庭功能和家庭责任，从强调公民的权利转向强调公民权利与公民责任共存。"再家庭化"是指国家通过支持家庭，帮助家庭恢复家庭应有的福利供给与保障功能，在稳定家庭结构的同时增强家庭的凝聚力，帮助家庭成员就业以维持家庭收入，从而提升家庭成员的物质福利和生活质量，提高家庭经济保障水平。虽然各国政府对"再家庭化"的发展型福利模式在指导思想、价值取向方面不一样，对国家、家庭和公民个人之间权利、责任和利益的划分也存在差异，但都认为政府对家庭问题和个人问题的解决负有不可推卸的责任，只是政府责任与公民责任要同步，即兼顾个人、家庭和政府三方责任，政府在承担照顾责任与履行帮助公民义务的同时，也应该要求公民承担相应的社会责任与义务。也就是说，福利供给不再像过去那样完全依赖国家，也不完全依靠市场，同时要发挥家庭和社会成员个体的作用，寻求在家庭福利中达成个人福利，以此促进家庭能力的提升和家庭的可持续发展。所以，在普惠型福利模式下，政府无条件向社会成员提供全免费的各种福利保障；而在发展型福利模式下，政府则是有条件地向社会成员提供有限的福利保障。

"再家庭化"的发展型福利模式认为，家庭的稳定和家庭功能的完整是家庭成员、社区乃至整个社会的基础性资源。家庭功能是否完整对公民个人综合能力的形成和发展至关重要，家庭对公民个人扮演社会角色有重大影响，政府对公民个人和家庭的支持应该通过对家庭的投资来实现，支持家庭成员形成和发展人力资本，并使之再融入社会生活以提高家庭的各项能力，从而预防家庭问题和相关社会问题的出现。"迈克尔·谢若登在《资产与穷人》一书中提出通过对家庭的投资与支持，来促进个人与家庭的发展"。[①] 詹姆斯·梅志里等学者在 20 世纪 90 年代提出"发展型社

---

① 　聂飞:《社会资本视角下的家庭政策体系构建研究》，《求实》2016 年第 10 期。

会政策"，强调经济发展与社会发展相互融合，发展成果惠及全体社会成员。20世纪90年代中期，欧美各国开始走"第三条道路"，执行介于国家干预主义和自由主义之间的政策，力争在经济效率和社会公平之间寻求平衡，其主要代表人物有吉登斯、布莱尔等。随后，布莱尔在英国、克林顿在美国、施罗德在德国尝试了"第三条道路"的实践活动。布莱尔是其中最活跃的实践者。布莱尔成为英国首相后，从1998年开始实行以"支援家庭"为目标的福利制度改革，从各个方面支持家庭，例如，指导和帮助父母，加强社区对家庭的支持，完善家庭服务；减少儿童贫困，对家庭抚育子女费用进行税收等减免的制度；帮助双职家庭实现工作与家庭生活的平衡；预防家庭暴力和早孕现象等。布莱尔执政10年，通过积极的就业政策减少社会保障支出，提出"工作福利计划"，帮助人们就业，让人们从靠政府转变为靠自己，减轻福利依赖；通过推行市场化、引入私营机构等方式，提升了社会福利运营效率，进而推动了英国经济发展，降低了失业率，获得了民众的普遍支持。布莱尔政府的改革使社会福利方式由传统的国家主导型，发展到新型的公私伙伴关系；社会福利观由注重公民权利，发展到强调权利与义务的平衡；扩大了社会福利范围，改变社会福利的供给方式，成为德、法、西班牙、希腊等国家制定经济政策的借鉴。出于对个人和家庭责任、家庭福利和个人福利的高度重视，这一时期以瑞典、德国和美国为代表，政府通过税收优惠政策平衡家庭收入，实现对弱势家庭的收入保护，同时补贴有子女的家庭，高水平救助弱势家庭，在家庭福利中达成个人福利，这样，在增强家庭保护家庭成员的社会功能的同时，强化了家庭的责任。

福利国家发生危机以后，随着"男性养家模式"向"两性养家模式"转变，职业女性如何处理工作、家庭之间的冲突问题凸显，以德国和法国为代表的西方各国将女性权益与男性权益并重，主张通过实施职业女性工作保护机制，延长孕妇产假，设置带薪父育假，提供亲职假、照护假，用生育现金津贴等方式对需要照顾育龄儿童的家庭给予补贴，减轻女性繁重的家务劳动，鼓励女性进入职场，平衡就业、工作、收入与休息的权利，有利于维护男女两性的平等和家庭的稳定。这一时期，除了保护职业女性外，西方各国还对儿童进行更多的保护。法国、美国、瑞典等国从立法层面制定了相关的法律保护儿童权益，如设立儿童照料公共机构、教育培训机构、营养健康机构等各种类型的服务机构，保障每个儿童都能够健康成长。不仅如此，以丹麦、德国为首的越来越多的西方国家设立家庭事务管理的专业性综合服务机构，为有需要的家庭提供一个综合性服务平台，增强家庭的社会功能。20世纪90年代以来，生育率骤降、老年人口剧增、婚姻和家庭结构多元化变迁，除传统的保护妇女权利和对儿童进行照料外，如何养老成全球性问题。"1994年，德国《社会法典》第十一编颁布，德国成为第一个通过社会保险解决老年护理问题的国家"。[①]2004年，联合国呼吁"各国政府应把帮助解决家庭问题和让家庭发挥作用纳入国家发展大纲"。福利国家危机已经证明仅靠政府大包大揽行不通，家庭政策改革的方向越来越趋于强化家庭功能和家庭责任。"再家庭化"的家庭政策是支持家庭，把家庭整体当作社会的人力资本和社会资产进行投资，使家庭发挥其独特的家庭功能，担当起家庭应有的责任。随着家庭成为国家政策干预的重要目标，西方的家庭政策进入发展型福利模式的新阶段。

　　"再家庭化"的发展型福利模式价值理念强调要培育个人责任意识。以哈耶克、弗里德曼等为代表的新自由主义将经济"滞胀"归结为国家干预过度、政府开支过大、企业税赋加重、公民个人责任担当意识薄弱、失业增加等导致的。他们主张取消福利制度，培育公民个人责任意识，降低社会保障水平，遵从效率优先的原则，为西方国家重返效率提供了理论依据。哈耶克认为社会保障制度设计会危害自由，是通往奴役之路[②]。美国经济学家弗里德曼认为，通过税收的方式"使用强制手段从某些人那里拿取

---

①　刘冬梅、戴蓓蕊：《德国社会法中的家庭福利政策》，《德国研究》2017年第3期。

②　〔英〕哈耶克：《通往奴役之路》，王明毅等译，中国社会科学出版社，1997，第96页。

一些东西，把它们给予别人，因而，和个人自由发生了正面冲突"。① 德国社会福利学者艾哈德认为："通过发展经济来增加福利远比通过无益地争论用不同方法分配国民生产总值来谋求福利更为有利。"② 经济的发展有赖于每个社会成员摆脱福利依赖，担当起国家建设的责任，积极参与到社会生产活动之中。1990 年，"华盛顿共识"形成，其基本原则是贸易经济自由化、市场定价、消除通货膨胀和私有化。由此，西方国家普遍认同效率优先的原则，在经济增长满足社会成员需求的同时，主张在财富分配时把蛋糕做大，为西方国家重返效率提供了实践依据。艾哈德认为："每个人从一出生就得到全部保障，绝对没有任何生活风险，那么我们就不可能希望他们的精力、才干、创业精神和其他优秀的品德得到充分发挥，而这些品德对民族的生存和未来都是至关重要的。"③ 通过降低社会福利供给水平，促使社会成员对自己的生存和发展负起责任，通过教育激发出社会成员的奋斗精神与独立意识，从而推动社会福利可持续发展。

"再家庭化"的发展型福利模式价值理念强调公平与效率的协调，注重权利与义务平衡原则。它以"第三条道路"理论奠基人吉登斯的社会福利发展理论为基础。吉登斯认为国家干预主义过多强调国家责任，自由主义过多强调个人责任，都不利于福利国家的发展，只有"第三条道路"理论才调和了国家与个人的责任划分，"无责任即无权利"。他认为西方福利国家的社会福利措施没有实现缓解社会贫困的目标，"贫困的化解主要不是通过从富人到穷人的再分配，而是因为普遍富裕，即因为财富的普遍增加"。④ 由此，他提出了解决西方福利国家系列问题的积极福利

---

① 〔美〕米尔顿·弗里德曼:《资本主义与自由》，张瑞玉译，商务印书馆，1986，第167页。

② 〔德〕路德维希·艾哈德:《大众的福利》，丁安新译，武汉大学出版社，1995，第3页。

③ 〔德〕路德维希·艾哈德:《大众的福利》，丁安新译，武汉大学出版社，1995，第182页。

④ 〔英〕安东尼·吉登斯:《超越左与右：激进政治的未来》，李惠斌、杨雪冬译，社会科学文献出版社，2009，第114页。

主张：推行现代化的社会福利发展策略，注重公平与效率的协调、权利与义务的平衡，激发国家、集体和个人的积极性。积极福利"更为强调对人的社会投资。旨在建立一种各方共担风险、共享权利的社会"[1]。积极的福利既要关注人们的物质生活，也要关注人们的精神生活。"理想政府的目标应该是鼓励追求幸福，而且个人'福利'与社会'福利'应该以此来界定"。[2]"积极福利的目标是人为风险，而非外部风险，目的是培养'自发地带有目的的自我'"。[3]吉登斯倡导社会投资国家的理念，主张投资人力资源，重视全民参与，促进社会福利功能的发挥。吉登斯提出的积极福利、社会投资国家等理念，被运用到西方发达国家社会福利的改革中，助力实现普惠型福利国家向发展型福利国家的转型，为当代社会福利制度的发展指明了方向。

布莱尔的福利发展思想以权利与义务平衡为原则，为发展型福利国家的家庭政策价值理念奠定了实践基础。布莱尔是"第三条道路"理论的提出者，也是"第三条道路"理论的实践者。他决心在英国建立一种新的社会福利发展模式即"第二代福利"。布莱尔认为社会保障水平要体现出适度性，应避免社会保障水平过高导致"养懒汉"现象，也不能过低，导致出现社会成员生存危机而形成社会动荡。传统福利制度注重社会成员物质方面的提升，忽视个人责任的建设，造成社会福利失去可持续发展的动力。布莱尔注重个人责任的建设，主张以权利与义务平衡为原则。布莱尔的"第二代福利"理念，即重视给人以扶持、要鼓励公私合作等，实现了从注重结果平等的福利政策向重视机会平等即"每个人都应该有平等的机

---

① 肖伊宁：《英国工党的社会福利观念与政策变化》，《当代世界与社会主义》2019年第5期。

② 〔英〕安东尼·吉登斯：《超越左与右：激进政治的未来》，李惠斌、杨雪冬译，社会科学文献出版社，2009，第139页。

③ 〔英〕安东尼·吉登斯：《超越左与右：激进政治的未来》，李惠斌、杨雪冬译，社会科学文献出版社，2009，第149页。

会到达他的天赋赋予他的社会地位"① 的发展型福利政策的转变。

20世纪90年代以来的西方国家"再家庭化"的发展型福利模式实质上是对政府—家庭责任界限的重新界定,意味着国家为家庭提供中等水平的支持。"再家庭化"的发展型福利模式介于"家庭主义"的补缺型干预模式与"去家庭化"的普惠型福利模式之间,在某种程度上实现了"家庭主义"和"去家庭化"的平衡。国家在支持家庭发展的程度上,力度不能太小也不能太大。力度太小会造成对家庭的支持不够,不利于家庭的发展;力度太大则会消解家庭的地位和影响家庭功能的发挥,同样不利于家庭的发展。而"再家庭化"的发展型福利模式的家庭政策则强调国家不会完全替代家庭、直接插手家庭事务,也不会简单地用福利补助对家庭面临的难题提供帮助,而是通过政策、资金等的支持,帮助家庭成员从事力所能及的生产劳动,来促进家庭能力的提升和家庭的可持续发展。

西方家庭政策的变化反映了不同时代社会需求的不同以及政治因素的影响。在家庭政策的孕育时期,家庭政策的目标是保护个体生存;在家庭政策的形成与发展时期,满足整个家庭的需求是家庭政策的主要目标;在家庭政策结构性变化时期,强化家庭功能、提升家庭责任成为家庭政策的主要目标。2012年第8届世界家庭峰会提出发展"全球家庭:将科技、文化和创新列为地方和家庭可持续发展的核心"。之后,西方国家从战略发展的角度制定家庭政策,给予家庭积极的支持,使家庭得到可持续的发展。至此,"再家庭化"的发展型福利模式家庭政策价值理念终于从只注重人的物质生活转向同时关注人的精神生活,彰显了以人为本的发展理念,把人类自身的生存和发展作为国家制定家庭政策的终极价值目标。2014年12月,联合国"纪念国际家庭年20周年"会议上,联大主席库泰萨指出,"家庭政策价值取向发生两个重要变化:一是由家庭的自我保障转变为由社会与政府共同支持的导向。各国政府正在探索新的福利

---

① 肖伊宁:《英国工党的社会福利观念与政策变化》,《当代世界与社会主义》2019年第5期。

政策安排，来应对家庭功能的变化，家庭逐渐成为社会政策的主要关注层面。二是家庭政策从支持型转为发展型的导向。福利政策的对象开始从一部分贫困阶层扩大到一般居民，福利内容也从单一的经济补助转变为非货币化的福利服务，反映了许多国家的社会福利从满足家庭最基本的生存需求转向建构家庭的功能，进而提升家庭的能力"。[①] 家庭政策核心价值理念从维持人的生存和发展出发，逐渐从社会控制、保障人类生存的基本权利的工具理性向重视人的价值的满足人自身需要、实质平等、促进发展方向嬗变。

（四）西方家庭政策价值理念的演变对我国的启示

西方社会家庭政策价值理念发展已证明，必须把个人和家庭责任与政府责任置于同等重要的地位，既不能一味强调个人和家庭的责任、政府只进行查漏补缺型的干预，否则会造成一系列社会问题；也不能让政府替代个人和家庭承担所有责任，家庭政策的重点在于帮助家庭有能力承担自己的责任，而不是由政府包揽所有的家庭责任。家庭福利是社会福利资源传递到家庭成员的媒介，既要重视个人福利，也要重视家庭福利。新时代的女性和男性一样接受过很好的教育，可以在职场和男性一样承担重要的工作职责，国家应该把女性权益与男性权益并重，使女性在工作与照顾家庭之间有更多更公平的选择。

传统中国社会非常重视家庭，强调个人对家庭的责任、家庭对家族的责任、家族对政府的责任。我国应该继续弘扬中华民族强调家庭作用和责任的优秀传统。任何时候个人和家庭都不能推卸责任，脱离家庭责任来制定家庭政策，家庭政策不仅不可能真正产生效果，还会加重社会负担，这已被高福利国家所证实。目前，发展型福利家庭政策正在成为各国普遍的家庭政策取向。中国应该借鉴发达国家家庭福利政策的成功经验，避免高

[①]　李晓宏:《家庭政策出现价值取向变化》, http://world.people.com.cn/n/2014/1204/c1002-26143818.html。

福利模式对社会造成的危害，以"支持和引导家庭发展"为目标，建构起把家庭整体作为政策对象的家庭福利政策。首先，中国的家庭政策不仅要为市场经济体制改革保驾护航，也应该从国家中长期发展战略的角度去思考如何推动社会经济的发展，为国家可持续发展提供源源不断的动力。其次，克服过去家庭政策"救火式"事后补缺型福利修补的不足，实现补缺型和普惠型福利的统一，以支持和满足全体社会成员的发展需要。最后，建立发展型家庭政策，满足家庭发展的需要，发挥家庭固有的优势，为所有家庭成员提供有效的帮助。我们可以效仿西方国家的做法，设立专司家庭事务的政府管理机构，如在国务院设立家庭部，合并原有的妇女儿童工作委员会和中国关心下一代工作委员会；在地方设立"家庭局"和"家庭发展处"，帮助各级政府贯彻落实家庭事务和家庭福利政策。

习近平总书记在 2015 年中共中央、国务院举行的春节团拜会上的发言中指出："家庭是社会的基本细胞，是人生的第一所学校。不论时代发生多大变化，不论生活格局发生多大变化，我们都要重视家庭建设……使千千万万个家庭成为国家发展、民族进步、社会和谐的重要基点。"[1] 他在 2018 年春节团拜会上强调："中华民族历来重视家庭，家和万事兴。国家富强，民族复兴，最终要体现在千千万万个家庭都幸福美满上，体现在亿万人民生活不断改善上。千家万户都好，国家才能好，民族才能好。"[2] 正所谓"天下之本在国，国之本在家"，习近平总书记阐述了国家与家庭的关系，强调了家庭在社会发展与稳定中的作用。我国的家庭政策价值理念必须从这个基点出发，将政府责任与家庭责任并重、家庭福利与成员福利并重、女性权益与男性权益并重，尊重、保护、支持、发展家庭，建立新时代有中国特色的发展型家庭政策。

---

[1] 中共中央党史和文献研究院编《习近平关于注重家庭家教家风建设论述摘编》，中央文献出版，2021，第 3 页。

[2] 中共中央党史和文献研究院编《习近平关于注重家庭家教家风建设论述摘编》，中央文献出版，2021，第 11 页。

二 中国家庭政策价值取向的变化

家庭政策是调整国家与家庭之间、国家与个人之间关系的重要手段，核心议题是国家、家庭、个人的权、责、利的划分，政府通过制定家庭政策建立起国家、家庭、个人之间的利益关系。近现代家庭政策是随着家庭问题的发展而产生，旨在影响或重塑家庭生活的公共政策。习近平总书记高度重视家庭建设，指出："要注重家庭、注重家教、注重家风，……使千千万万个家庭成为国家发展、民族进步、社会和谐的重要基点。"[①] 我国制定的"十三五"人口发展规划提出了"完善家庭发展体系"的目标，体现了国家政策对家庭发展的重视。中国的家庭政策在 20 世纪50 年代中后期形成，在 60 年代初期定型。80 年代进行了一些重大调整，但没有根本性改变，在国家管理与家庭利益上我国基本保持了共同发展的局面。与此同时，中国家庭的价值理念经历了 20 世纪初期至新中国成立初期、改革开放初期至 21 世纪初期、最近 20 多年三个阶段的重大改变，中国家庭政策也从以公平为导向，再到以经济发展为导向，再到以家庭发展能力为导向的变化。国家对家庭的塑造在不同层面、不同历史阶段具有差异性，家庭政策的变化体现了国家与家庭之间的制度安排与相关政策上价值取向的变化。从政策的价值层面来看，中国家庭政策既有以平均主义为主旨的，也有以功利主义为主旨的，还有以整体主义为主旨的。家庭政策涉及公共领域与私人领域之间的边界、国家福利责任与个人自由权利、个人与家庭之间的权责利等重要问题。国家在多大程度上预防、分离、共担家庭可能或者已经遭遇的风险，是国家、家庭与个人之间关系博弈的结果。中国家庭政策价值取向从"去家庭化"的平均主义，到"家庭化"的功利主义，再到"再家庭化"的整体主义的进

[①] 中共中央党史和文献研究院编《习近平关于注重家庭家教家风建设论述摘编》，中央文献出版社，2021，第 3 页。

路，体现了中国政府在国家的福利责任、个人的自由权利、个人与家庭之间关系上不同的价值理念。

（一）改革开放之前，中国家庭政策以公平为导向，价值取向是"去家庭化"的平均主义

中国共产党自诞生之日就确立了实现社会公平的崇高理想，追求社会公平是其基本价值取向。1949 年新中国成立，以毛泽东为核心的党的第一代领导集体，在领导建设社会主义新国家的过程中高度重视社会公平，在制定分配、教育、就业、医疗等制度时也贯穿了对社会公平理想的追求。中国家庭观念、家庭政策也随着这些制度和观念的变化开始发生变化。新中国成立后至改革开放前，我国实行的是"去家庭化"的平均主义政策模式，这是具有中国特色的家庭政策价值取向。

传统的中国家庭重视情感人伦，"家本位"价值观占主导地位，家族利益至上是传统家庭伦理的主导精神和基本价值取向，贵和、重礼，注重血缘亲情与家庭和谐，要求个体绝对地服从于整体。20 世纪初期五四新文化运动爆发，伴随着西方人文主义和个性解放思潮的传入，中国青年从传统社会的旧思潮中解脱出来，开始对以封建家长制为首的旧制度进行批判，导致传统家庭的政治性被解构，家庭制度、家庭亲情失去以往的神圣性，国民观念上产生了主体意识、权利意识、平等意识和民主意识，中国的家庭关系和观念开始发生重大变化。一是家庭关系的变化，从以往的以血缘关系为主，转变为以婚姻关系为主，相应的，家庭关系轴心也从以往的血亲纵向关系为主，转变为以夫妻横向关系为主。二是家庭成员地位的变化，从封建家长制的父系父权关系，转变为夫妻平权、亲子平权关系，家庭成员也从过去的男尊女卑、尊长有别，转向普遍追求男女平等、代际平等。三是家庭结构的变化，家庭的规模变小使家庭成员的个性和独立性彰显，由过去的家族本位，转变为个体和家庭本位，家庭稳定性开始减弱。四是家庭生活意义发生了变化，从传统的传宗接代的工具性意义，转

变为家庭成员追求幸福生活、实现自我价值的意义。历史上作为政治伦理原点的中国家庭制度的神圣性、合理性被解构，走向了去政治化、去神圣化、世俗化的道路，开启了家庭在国家的视野中边缘化的过程。但这些变化在当时只是提出观念，并没有形成制度保障，无法落实。

新中国成立以后，社会主义制度的确立为上述家庭的变化提供了制度支持，使家庭真正摆脱封建父权制的枷锁，形成自由的婚姻和平等民主的家庭关系，家庭面貌焕然一新。为了改变当时一穷二白的落后状况、集中全力促进社会大生产，中国政府实行了"去家庭化"的平均主义家庭政策。"去家庭化"是指国家或者集体越过家庭，充当照顾家庭成员的主要角色，由国家或集体性质的服务组织来为家庭成员提供照顾或相关服务，从而减轻家庭照顾的责任，消减个人对家庭的依赖。新中国把国家安全和工业化作为重大议题，在极为不利的国际环境下艰难地实现工业化的理想，无暇顾及家庭，国家也不再直接管理家庭事务，而是由城市单位和农村生产队提供替代性家庭功能，这样就降低了家庭的重要性。这一时期，"去家庭化"的家庭政策实际上是强调政府责任大于家庭责任，奉行平均主义的目标，以期达到维护社会公平的目的。

首先，新中国的家庭政策强调政府责任大于家庭责任，国家通过城市单位和农村人民公社、互助组织等管理个人并介入家庭，要求一切服从革命利益，家庭在社会生活中的重要性下降。"单位是中国社会中的一个高度整合和低度分化的基本组织形态"[①]。单位拥有国家划拨的所有生活资源，各个单位按照单位制定的分配机制将其分发给每一位员工，这样，个人与单位的关系变得格外密切。人们所有的生活物资都从单位分得，所有的生产、生活活动都离不开单位。国家性质或集体性质的单位担负起单位内所有成员及其家属的生老病死的无限照顾义务。一个单位就是一个"家长制的福利共同体"，从幼儿园到子弟学校、附属医院、食堂、澡堂、各

---

① 李汉林：《中国单位社会》，世纪出版集团、上海人民出版社，2004，第5-6页。

类文体活动设施等，只要是单位成员生活所需要的，大一些的单位几乎一应俱全；小一些的单位也会尽力承担起单位职工家庭的许多功能，甚至职工结婚、离婚、丧葬等纯个人事务，都必须得到单位的认同和支持。这样的政策不仅使妇女从繁重的家务劳动中部分地解脱出来，而且解决了妇女参加社会生产的后顾之忧，即使是一个单身者，大部分生活需求都可以从单位得到满足。这样，个体可以从家庭脱离出来为整个国家的社会理想而奋斗。国家一方面限制家庭从事私营性质的生产、交换活动，另一方面给家庭和个人提供生活的全部福利。在城市，对各单位实行低工资、高就业的"铁饭碗"福利政策；在农村，人民公社完成了对传统农村社会组织的改造，实行人民公社的"大锅饭"福利政策。整个中国社会的贫富差距不大，实行的是一种追求绝对公平的平均主义政策。构成中国社会的基础组织已经不再像过去一样是家庭这个社会细胞，而是城市的全民所有制单位和农村的集体所有制人民公社，家庭不再是国家管理社会和税收的对象。这样，中国传统的家庭功能被单位和人民公社替代，家庭的重要性降低，"去家庭化"使家庭在国家的视野中处于边缘地位。

其次，过度政治化贯穿了新中国社会生活的方方面面，严重动摇了家庭固有的根本价值。新制度中的中国家庭以自由、平等、互爱、集体主义为基本价值观，经历了一系列的运动，如土地改革运动、贯彻婚姻法运动，随后的"大跃进"、"四清"和"文化大革命"等运动，使原有的家庭功能被摧毁，家庭被政治符号化，特别是"文化大革命"运动中的极度政治化将伤害家庭本体价值推向极致。一是婚姻的政治化，指向家庭情感的政治运动使婚姻因政治而成立、因政治而解体。二是个人的家庭成分成为社会生活的标签，从1949年新中国成立到改革开放前的20多年间，连番的政治运动将每个人都卷入社会生活之中，特别是当时确立的"以阶级斗争为纲，纲举目张"的路线，使得阶级斗争年年讲、月月讲、天天讲，每一个人都有自己明确的阶级成分标签，这些阶级成分标签让每一个人获得不同的政治等级，在每一次运动中承受不同的政治待遇。三是社会资源分配以阶级成分为依据，有些农村直接按家庭成分记工分，参军、招工、上学等越来越重视人的阶级出身、家庭背景。以政治标准解构家庭亲情的方式使亲情彻底失去神圣性，家庭凝聚力弱化导致家庭既提供不了物质支持、服务支持，也提供不了情感支持，"去家庭化"使家庭功能的发挥严重受阻。

最后，以公平为导向，奉行平均主义的目标，以期达到维护社会公平的目的。马克思、恩格斯提出了实现社会公平是全人类的社会理想。中国共产党在领导人民进行社会主义建设时致力于追求社会公平、达到平均主义目标，主要从三个方面进行：第一，新中国的所有有劳动能力的人都必须参加劳动。从 50 年代后期开始，几乎所有有劳动能力的人都参加到社会主义的生产劳动之中，每一个人都被固定在单位或人民公社中，成为集体之中的一分子，没有自主择业的自由。"而家庭则成为游离于社会序列之外却又受到社会制度高度控制的几乎是唯一合法的群体"。[①] 第二，新中国提倡男女平等。在儒家文化圈，传统上具有"男主外、女主内"的观念，但"去家庭化"意味着更多女性走出家庭。新中国以单位为支撑对妇女参与社会生活给予了最大的支持，如通过在单位、街道、村等设立幼儿园、农忙托儿所等形式的保育机构，帮助妇女解决幼儿照顾问题，这样妇女参加社会生产劳动也就没有了后顾之忧。第三，新中国实行社会福利平等分配。国家对公民福利实施强有力的干预，为有需要的所有社会成员提供福利服务。社会主义改造基本完成后，我国初步建立起了"国家主办，单位实施"的"去家庭化"社会福利制度，政府主动介入老、弱、病、残、孕、鳏寡等弱势群体的安全保障事务中，由全民所有制单位、集体所有制企业或人民公社承担起生、老、伤、病、死等一系列综合福利保障。

新中国成立后至改革开放前的"去家庭化"的平均主义有其不足之处。首先，在生产力水平还普遍低下的状况下，国家没有足够的社会财富

---

① 李楯:《家庭政策与社会变迁中的中国家庭》,《社会学研究》1991 年第 5 期。

来满足广大社会成员平均主义的生活需求，过度强调平均主义只能维持低水平的福利，导致共同贫穷。其次，"去家庭化"政策造成家庭成员之间相互照顾的质量问题。因为单位和集体提供的照顾无法取代家庭照顾，对于儿童和老年人而言，家庭蕴含着情感因素，照顾不只是物质需求的满足，更重要的是精神的慰藉，家庭照顾具有其固有的优势。最后，"去家庭化"意味着更多女性走出家庭、进入职场，对于有根深蒂固"男主外、女主内"意识的中国人而言，这种情形在当时是否能够被社会和家庭广泛接受、是否会由此加大妇女的劳动强度？事实上不顾男女差异，把平等误解成男女都一样，加之社会生产力水平较低，给女性的发展带来了一定的伤害。

（二）改革开放之后，家庭政策以经济发展为导向，价值取向是"家庭化"的功利主义

以邓小平为核心的党的第二代领导集体，结束了平均主义的经济体制和"去家庭化"的价值取向，提出了以经济建设为中心，大力发展社会生产力，消灭贫穷、实现共同富裕。邓小平认为："在社会主义国家，一个真正的马克思主义政党在执政以后，一定要致力于发展生产力，并在这个基础上逐步提高人民的生活水平。"[1] 这样，作为一种阶段性的路径选择，邓小平主张废除平均主义的分配方式，承认社会现实状况的多样性，以及个体条件的差异性，可以让一部分人、一部分地区先富起来，然后带动其他地区、其他人富起来。在丰富的物质基础之上消灭贫穷，达到共同富裕，从而实现真正公平的理想社会制度。这样，中国共产党的工作着重点从"以阶级斗争为纲"转向经济建设、改革开放。改革开放使原有的农村人民公社瓦解，很多城市全民所有制和集体所有制单位进行了股份制改革，不再包揽单位员工的所有福利。而新中国建立起来的过度政治化的家庭观

---

① 邓小平:《邓小平文选》第 3 卷，人民出版社，1993，第 28 页。

念，又在改革开放和外来文化的冲击下被动摇。新的家庭政策以经济发展为导向，价值取向是"家庭化"的功利主义。"家庭化"指的是让家庭作为家庭成员的主要照顾者和福利承担者。改革开放以来，国家作为福利提供者的角色不断弱化，市场、家庭和社会等福利主体的角色进一步凸显，我国的家庭需要承担起更大的福利责任。经济体制改革使很多城市家庭失去了传统的由单位提供的就业保障和生活福利，家庭联产承包责任制使人民公社制度瓦解，"去家庭化"的平均主义福利分配模式随之失去存在的基础。在改革开放和市场经济建立的过程中，福利分配被推向市场，家庭必须依靠自身的能力来满足家庭成员生存和发展的需要。功利主义是指发展经济成为市场经济时代国家、家庭和个人的首要目标，国家以经济增长作为考量社会发展的最重要依据。中国在新型的"家庭化"的功利主义家庭政策中摸索前行。

首先，改革开放以来，中国在制定家庭政策时是以为国家或企业减负、增加个人和家庭责任为主导思想的。国家只负责帮扶受国有企业改革直接冲击的部分下岗职工，以及失去家庭依托的城市"三无对象"、农村"五保户"和孤残儿童等传统弱势群体。其他凡是有家庭的社会成员，必须先依靠家庭来满足其相应的需要，政府只有在家庭出现危机或遇到特殊困难时才会干预，否则家庭成员想得到家庭之外的帮助几乎不可能。国家实行的新的福利制度建立在由家庭承担主要福利责任的基础之上，注重对市场和社会的干预以弥补家庭功能，将家庭和家庭问题推向市场。第一，随着城市单位制、农村公社等组织的解体，原本国家通过单位管理并涉及家庭的福利政策取消，国家的福利责任逐步变小，而社会主义市场经济把教育、医疗、养老和育幼等社会服务推向市场，越来越商业化的养老和育幼使家庭的保障责任越来越大。第二，国家缺乏应有的福利保障机制，导致家庭福利对象、主体、内容提供的"碎片化"。例如，福利政策将家庭成员福利按年龄划分成老年福利、儿童福利，按性别结构划分出妇女福利，按照功能的完整性分出残疾人福利，这样将完整的家庭主体划分成了不同主体，造成"政策体系'碎片化'明显"①。国家按照不同对象群体的福利类别，把他们划归到民政、社保、残联、妇联等不同部门管理，表明国家只对个体负责而不是惠及整个家庭。这表明在市场经济时期，国家需要家庭承担主要社会福利责任，但家庭政策具有浓厚的碎片化补救色彩。在市场经济主导的公私划界的商业化大潮下，家庭不得不承担几乎全部的对家庭成员的保护责任，却无法获得国家足够的支持与保障。

其次，市场机制通过经济理性进入家庭构成对家庭责任的冲击。作为社会最基本细胞的家庭，应该是人类美好情感的发源地、是爱的殿堂。家庭的责任与价值在于家庭成员之间的关爱、互惠，甚至为家人甘愿牺牲个人利益。随着改革开放的逐步深入，社会主义市场经济商业化浪潮席卷了社会生活的各个领域，家庭的核心价值理念即关爱与责任遭到市场经济的侵蚀，突出表现为自我中心式的个人主义在家庭中的泛滥。第一，市场经济追求效益最大化，功利主义导致人们在家庭幸福观方面为物欲主义所主宰。过分强调自我利益甚至抛弃家庭责任，家庭成员不再相互关爱而是以自我为中心，赡养纠纷、房产纠纷增多，离婚率上升，从而导致道德领域荒漠化、人伦丧失。第二，年轻人在越来越开放的社会环境中权利意识增强、责任意识削弱。市场化浪潮下，年轻人普遍重权利轻义务、重爱情轻亲情，加上改革开放后年轻人的教育水平和收入高于父母，这提高了他们的话语权。家长权威下降，青年的孝道观念衰落，养老危机凸显。中国家庭处于压力增加和能力下降的失衡状态。

再次，以经济发展为导向，注重国家经济效益，家庭被迫承担福利责任。20世纪八九十年代通过改革开放的政策给予家庭积累财富和向上流动的空间，特别是农村实行的家庭联产承包责任制，几乎使所有的农村家庭都享受到国家政策所带来的红利，它使以往从家庭脱离出来的个体回归家庭，不再为整体性的社会理念而奋斗，而是以家庭的利益为重。市场机

---

① 吕青、赵向红:《家庭政策》，社会科学文献出版社，2012，第277页。

制中市场的不断扩张对社会机制具有摧毁作用，它追求效益最大化。大多数中国家庭失去了原有的就业保障和服务，家庭规模也越来越小，家庭承担传统福利责任的能力下降，造成一系列社会问题，如赡养老人的压力加大、离婚率持续升高、青少年犯罪增加等问题。更令人难以理解的是，家庭甚至变成了儿童、老人以及其他生活在家庭中的弱势群体获得国家资助的障碍，因为按照我国的政策，一个拥有家庭的社会成员是得不到国家的直接支持的。国家只对无家庭成员照顾的个体进行救助，因此，在某种意义上，国家制定这一政策时，考虑的是惩罚家庭中不承担照顾责任的家庭成员，使其受到舆论的谴责，而不是鼓励家庭成员行使其照顾家庭中弱者的责任。

最后，国家对家庭行为进行严格管理，甚至将其纳入政策目标，并配以惩罚性措施。这其中最为典型的是计划生育政策。"生育政策是指由国家制定或在国家指导下制定的规范育龄夫妇生育行为（包括生育数量和质量）的准则，它对家庭的影响极大"。[1] 中国生育政策历经20世纪50年代鼓励生育、70年代节制生育再到80年代计划生育的变迁。"1980年中共中央发出《关于控制我国人口增长问题致全体共产党员共青团员的公开信》，提倡一对夫妇生育一个孩子。1981年全国人大五届四次会议提出'控制人口数量，提高人口素质'的人口政策。国家计划生育委员会就是在这样的背景下成立的"[2]，中国的计划生育政策从控制人口数量转向提高人口质量、重视人口结构的转换，从地方计划生育条例和行政法规调适到国家人口与计划生育法出台，呈现了生育政策逐步法制化的过程。计划生育政策使妇女从无休止的生育和家务劳动中解脱出来，有利于提升妇女地位。但对独生子女的过度的生活关怀和成就期待，则刺激了以独生子女为核心的家庭需求快速扩张。伴随着出生率和死亡率的下降，基于良好的物质生活和医

---

① 吕青、赵向红：《家庭政策》，社会科学文献出版社，2012，第167页。

② 《86岁彭云谈人口政策：毛泽东曾批示人口非控制不可》，http://finance.sina.com.cn/china/gncj/2015-12-28/doc-ifxmxxsr3894973.shtml。

疗条件，人们的平均寿命延长，中国快步进入了老年型社会，这使得老年人的生活照料、医疗保健、康复护理、精神文化等需求凸显，但中国的养老模式仍然以传统的家庭照顾方式为主，这给家庭带来巨大的照顾压力。

随着市场经济的发展、社会思潮的变化，长期的计划生育政策使家庭结构趋向小型化，加上个体职场流动性加强，外出务工人员剧增，低龄幼儿照顾和相应的教育缺失问题，特别是家庭留守老人和小孩增加导致的离散化问题凸显，使得家庭普遍面临稳定性下降等多重风险。即使在大多数城市中普通家庭的生活水平得到了明显提高，但基本社会服务日趋商品化使家庭固有的照顾家庭成员的能力下降。"家庭化"的功利主义政策需要建立以家庭为中心的社会保障系统，由家庭为家庭成员提供福利保障，让家庭承担个人生存、发展的重要社会责任。在社会主义市场经济大背景下，家庭单靠自身的能力无法承担如此重担，需要国家不断提升家庭的福利供给能力。

这一时期中国家庭政策以救助和补缺为主，呈现碎片化特点。家庭政策不具备系统性，要么侧重于国家某个阶段的经济发展，要么侧重于社会稳定的需要，具有很强的功利主义色彩。同时，家庭政策也不具备完备性，在制定政策时，不同政策在家庭问题上没有形成统一的认识，有些政策缺乏一以贯之的逻辑性，甚至一些政策之间相互冲突；在执行政策时，面对不同或者对立的政策，政策执行者无所适从，导致家庭问题无法从根本上解决；在评估政策时，由于家庭政策分散于各个政策之中，加上评估透明度不够，政策的有效性难以得到认同。这种碎片化的家庭政策只能对问题家庭形成暂时的救助和补缺，充当的是救火员的角色，并不能彻底解决家庭问题，而且有些问题国家无法及时解决。"家庭化"的功利主义政策是一种国家利益至上的治理模式，无论是个人还是家庭，都必须服从于国家的发展需求，在对家庭问题的处理态度上倾向于家庭责任大于国家责任。进入新时代，中国的"家庭化"政策取向面临两大挑战，一是女性在社会与家庭中的关系问题，如果家庭主要照顾者仍然是女性，那么繁重的家务劳动会让女性无法实现职业选择自由；二是当今家庭自身面临越来越多的风险，国家政策对家庭的有限支持难以让家庭承担起"家庭化"的重担。但中国家庭政策价值取向的总体趋势是积极、正向和多元化的，国家之所以把福利责任推向家庭，有基于自身经济能力和社会发展阶段性任务的考量，也受到家庭属于私人领域的传统观念的影响，也有希望激发家庭成员的进取心与责任感的愿望，当然也与这一时期国家政策决策的价值理念直接相关。

（三）21 世纪之后，家庭政策以家庭发展能力为导向，价值取向是"再家庭化"的整体发展

改革开放之前，国家主要采取"去家庭化"的平均主义政策，以单位或公社为中心，由集体出面全方位包揽从幼儿园、上学到婚丧嫁娶、生老病死等全部家庭事务，家庭作为社会基本单元的功能被忽略，家庭成员更多的是视单位为自己生存与发展的依托。改革开放之后，市场经济体制确立，残酷的市场竞争导致一些企业单位破产、倒闭，人民公社也由乡、镇取代，原有的集体不可能再为其成员提供社会福利，国家不得不采取"家庭化"的政策，由家庭自己解决家庭成员的福利问题，家庭责任不断被强化。国家为家庭提供的社会保障与福利减少，使家庭原有的发展能力不断被弱化。因此，新中国成立以来，家庭作为社会的基本细胞，始终没有成为中国政府治理国家的基本单元，家庭政策的设计也没有以家庭为本位，国家与家庭之间的权、责、利划分模糊，难以形成国家利益与家庭利益的共同发展。

21 世纪之后，我国社会主义市场经济体制进一步健全，国家经济实力进一步增强，以往中国家庭能力弱化与家庭责任强化的矛盾凸显出来。特别是区域差别、城乡差别、阶层差别有所扩大，加上社会成员先天的自然禀赋和后天的综合素质能力的差异，过去完全由家庭承担家庭成员福利责任的模式受到人们的普遍质疑，国家也认识到政府在社会福利提供中的

当
代
中
国
家
庭
政
策
建
构
的
伦
理
维
度
研
究

责任必须加强，经济发展也使中国政府有能力提供相应的家庭福利，因此，社会福利制度也必须进行相应的改革。实际上，西方发达国家从20世纪末经济出现颓势后，开始对"去家庭化"进行反思，纠正普惠型福利政策中国家对家庭的过度干预，强调家庭对国家发展的责任，重构国家与家庭之间权、责、利关系的平衡，以期实现国家利益与家庭利益的均衡发展。西方国家还利用国家强大的整合能力，成立了专门的家庭政策机构来促进家庭政策的实施、推动社会经济的发展。

20世纪70年代后，"福利国家要面对和处理的社会风险问题称为现代社会风险问题，概括起来有：工作与家庭生活的冲突问题、单亲家庭问题、年老和身心障碍亲属的照顾问题、去工业化后低技术劳工的就业问题、就业不充分情况下收入保障不足问题等。为处理这些新的社会风险问题，福利国家需要重新引入家庭政策，通过对家庭资源和家庭中个人行为的调节，把家庭福利供给正式纳入福利国家的制度安排之中"。① 此后，西方各国开始实施有针对性的、可以规避现代社会风险的发展型社会福利政策体制，以促进社会经济发展作为家庭福利政策的价值取向，社会政策、家庭政策都为经济发展服务。这种福利政策强调国家、家庭和个人的责任、权利与义务的统一。国家家庭政策开始以整个家庭为福利单元，国家对家庭进行兜底保障和支持，特别是倾向于对家庭进行以人力资本为主的教育投资，注重培养家庭的发展能力，形成"再家庭化"整体发展的发展型家庭政策价值取向。

近年来，我国逐步放松了对家庭生育的限制，开始实行从二孩到三孩的计划生育政策。随着老龄化社会的到来，养老保险和养老服务开始获得国家的大力支持，三孩政策的实施也意味着托幼服务将全面兴盛。2010年，中国超越日本成为世界第二大经济体，标志中国经济发展与社会发展进入新发展阶段，国家开始增加对所有家庭的福利保障，家庭福利政策成为中

---

① 陈卫民：《我国家庭政策的发展路径与目标选择》，《人口研究》2012年第4期。

088

国特色社会福利制度建设的主体。2010年9月1日，《国务院常务会议研究部署发展家庭服务业政策措施》中"将家庭服务业作为促进服务业发展专项资金的支持重点，并纳入中央和地方社会事业、民生工程资金扶持范围；对符合条件的家庭服务企业实行税收优惠的支持政策。积极发展中小型家庭服务企业，鼓励多种方式的便民服务"。[①] 这是中共中央首次提出家庭服务业和家庭服务体系等概念，标志着我国现代家庭政策框架与家庭福利制度的诞生。2011年，胡锦涛提出："完善社会保障和养老服务体系……建立健全家庭发展政策……加大对孤儿监护人家庭、老年人家庭、残疾人家庭、留守人口家庭、流动人口家庭、受灾家庭以及其他特殊困难家庭的扶助力度。"[②] 于是，"发展型家庭政策"成为中国家庭政策的具体发展方向。

"发展型家庭政策"引入整体性治理思维模式，注重培养家庭的整体发展能力。从过去家庭政策的"去家庭化"到"家庭化"，再到现在的"再家庭化"，努力实现"家庭化"和"去家庭化"之间的平衡。这样，"再家庭化"的整体发展成为"发展型家庭政策"的价值取向，淡化了过去工具主义的家庭政策取向。培养家庭整体发展能力就是要投资人力资本、支持家庭、出台发展型家庭政策以增强家庭功能。整体发展是把家庭整体作为社会福利政策实施对象，以发展家庭能力为目标进行家庭投资，构建家庭的整体利益及家庭成员利益一致、个人利益与家庭利益并重的家庭政策。既要维护家庭的完整性，也要保持家庭的独立性，通过适度普惠型的家庭政策给予家庭更多的支持，如最低生活保障制度、家庭养老制度、家庭津贴制度、家庭税收政策、家庭公共服务体系等。国家通过家庭政策、投资等方式来支持、促进家庭整体能力的提升，预防家庭问题产

---

① 《国务院常务会议研究部署发展家庭服务业政策措施》，http://www.chinanews.com/cj/2010/ 09-01/2506131.shtml。

② 《胡锦涛：制定引导人口合理流动有序迁移的政策》，https://www.chinadaily.com.cn/dfpd/ 2011-04/27/content_12408399_3.htm。

生，从而帮助家庭履行责任，巩固家庭固有能力或优势，实现家庭的可持续发展。

"再家庭化"的整体发展成为"发展型家庭政策"的价值取向。这是国家与社会为回应和解决家庭问题所实施的、使国家管理与家庭利益追求两者之间总体保持平衡，以整体发展的价值观为基础的发展型家庭政策。新时代的中国正处于最为关键的制度定型时期，中国特色社会主义家庭政策建设成为国家发展议程的战略重点。发展型家庭政策必须针对家庭变化产生的新问题，不断调整家庭福利分配方式，发挥国家的主体责任功能，帮助家庭整体提升自身发展能力，从而实现家庭利益与国家利益的共同发展。

首先，发挥国家的主体责任功能，厘清国家与家庭的权、责、利关系，以家庭整体发展为中心，对家庭提供福利支持与制度保障。国家有责任保障公民的生存与发展，国家必须根据社会发展水平和国家财力来保障民生，家庭政策应该给予家庭以必要的支持与保障。当然，家庭也不能够一味地依赖国家，也要承担自己应尽的职责。中国要建立真正支持家庭的家庭政策体系，必须从国家利益与家庭利益整体发展的战略层面考虑，在中国成为世界第二大经济体后，已经有一定的财力让每一个家庭成员也享受到公正公平、可持续发展的公共服务与福利保障。最近 20 多年来，我国的福利制度改革取得了巨大成就，但是随着社会贫富差距扩大、老龄化社会逼近，在照顾孤儿、残疾人、老年人和病人等弱势群体的问题上，还存在如何协调家庭、社区与国家照顾的责任问题，亟待用家庭政策来确立完善的照顾制度。同时，"中国贫困问题与贫困类型发生重大变化，由单纯农村贫困发展为城市贫困，由少数弱势群体的贫困扩大为社会各群体贫困，由个人贫困发展为家庭贫困，福利政策的扶贫济困政策升级为福利政治学视角的国家扶贫战略"。[①] 因此，精准扶贫成为国家实施整体发展的

---

① 刘继同：《中国现代家庭福利政策的基础性、战略性地位》，《社会政策研究》2016 年第 1 期。

中心工作。2015年11月颁布的《中共中央国务院关于打赢脱贫攻坚战的决定》是典型的国家兜底整体改善贫困的政策文件。国家的兜底功能要以国家财政的承受力为基础，以整体家庭需求为出发点，以投资家庭人力资源为中心，适度介入家庭事务。切忌大包大揽，不能让家庭成员形成对国家的福利依赖，避免像过去的西方国家一样陷入福利主义泥潭。

其次，国家应该将家庭整体看作独立的行为主体，帮助家庭整体提升自身发展能力。为了应对老龄化、实现经济高质量发展、维护国家安全和社会稳定，国家逐步放松计划生育政策。2011年开始实施"双独二孩"政策，2013年实施"单独二孩"政策，2016年开始实施"全面两孩"政策。2018年，国家卫生健康委员会根据当时政策发展的需要，对相关的政府机构进行了调整，撤销了原来的计划生育委员会，新设了"人口监测与家庭发展司"，与此相适应，地方政府也按此作出相应的机构调整。2021年5月中共中央政治局召开会议指出，进一步优化生育政策，实施一对夫妻可以生育三个子女政策及配套支持措施。2021年7月21日，中央调整生育政策，提出生三孩可享98天产假，推动将3岁以下婴幼儿照护费用纳入个税专项附加扣除。这些生育政策旨在改善我国人口结构、保持我国人力资源禀赋优势。但是，在三孩政策宏观背景下，公民生育意愿依然偏低，这是由一系列家庭问题引起的。从主观来看，多年来的计划生育政策宣传已经深入人心，公民的婚恋观、生育观发生了根本性的改变，少生、优生的观念导致生育意愿不强。从客观来看，年轻夫妇面临职场的激烈竞争，怀孕生育对事业发展、家庭生活都会带来一系列影响，加上高房价、高教育投入、高医疗成本等，导致少子高龄化形势日益严峻。国家要有针对性地改变人们原有的婚恋观、生育观，对母婴保健、孕产假、婴幼儿教育等议题进行广泛讨论，加强生育保障，改革生育服务管理制度，促进全国人口总量增长，提升国民素质，优化人口结构。《国民经济和社会发展第十三个五年规划纲要（2016－2020年）》中提出："改革完善计划生育服务管理，完善生育登记服务制度。提高生殖健康、妇幼保健、托幼等公共服务水平。做好相关经济社会政策与全面两孩政策的有效衔接。完善农村计划生育家庭奖励扶助和特别扶助制度，加强对失独家庭的关爱和帮助。做好优生优育的全程服务。注重家庭发展。"①2016年12月，《国务院关于印发国家人口发展规划（2016—2030年）的通知》要求："建立完善包括生育支持、幼儿养育、青少年发展、老人赡养、病残照料、善后服务等在内的家庭发展政策"②，为经济社会发展宏观决策提供支撑。这样，国家把"家庭发展"和"家庭发展政策"这两个概念纳入国家的整体发展规划文件之中，表明中国政府已经将家庭看作独立的行为主体，把处理国家与家庭的关系作为一项基本议题，家庭发展政策进入国家长期发展规划的政策议程，为构建新时代发展型家庭政策奠定了理论基础。

最后，构建发展型家庭政策。新时代的中国，应该抛弃过去把家庭政策边缘化的做法，既不能采取平均主义的"去家庭化"的家庭政策，也不能采取功利主义的做法把家庭问题全部"家庭化"，应该把家庭整体作为家庭政策的对象，实现家庭政策范式的转型，从而构建具有中国特色的发展型家庭政策。发展型家庭政策强调发展家庭整体功能，包括三方面：一是家庭维护家庭成员生存的基础功能，即为家庭成员提供生存所需要的基本生活物资的能力；二是为家庭成员提供精神家园的心理功能，即作为"心灵港湾"为家庭成员遮风挡雨、提供温暖的情感支持；三是满足人们不断增长的对美好生活的需求的发展功能，即助力家庭成员强化学习、社交、风险应对和自我修复等自身发展能力。为此，发展型家庭政策要求政府增加家庭福利投入，以家庭整体为目标对象进行人力资本投资，补充社会福利发展水平低造成的保障程度不足，帮助家庭提升自身福利供给和保障能力。国家要消除家庭对福利的依赖，不能像"去家庭化"家庭政策时

---

① 《国民经济和社会发展第十三个五年规划纲要（2016–2020年）》，http://www.china.com.cn/lianghui/news/2016–03/17/content_38053101_15.htm。

② 《国务院关于印发国家人口发展规划（2016–2030年）的通知》，http://www.gov.cn/zhengce/zhengceku/2017–01/25/content_5163309.htm。

期那样对所有家庭实行过度干预，也不能像"家庭化"家庭政策时期放弃家庭，把所有家庭问题推向市场，政府应该进行精准扶助，帮助家庭成员就业或创业，保障少数底层家庭能够提高自身的基本生活能力。总之，国家要强调家庭政策的能动性，完善家庭功能，提升所有家庭成员的福利水平，帮助绝大部分家庭进行中层和高层家庭能力的建设，最终帮助所有的家庭进入健康、可持续发展的轨道，从而实现中华民族伟大复兴的中国梦。

国家需要维护社会稳定和发展经济，必须解决整个国家所有家庭包括老弱病残孕等弱势群体的家庭发展问题。为了保护家庭成员，2016年3月，首部《中华人民共和国反家庭暴力法》开始施行，拉开中国反家庭暴力历史序幕。为了解决特殊家庭产生的特殊问题，国家加强了以家庭为生计单位的福利保障，出台"针对特殊家庭、特殊人群和专项计划三类政策。针对特殊家庭的家庭政策如对计划生育家庭的奖励，对贫困家庭、低收入家庭、残疾人家庭、老年人家庭帮扶等一系列的社会救助与福利政策；针对特殊人群的家庭政策如女性就业支持政策、儿童保护和发展政策、五保户老人的补助等；专项计划如对家庭的临时风险救助等"。[1] 总之，家庭政策要体现社会的整体发展、人文关怀、全民普惠性，努力提高全体公民的生命健康水平和生活质量。

我国发展型家庭政策必须尊重、保护、支持家庭，做到"宏观政策要稳，微观政策要活，社会政策要托底，建立托底性的民生福利体系"。[2] 具体来说，就是要在政府、市场组织、社区之间形成联动，形成一个支持家庭、投资家庭的社会环境，构建起全社会都支持家庭、帮助家庭更好地整体发展的制度框架。国家在制定发展型家庭政策时，要树立责任意识，

---

[1] 李树苗、王欢：《家庭变迁、家庭政策演进与中国家庭政策构建》，《人口与经济》2016年第6期。

[2] 刘继同：《中国现代家庭福利政策的基础性、战略性地位》，《社会政策研究》2016年第1期。

认识到为有需要的家庭提供养老、育幼等方面的经济支持是政府应尽的职责，所以，要扩大财政支出，在经济上支持家庭。另外，政府应该制定政策，鼓励或要求用人单位制定有利于职工履行其家庭责任的工作制度，尽量使男女职工能够在工作与家庭之间实现平衡。最后，在城市、乡村的基层组织建设中，家政服务应该是一个重要的内容，政府要把家庭政策注入社区等基层组织的建设之中，增强家庭保障和服务功能，创办社区居家养老、婴幼儿托育、儿童健康发展等各项家庭所需要的家庭服务，为家庭所有成员提供就近服务，把基层组织建设成为家庭最贴心的服务中心。

中国家庭政策价值取向从"去家庭化"的平均主义，到"家庭化"的功利主义，演变到"再家庭化"的整体主义的进路，走出了过度干预家庭、部分放弃家庭的两极化政策悖论，淡化了功利主义和工具主义的家庭政策价值取向，体现了中国政府在社会发展的不同阶段对社会公平正义的不同理解。"去家庭化"的平均主义追求的是吃"大锅饭"的平均主义分配方式，这不是真正意义上的社会平等，事实证明它无法成为实现社会公平正义的良方。"家庭化"的功利主义过于强调差异性，认为个人应得与社会贡献应该成正比，以此刺激家庭成员生产的积极性，导致在经济发展的同时社会贫富差距加大，不利于社会公平正义的实现。"再家庭化"的整体主义在认同平等、差异的基础上，把补偿作为一种对弱势群体的保护，体现了当前中国特色社会主义发展中的社会公平正义。发展型家庭政策的目标是协调经济政策、社会政策、家庭政策之间的关系，实现国家经济、社会、家庭的均衡、可持续发展，满足人民对美好生活的向往，为全体公民提供不断增长的物质福利、心理安慰和精神家园，重塑新时代中国的国家形象，实现中华民族的伟大复兴。

三　发展型家庭政策的价值依据

家庭是融血缘、业缘、身份、权利和社会生活等多种需要于一体的最基础和最重要的社会单元。随着越来越多的西方国家开始重视家庭问题，家庭政策于 20 世纪 90 年代进入一个新的发展阶段。以詹姆斯·梅志里为代表的学者提出"发展型社会政策"，强调所有家庭都需要支持与帮助，社会发展不再局限于关注问题家庭，而应该支持和满足全体社会成员的全面发展需要，通过广泛的家庭政策来对人力资本进行投资，以实现经济社会一体化发展。发展型家庭政策主张预防家庭问题产生、帮助家庭履行责任，以投资家庭、巩固家庭固有能力或"优势"为特征，不再局限于以往对弱势家庭的补救性干预，真正帮助所有社会成员摆脱生活、就业、教育等方面的困境，获得可持续发展的能力，从而提高全体国民的生活质量。中国政府对家庭的态度经历了从"去家庭化"的平均主义、"家庭化"的功利主义到"再家庭化"的整体主义的转变，与此相适应，家庭政策也从侧重于家庭以外所有成员的集体管理，转向干预市场和社会以间接弥补家庭，到直接投资于人力资本以支持家庭，进而制定发展型家庭政策，促进家庭功能的转变。

习近平总书记在党的十九大报告中指出，保障和改善民生要"在幼有所育、学有所教、劳有所得、病有所医、老有所养、住有所居、弱有所扶上不断取得新进展"。因此，我国的发展型家庭政策应该将家庭整体作为政策对象，一方面通过干预可能导致贫困的家庭因素，保护儿童健康成长，保障老年人的权益，达到早期预防的目的；另一方面实施男女平等的政策，保护妇女利益以支持家庭，保障男女都能够实现工作与家庭责任的平衡。在目前的全球化进程中，国家的发展必须以人为本，注重家庭政策的可持续性，保障和推进人的全面发展，进而提升国家的整体竞争力。发展型家庭政策的基本理念是强调家庭整体功能和家庭所有成员的责任，国家既不能"去家庭化"地放弃家庭，也不能大包大揽地过度干预家庭，应该用主动性的家庭政策消除福利依赖、投资家庭从而提升家庭自身发展能力。人的价值与尊严、公平、平等、自由、民主、博爱、权利、福利与福利社会是普遍认同的价值观，人的发展成为社会政策新的价值基础。我国的发展型家庭政策的价值依据应该体现经济发展与家庭发展的统一、国家利益与家庭利益的统一、补缺型与普惠型的统一。

（一）经济发展与家庭发展统一

发展型家庭政策的核心是发展，其理论基础是新的发展观。新发展观认为，发展应该是宏观的全面发展，而不是单纯的经济增长。也就是说，发展不仅包括经济的发展，还包括社会、人、生态的全面、协调、可持续发展。家庭是社会的细胞，是人们生存发展的基础，也是人们心灵的港湾。家庭的发展对人们自身生活和社会发展都具有决定意义。发展型家庭政策是通过家庭的发展来解决家庭问题，进而提升家庭整体功能并推动整个社会经济的发展。

2010年我国的国内生产总值突破40万亿元，成为世界第二大经济体，标志着我国经济发展与社会发展进入新发展阶段。为了在21世纪中期实现中华民族伟大复兴，让中国人普遍、持久地富裕起来，我们仍然要以经济建设为中心，发展还是第一要务。但经济发展不能简单地等同于经济的高速增长，一味追求经济高速增长会导致资源浪费、生态平衡破坏等环境问题出现，无法实现社会经济的可持续发展目标。另外，经济增长并不能自动地实现社会共同富裕、公平发展的目标，单纯追求经济增长将造成经济结构失衡，激烈的市场竞争将引发失业人口增加，造成产业结构不平衡、贫困以及两极分化等一系列社会问题。1971年，丹尼斯·米都斯在《增长的极限》中提出"从单纯的经济增长过渡到全球均衡的观点，全球均衡状态的最基本的定义是人口和资本基本稳定"[1]。发展是整体的，一方面，除了经济的发展外，作为整体的人也应该得到全面的、综合的发展；另一方面，除了物质资源可持续利用外，还需要人类精神层面的价值体系来促进发展。也就是说，在评价发展的时候，要超越狭隘的社会发展评价

---

① 〔美〕丹尼斯·米都斯：《增长的极限》，李宝恒译，吉林人民出版社，1997，第132页。

标准，将人的全面发展纳入价值体系中去。20 世纪 90 年代以来，发展理念从一味强调经济增长转变为社会整体的政治经济文化一体化可持续发展。1995 年，哥本哈根世界峰会确立发展要"以人为中心"，除了提供更多的工作岗位保障其收入外，还要提供更好的教育以提高劳动者的整体素质，增强国家生产满足人们生存发展所需要的必需品的能力。这样，发展成为综合协调的社会经济转型过程的理论，这直接反映在国际组织的价值取向中。近年来，家庭发展的问题已受到联合国等国际组织的重视，"从联合国等国际组织开发的一系列发展规划中，可以看出经济发展目标已经逐步从经济增长导向，转向可持续的收入增长、生产结构的变化以及贫困率的下降和就业机会的增加等，这些都表明经济发展的目标已经包含了许多社会发展的目标"。[①] 这些经济社会发展目标也都包含了很多家庭发展的目标，因此，经济发展目标和家庭发展目标越来越趋向一致。

长期以来，人们认为只有经济政策才是国家推进经济发展、创造社会财富的机制，而家庭政策只不过是为了维持社会稳定、解决弱势群体生存问题的一种保障机制，是国家为了解决在经济增长中的不平等和社会不公正而不得不实施的福利政策。所以，家庭政策一直被视为经济政策的附庸，是作为补缺型、工具性和附属性政策存在的。但经济增长的最终目的是增加人类福祉，而家庭对人们的生存和发展具有不可替代的重要作用。家庭发展对经济发展的作用越来越受到人们的重视，家庭政策的内容开始由过去的仅仅由政府提供服务，转向几乎囊括所有的国计民生问题。

发展型家庭政策应该协调经济政策和家庭政策的关系，把经济发展和家庭发展联系起来。党的十九大报告首次提出了"建设现代化经济体系"，指出我国经济已由高速增长阶段转向高质量发展阶段，由解决物质短缺问题转向强调发展的质量和效益，这是划时代的变化。要实现高质量的发展，就要贯彻创新、协调、绿色、开放、共享的新发展理念，其中，创新

---

① 　张秀兰、徐月宾:《发展型社会政策及其对我们的启示》，载《当代社会政策研究》（2），中国劳动社会保障出版社，2007，第 149 页。

旨在解决经济发展动力问题，协调主要解决经济发展不平衡问题，绿色是解决人与自然和谐问题，开放着重解决经济发展内外联动问题，而共享注重解决社会公平正义问题。这为我们现阶段的发展提出了一个新标准，对引领我们在家庭政策制定方面的工作具有重要意义。

我国的家庭政策首先应重视生产发展，推动经济发展质量变革、效率变革，鼓励家庭积极参与社会生产活动，实施支持就业政策，消除工作角色与家庭角色的矛盾，帮助就业者承担照顾家庭的责任，从制度上保障需要照顾家庭的就业者的合法权利。其次，家庭政策以提升家庭整体发展能力为重点，由对家庭的物质支持转为对家庭中的人力资本进行投资，将家庭看作社会的资产加以支持。最后，坚持适度和合理负担的家庭发展政策，弥补社会福利发展水平低造成的保障程度不足，提升家庭自身福利供给和保障能力，对就业困难家庭提供机会和培训方面的特别扶持，支持家庭自我保障，强调家庭成员承担抚养和赡养责任，在促进家庭发展的同时避免家庭问题对经济发展的拖累。总之，稳定和功能完整的家庭不仅是家庭成员，也是整个社会经济发展的最重要资源。发展型家庭政策要帮助家庭形成或巩固其固有的能力或"优势"，对家庭进行"资产投资"，加大人力资本培育力度，更加注重调动和保护人的积极性。

社会经济发展水平提高，家庭需求和社会福利需求也会相应地增加。面对人们日益增长的社会福利和公共服务需求，国家必须以更多的财政支出来支持公共福利制度的建设。这样就形成了一个悖论，一方面，经济发展将为家庭提供越来越多的福利来满足人们各方面的需求，造成国家财政压力；另一方面，家庭获得足够的福利后，逐渐形成依赖，丧失了勤奋劳动的动力，不仅不能够推动经济发展，反过来会削弱国家经济发展从而导致国家无力承担原有的福利开支。而且市场经济自身是存在缺陷的，完全依赖市场经济的自由发展并不能保证社会平等，甚至会削弱某些社会群体的权利，从而造成一系列社会风险。20 世纪 80 年代，英国的吉登斯和德国社会学家贝克相继提出了风险社会的理论。他们认为随着全球化市场经济的蓬勃发展，人类社会正从古典工业社会（偶尔发生社会风险），转向现代风险社会。现代风险社会的风险具有普遍性、不确定性，复杂程度日益增强。而且，风险是全世界都需要共同面对的，也就是说，现时代我们已经进入全球风险社会。与此同时，各个国家各项政策的主要功能是应对风险，促进社会经济发展与家庭发展的融合，进而推动整个社会的发展。

中国在改革开放和经济的高速增长之后，正处在社会风险增大、社会发展需求凸显的时期。一是养老保障的负担正日益沉重。目前我国已进入老龄化社会，20世纪后期开始实施的独生子女政策，加速了老龄化的进程。老龄化带来的一方面是年轻劳动力的减少，劳动压力增加，人口红利消失；另一方面是老龄社会中老年人的赡养、医疗、保健等各种服务需求剧增，对家庭、社区、国家的养老功能要求越来越高，这样容易形成一系列社会问题。二是家庭照料能力减弱。家庭规模越来越小，加上未婚同居、非婚子女、空巢家庭以及未婚母亲等各种新型家庭形态的涌现，代际亲情关系逐渐淡薄，导致传统的家庭成员之间彼此照料的能力日益减弱。尊老敬老意识的日渐淡薄很可能会使未来的老年照料问题更为严重，而生活方式的现代化和家庭结构的多样化加剧了新的社会风险。三是农村空壳化。农村青年外出就业，资金和生产要素的外流导致农村的凋敝，使农村面临着稳定发展的巨大风险。四是新弱势群体不断出现。除了传统的弱势人口外，生态贫困人口、失业人员、进城农民工及其子女、刚毕业的大学生，都是无法经受打击的潜在的弱势群体。甚至有学者认为，中国的大多数家庭及其成员都是如此。中国的家庭在遇到重大疾病、失业或者意外天灾人祸时，因为缺少相应的社会保险体系的兜底保障，极有可能陷入赤贫之中。五是疾病模式改变导致全球性风险：心脑血管疾病、恶性肿瘤、流行性新型冠状病毒等日渐增加，增加了医疗费用的开支，导致了社会医疗卫生开支的压力。

因此，政府必须一方面坚持抓住经济建设这条主线不放松，另一方面也要通过建立和完善家庭政策来实现国家稳定与公正，从而减少社会风险。自 2003 年以来，我国领导人提出了科学发展观与构建和谐社会的重大战略目标，政府制定与实施了有关民生与社会问题的家庭政策。经济发展应该把增加人的能力（知识资源、人力资本、文化资本即与创造有关联的态度和价值观）作为发展的终极目标。面对全球化的挑战，只有以人为本、保障和支持人的发展需要，一个国家的经济和社会发展才会具有强劲的动力和可持续性。经济发展必须在教育、人口控制和政府改革等方面都取得进展，必须满足家庭成员生产发展所需要的物质需求，让人们充分感受到人格、尊严，同时拥有自主选择的权利，使社会具有更大程度的平等。家庭发展是国家经济发展的基础，是国家发展、经济发达的根本。

新时代中国发展型家庭政策首先要建立功能健全的家庭，而人力资本的积聚是家庭功能健全的核心要素之一。政府投资于家庭以增强家庭整体功能，如保障儿童健康成长，尊重女性工作的权利，建立公共服务机构照顾老年人、病人等，总之，对家庭成员的生存、发展需要进行的投资实际上是对国家整个未来的投资。中国政府应该协调经济政策、经济发展与社会政策、社会发展的关系，实现经济社会均衡、可持续发展。因此，在现阶段以及未来很长一个时期内，中国发展型家庭政策的价值依据既要符合经济发展和政府行政体制改革的方向，也要符合家庭发展的需要，同时还要考虑到全球化背景下国际形势变化及国家所应做的调整，实现经济发展与家庭发展的统一。

（二）国家利益与家庭利益统一

利益是一个社会学名词，指人类用来满足自身欲望的一系列物质、精神的产品。《牛津法律大辞典》中将利益界定为"是人们受客观规律制约的，为了满足生存和发展而产生的，对于一定对象的各种客观需求"。利益分为物质利益、精神利益和个人利益、家庭利益、国家利益等。利益依附欲望而生，利益冲突决定着一切。利益的不同取决于所面临的矛盾的不同，利益是用来化解各种矛盾的。一般认为，利益分为三个层次，第一个层次的利益是求得生存，无论是一个人、一个家庭还是一个国家，必须要安全地存在，这是基础。对于个人而言，生存就是找到工作及获得救济、医疗保障等个人生存利益。对于家庭而言，生存就是家庭成员各司其职、和睦相处，家庭可以得到所需要的基本物质和社会保障等家庭生存利益。对于国家而言，生存就是国家政治上层建筑和观念上层建筑都能够得到国内各民族的认同，国家能够保障全国人民的安全与发展。第二个层次的利益是追求舒适，在生存的基础上，个人、家庭和国家都希望能够生存得更好一些。对于个人而言，追求舒适就是有更多的休息时间、舒适的工作、便捷的购物和医疗等。对于家庭而言，追求舒适就是可以获得更好的家庭生活，家庭利益能够得到更多的保障。对于国家而言，追求舒适就是国家可以得到更好的发展、享有令国人满意的国际地位等。第三个层次的利益是幸福美好，这是最高级的利益，是对未来美好生活永不满足的追求。如生产更多的产品、积累更多的财富、获得更高的地位等。利益包含了国民物质利益、心理利益和精神利益等内容。

个人利益可满足个人物质生活和精神生活的需要，既包括个人物质层面生命存在和发展所需要的衣食住行等各种物质，也包括人们对美好生活所需的政治、文化、社会、生态等的精神需要。个人利益是个人存在发展、参与社会生产生活活动的前提和动力。国家利益是指国家范围内所有公民的共同利益，是满足或能够满足国家生存发展的各方面需要、对国家整体发展有好处的事物。在社会主义条件下，个人利益与国家利益本质上是一致的。邓小平告诫我们："在社会主义制度之下，个人利益要服从集体利益，局部利益要服从整体利益，暂时利益要服从长远利益，或者叫作小局服从大局、小道理服从大道理。我们提倡和实行这些原则，绝不是说可以不注意个人利益、不注意局部利益、不注意暂时利益，而是因为在社会主义制度之下，归根结底，个人利益和集体利益是统一的，局部利益和整体利益是统一的，暂时利益和长远利益是统一的。我们必须按照统筹兼顾的原则来调节各种利益的相互关系。如果相反，违反集体利益而追求个人利益，违反整体利益而追求局部利益，违反长远利益而追求暂时利益，那末，结果势必两头都受损失。"[①]他强调："必须把国家、集体和个人利益结合起来，才能调动积极性，才能发展社会主义的生产。"[②]具体到国家与家庭的关系，就是国家制定各种法律和政策，对家庭进行管理，在实施管理的过程中，要处理好责任、权力/权利、利益三者之间的关系。对于国家而言，权力是人们赋予国家政府对家庭的管理职责，责任就是国家应当承担维持家庭发展、帮助弱势群体的义务，利益是通过管理好家庭来推动整个国家的繁荣发展。对于家庭而言，权利就是家庭有权得到国家的支持和保障；责任就是家庭成员彼此照顾、共同发展，参与国家社会经济建设，为国家发展做出贡献；利益是家庭在国家管理中能够得到更好的发展。责任、权力/权利、利益三者是相辅相成、相互作用的。一般来说，负有什么样的责任，就应该具有相应的权力/权利，同时应该取得相对应的利益。只有这样，才能调动国家在管理家庭事务中的积极性。

国家对家庭的管理分为直接干预和间接干预。直接干预是国家直接针对家庭或与家庭密切相关的事务所制定政策或法规，有三类[③]：第一，有关婚姻家庭的立法，如婚姻法、家庭法、继承法等，这些法律在 2021 年统一归于《民法典》中。第二，有关家庭及与家庭事务密切相关的各项政策，如生育政策、社会福利政策、住房政策以及某些经济政策、税收政策等。第三，宣传与舆论导向，即国家通过其所掌握的大众传播工具和宣传教育系统，对其国民进行有关婚姻家庭方面的教育，引导国民树立其所倡导的婚姻家庭观念和道德。例如，在中国，通过宣传五好家庭、文明家庭的事迹，为广大家庭正确处理家庭关系树立学习榜样，从而推动家庭的文

---

① 邓小平：《邓小平文选》第 2 卷，人民出版社，1994，第 175-176 页。

② 邓小平：《邓小平文选》第 2 卷，人民出版社，1994，第 351 页。

③ 赵喜顺：《国家在家庭变迁中的作用（摘要）》，《社会学研究》1990 年第 4 期。

明建设。间接干预是国家某些措施和政策不直接针对家庭，却对家庭产生了相关影响，如就业政策、教育政策、对外政策、城市化政策等。国家对家庭的干预是随现代化的进展而普遍增强的，因为，随着社会主义市场经济、工业化和城市化的发展，原有的维持家庭生产生活的相关支持体系已经不适应新的家庭发展需要，市场经济发展中的问题导致家庭生活陷入困境，而新出现的家庭问题仅靠家庭自身无法解决，这就需要国家来重新审视责任、权力/权利、利益三者之间的关系问题，协调国家与家庭的关系，解决在经济、教育和福利等方面如何给予家庭帮助，或者说在多大程度上给予家庭支持等一系列问题。

另外，随着市场经济发展、全球化浪潮的冲击，中国人普遍的思想价值观发生了变化，导致家庭自身出现了很多新问题，如离婚率迅速增长、单亲家庭增多、未婚同居和非婚生子女增多、出生率下降、人口老化等问题，这些都需要国家采取各种相应政策对家庭进行综合管理以促进家庭发展。而且新时代社会主要矛盾发生变化，即人们对美好生活的向往使人们越来越注重生活质量的提高，而不仅仅是解决温饱问题，更多人在经济繁荣和生活水平提高之后，追求更好的生活环境、更好的职业发展平台、更强的国民自信和精神生活的自由愉悦，但市场经济和全球化使人口流动范围扩大，逐利化使交往功利化，个人在越来越富裕的物质生活中反而越来越容易产生精神问题。例如，市场经济带来的激烈竞争会加剧人的紧张程度，而现时代快节奏的生活方式导致人们精神压力增加，使得患有精神疾病的人越来越多。这些问题的解决单靠家庭是不够的，只有得到国家政策的帮助和支持才可能解决。2004 年，联合国呼吁"各国政府应把帮助解决家庭问题和让家庭发挥作用纳入国家发展大纲"[1]。

新时代的中国社会主义市场经济迅猛发展，政治体制改革不断完善，家庭政策也相应发生了很多变化，但新型发展型家庭政策体系还没有完全

---

① 胡湛、彭希哲:《家庭变迁背景下的中国家庭政策》,《人口研究》2012 年第 2 期。

建立。家庭利益与国家利益还未协调一致，有些国家政策甚至不利于提高家庭利益。其主要问题有^①：一是在发展型家庭政策理念上，还缺乏统一的主流价值观。国家利益与家庭利益的关系、政府和家庭成员的责任和角色、家庭政策的公益性等问题还没有厘清，对国家利益与家庭利益的分配模式和监管等问题缺乏深入的研讨。二是在家庭政策内容方面，把维持社会稳定作为解决家庭问题的主要内容，缺乏在市场经济体系下促进家庭经济发展的举措，不利于家庭整体利益的形成与发展。三是家庭政策功能仍然以补缺型为主。我国当前的家庭政策并不是针对所有家庭，主要对象依旧是弱势家庭，要形成所有家庭都需要国家关注的政策理念，促进所有家庭利益的实现。四是家庭政策体系具有碎片化特征。家庭政策在城乡之间、不同经济区域之间发展不均衡，经济发达地区和城市的家庭政策相对而言更有可行性也更完善一些。五是家庭政策缺乏中长期规划。家庭政策偏重短期目标，没有出台有利于家庭利益发展的国家中长期发展战略。六是家庭政策保障的政府支持和监管缺位。目前来看，几乎所有的家庭政策更多地强调家庭或成员的责任与义务，而忽略了国家政府的责任与义务，导致家庭成员履行家庭责任时缺乏政府的保障与支持。

从 20 世纪 90 年代开始，中国政府出台了一系列改善民生、保障公民权利和维护社会稳定与公平的政策。但是，随着市场经济的迅速发展与国家财富的不断增加，家庭利益和国家利益并没有同步增长，家庭利益缺乏国家政策相应的制度保障。国家应该提高家庭利益，帮助全体国民提高家庭生活质量、创造幸福美好生活，这已经成为新时代发展型家庭政策制定时处理国家利益和家庭利益关系的重点。因此，必须重构国家利益与家庭利益统一的家国关系，形成注重保障民生的发展型家庭政策体系。首先，明确国家责任，要走出平均主义时期过度"干预"家庭与市场经济时期出于功利"放弃"家庭的政策悖论，国家对家庭事务进行适度干预，给予家

---

① 刘中一：《构建符合我国国情的家庭福利政策体系》，《开放导报》2011 年第 4 期。

庭兜底保障，但应该以国家财力和家庭基本需求为基础，避免陷入西方福利国家福利主义模式的泥潭。其次，明确家庭责任，消除家庭成员对国家福利的依赖。国家应该将家庭整体作为家庭政策福利的对象，帮助家庭成员提高自身整体素质，特别是生活、就业等方面的能力，以适应新时代市场经济对其劳动技能的要求，真正从根本上最大限度地扩大家庭利益。为此，国家主要通过投资家庭以保证家庭成员人力资本的提升，增强家庭发展能力，为家庭发展提供动力与制度保障，这既是实现国家利益、使国家获得可持续发展的重要条件，也是广大家庭成员享受公共服务、提升家庭利益的基础保障。总之，人文关怀、全民性、普惠型，是新时代发展型家庭政策的发展方向。

（三）补缺型与普惠型统一

在《工业社会与社会福利》中，沃伦斯基和莱博克斯提出了"补缺型"社会福利。"补缺型社会福利重视家庭和市场的作用，强调依靠家庭和市场来提供个人所需的福利待遇，只有当家庭和市场的作用失灵而难以提供个人所需的福利待遇时，国家和政府才会承担相应的责任"。[①] 相反，英国学者蒂特马斯则认为，国家对于满足家庭和个人的福利需求负有不可推卸的责任，主张实施面向全体社会公民的"普惠型"社会福利政策，旨在提升全民的福利水平。这涉及国家、家庭与公民之间权利／权力、责任、利益的问题。一般来说，责、权、利应该相互依存，三者统一于责任承担者，也就是说，责任者是责任的承担者、权力／权利的拥有者、利益的享受者。责、权、利的统一能够使社会成员有责、有权、有利，克服有责无权、有责无利的责、权、利三者脱节的状态。明晰责、权、利的划分，可以使社会成员知道自己应该承担的责任内容、可以享受的权利／权力范围和利益大小。

---

① 李迎生：《中国普惠型社会福利制度的模式选择》，《中国人民大学学报》2014年第5期。

　　"补缺型"家庭政策基于中国是发展中国家的国情，且人口众多，经济和财政实力不足以支撑全民福利，国家只能在有限的责任范围内对弱势群体和有迫切需要的家庭进行补缺型救助，是一种底线公平的社会福利保障模式。随着改革开放的深入，当前我国经济社会已经进入新的历史发展阶段，特别是我国成为世界第二大经济体之后，出台"普惠型"家庭政策、建设覆盖城乡的全民福利体系的呼声日益高涨。但是，发达国家普惠型家庭政策造成的一系列问题为我们提供了借鉴，那就是，国家责任不能过大，一旦国家大包大揽本属于家庭和个人的责任，就会造成公民权利快速扩张，公民只注重权利而忽视责任义务，权利、义务脱钩的后果就是公民的工作意愿下降、家庭观念减弱，最终形成自私贪婪的恶习，从而阻碍社会经济的发展，高福利的普惠型家庭政策难以为继，成为西方福利国家危机的根源和深层次原因。20 世纪 80 年代，西方国家开始进行反思，重新强调权利与义务平衡。"补缺型"家庭政策侧重于解决弱势群体在失去正常的劳动收入后如何生存的问题，以及保障普通人群在遭遇意外风险时还能够保有有尊严的生活，强调的是家庭的责任和有限的国家责任。"普惠型"家庭政策侧重于实现在国家高福利政策下所有公民都能够体面地生活，强调的是家庭成员个人的权利和全部的国家责任。现在，发展型家庭政策侧重解决的是，如何帮助弱势群体、遭遇意外风险的社会成员重新参与到社会经济生活中来，通过提升其自身的素质与能力、融入市场经济中，以解决自己的工作问题，强调的是国家、家庭成员个人的责任、权力/权利、利益的划分与统一。因此，"补缺型"家庭政策更强调家庭的责任，国家只负有限责任；"普惠型"家庭政策更强调国家的责任，家庭几乎不负责任；发展型家庭政策强调的是国家和家庭应该共担责任，即国家对解决家庭、个人所遭遇的问题依然负有不可推卸的责任，只不过国家要求家庭和所有公民个人也要承担相应责任。也就是说，在"普惠型"家庭政策中，国家提供无条件的、全免费的福利政策，而在发展型家庭政策中，国家应该视政府的财力尽可能提供有条件的、有限的福利。在中国，市场经济体制不断完善，社会阶层分层加剧，造成原有的社会结构断裂，使社会利益格局失去平衡，以往的家庭政策已经不能够满足新时代中国人对美好生活向往的需求。党的十八大以来，经济的持续高速发展为中国建立发展型家庭政策奠定了坚实的物质基础，考虑到我国具体的国情、民情，中国的发展型家庭政策目标定位应该是建立"普惠型"与"补缺型"统一的家庭政策。

改革开放以来，中国的家庭政策发生了大的变化，改变了被动应急、缺陷修补的做法，而是发挥其预防与发展功能，强化社会政策的"家庭视角"，制定和完善了一系列家庭政策。建立了城乡居民最低生活保障制度，这是对生活困难人群的补救性底线救助，消除极度贫困，使每一个公民享有平等的生存、发展的权利。建立了现代社会保险制度来预防一系列社会风险。建立城市住房公积金制度以及住房救助制度。出台新的法律法规来保护弱势群体的利益，如《未成年人保护法》《残疾人保障法》《老年人保障法》等补缺型社会福利制度。建立了社会福利机构相关的行业规范、职业标准等管理法规，使社会福利机构评定、社会福利服务工作人员的职业水平、护理标准有了统一的规范，大量培养社会福利的专门人才，实现了社会福利服务的良性转变，从而保障社会成员的权益。尽管如此，我国的家庭政策仍然属于补缺型的。首先，从责任分担来看，家庭仍然是主要承担者，国家只承担有限责任。其次，从福利覆盖的群体来看，有些福利只是提供给弱势群体和困难群体，并不是针对所有公民。再次，从问题解决的先后顺序来看，我国的家庭政策主要是救火型事后解决的方式，而不是主动预防以避免问题的出现。最后，中国福利开支占国家财政支出的比例小且分配不均，呈现城乡分割的二元特征。据报道，2012 年"社会保障支出占我国财政支出的12%，远低于西方国家 30%-50% 的比例，即使是一些中等收入国家该比例也在 20% 以上"。[①] 有限的福利资源主要集中在

---

① 《我国社会保障支出占财政12% 远低于西方国家》，https://finance.qq./a/20120615/000481.htm。

城市，绝大多数的农村人口只能享有极少数的福利资源。而很小比例的社会福利开支和城乡社会福利资源分配不平等是补缺型福利的典型特征。这种补缺型家庭政策的弊端在于国家责任有限，综合国力不足以建立面向全体社会成员的普惠型家庭政策，狭义的重收入保障政策无法保障家庭整体福利服务，城乡二元分割的福利资源分配不平等加剧社会不平等。2012年3月，在第十三次全国民政会议上，温家宝总理提出"推动社会福利由补缺型向适度普惠型转变"[①]，适度普惠型就是"补缺型"与"普惠型"的统一。新时代的家庭政策既要满足全体社会成员对美好生活向往的福利需要，又要考虑我国的社会经济发展水平；既要考虑国家责任，又要求家庭和个人承担责任；既要国家利益得到保障，又要家庭和个人利益得到发展。"补缺型"与"普惠型"的统一，要求将国家经济发展与家庭福利发展并重、个人收入保障与社会公共服务并重，在此基础上满足社会成员的多种福利需要。国家、家庭、个人在社会福利的提供与享受中必须承担各自的责任与义务，厘清权、责、利，国家是社会福利的主要承担者，所有社会成员都有资格享受到国家政策赋予的各种福利，同时也应该承担国家建设的社会责任和义务。

党的十八大之后，国家经济高速发展，社会福利已经不能满足新时代全体社会成员的需要，中国社会进入了经济建设和社会建设并重的时期。党的十八届三中全会提出："以促进社会公平正义、增进人民福祉为出发点和落脚点"，"实现发展成果更多更公平惠及全体人民"[②]。党的十九大报告提出"在发展中补齐民生短板、促进社会公平正义，在幼有所育、学有所教、劳有所得、病有所医、老有所养、住有所居、弱有所扶上不断取得新进展，深入开展脱贫攻坚，保证全体人民在共建共享发展中有更多获得

[①] 温家宝：《推动社会福利由补缺型向适度普惠型转变》，http://roll.sohu.com/20120320/n338258042.shtml。

[②] 《中共十八届三中全会公报》（全文），https://www.guancha.cn/politics/2013_11_12_185190.shtml。

感，不断促进人的全面发展、全体人民共同富裕"。[①]国家"十四五"规划更加注重社会福利建设，在经济发展的基础上着力保障和改善民生，让全体中国人民能够过上幸福安康的生活。面对多种社会风险和问题，发展型家庭政策应该保障少数底层家庭的基础能力，同时也需要关注所有家庭的基础能力建设与发展，着眼长远、注重预防，而非事后补缺，要实现普惠型与补缺型的统一，力图通过资产建设和服务支持等手段，以家庭整体为对象，保护儿童，实现男女平等，保障家庭成员在工作与家庭中达到责任平衡；增强家庭发展能力，提升家庭成员的劳动能力以适应市场经济发展的要求；完善家庭功能，通过家庭政策有效预防、干预贫困、失业、疾病等各种危机的发生，真正提升所有家庭成员的福利水平。根据财政部"关于 2019 年中央和地方预算执行情况与 2020 年中央和地方预算草案的报告"[②]，决定实施"稳步提高基本民生保障水平""稳步提高养老保障水平""做好民生兜底工作""完善基本住房保障体系"等政策，预计"2020 年中国全民福利支出需占财政支出 35%"[③]，中国政府已经有足够的财力推动家庭政策从补缺型到补缺型和普惠型统一的转变。

纵观人类社会家庭政策发展的历史，家庭政策的价值依据主要从国家实施的家庭福利政策和构建的家庭服务体系中体现出来。家庭政策从以国家为中心的家庭福利，到以公民为中心的家庭福利，最终发展到以家庭和社会为中心的家庭政策福利。家庭政策的价值依据也体现了从注重政治到注重社会经济再到注重文化价值观的发展进路。随着社会政治、经济的发展，国家对家庭福利的支持程度越来越高，国家福利责任范围不断扩大，国家对家庭福利的承担方式形成制度化的普遍发展规律。中国的家庭政策

---

① 习近平：《决胜全面建成小康社会 夺取新时代中国特色社会主义伟大胜利——在中国共产党第十九次全国代表大会上的报告》，《人民日报》2017 年 10 月 28 日。

② 中华人民共和国财政部，http://www.mof.gov.cn/gkml/caizhengshuju/202005/t20200530_3523307.htm。

③ 《2020 年中国全民福利支出需占财政支出 35%》，http://finance.sina.com.cn/roll/20090403/18476064531.shtml?domain=finance.sina.com.cn。

发展经历了从侧重于家庭以外所有成员的集体管理，转向干预市场和社会以间接弥补家庭，再到直接投资于人力资本支持家庭，进而制定发展型家庭政策以促进家庭功能的转变。新时代中国发展型家庭政策的基本理念是在家庭政策的设计中关注"发展"，其价值依据应该体现在经济发展与家庭发展的统一、国家利益与家庭利益的统一、补缺型与普惠型的统一的三者结合上。具体来说，在制定家庭政策时，把重点放在对人力资本的投资上，使家庭成员摆脱普惠型家庭政策下过分强调个人权利的依赖心理，保障有劳动能力的人尽量进入劳动力市场就业；在经济发展与家庭发展的关系上，既要注重整个社会的经济发展，又要注重家庭发展对经济发展的贡献，强调经济发展与家庭发展的统一；在家庭政策的功能上，注重厘清国家和家庭的权、责、利的划分，强调公民在享受国家福利权利的同时也应该承担国家发展的责任，实现国家利益与家庭利益的统一；在家庭政策理念上，强调对可能出现的家庭问题的预防干预，使家庭能够受到教育与指导，增强经营家庭的能力，减少家庭破裂风险。家庭政策不仅是对家庭的补缺和救急，更应该从普遍预防的普惠型家庭政策视角开展干预活动，以实现补缺型和普惠型的统一，使家庭得到更好的发展。

第三章
家庭政策建构实践的伦理审视

　　任何政策的制定都要经历一个过程，其中包含多个环节。从政策问题的确认、政策议程的设立到政策目标和方案的论证、抉择及政策的合法化，每一个环节都贯穿着伦理价值观。政策制定者需要具备正确的道德价值观念，并将其贯穿到政策制定的过程及内容中。随着社会的发展和时代的变迁，家庭政策的内容也需要不断调整以使其适应新时代的价值观和道德要求，而且为了让家庭政策的价值理念真正实现，国家需要制定配套的政策和措施，并有一个强有力的执行和监督机构。但是政策建构实践中，受各种因素的影响，我们在政策制定的目标、政策内容、政策执行评估和政策修改各个环节，都存在偏离作为政策指导思想的主流价值理念的现象。只有正视这些现实问题，才能寻找到解决问题的方法。

一　家庭政策制定者伦理价值理念的缺失

　　家庭政策关系到所有家庭和家庭成员的现实利益，直接影响人们的价值观念和道德取向。政策的制定必须体现一定社会的道德要求，符合人们的道德预期，实现政策目标与社会道德导向的有机统一。但从现有的家庭政策来看，家庭政策制定者的家庭伦理价值理念是有所缺失的。最常见的是家庭政策制定者缺失性别平等的意识。家庭政策作为社会政策的一部分，并非单独适应和作用于女性，但是它对女性影响更大更直接，因此对家庭政策进行研究，性别视角下的分析就非常重要。家庭政策必须与男女平等的基本国策和宪法中的男女平等原则相一致，性别平等应该成为家庭政策制定的出发点和基本的价值原则。

关于性别平等，需要政策制定者有正确的认识，这是政策制定的思想基础和理论指导。性别平等是指男女在社会生活的各个方面具有平等的权利、责任、机会、待遇和价值。男女都可以自由做出选择和自由发展自己的能力。要尊重男女在社会生活、家庭生活和个人生活的各个领域和各个方面的平等权利，确保男女有平等的机会享有政治、经济、文化、社会等各方面的资源，要改变一切限制男女平等享有权利和机会的社会制度、文化观念和风俗习惯。性别平等是实现人权和社会正义的条件，也是社会平等、发展与和平的必要、基本的先决条件。性别平等已成为国际社会的共识，各国政府都在努力推进和实现性别平等的政治承诺。消除基于性别的一切形式的歧视，是国际社会的首要目标。性别平等问题不是私人领域问题，而是社会公共问题，它必须被纳入社会政策尤其是家庭政策的视野，没有社会和政府的关注与政策的积极行动，就不可能实现性别平等和社会的可持续发展。当然性别平等并不意味着男女在所有方面变得一模一样，平等不等于一样。不能将权利和机会平等理解为结果完全平等，发展到最后否认甚至抹杀两性客观存在的差别，要求女性向男性看齐，以男性为榜样，以男性标准要求女性，结果出现女性男性化的倾向，最终损害女性的权益。我国历史上就曾有过对性别平等的错误理解，这是今天我们制定政策时要吸取的教训，政策制定者必须要有正确的性别平等价值理念。

政策的制定是一个复杂的过程，它由一系列环节构成。主要有议程设立、方案规划和方案合法化等环节，议程设立是政策制定过程中的起始阶段的活动，它是将政策问题提上政府议事日程、纳入决策领域的过程。社会问题只有从一定的途径进入政策过程，成为决策者研究和分析的对象，才能成为政策问题，而政策问题也只有通过政策过程才能得到解决。所有政策问题的形成需要三个基本条件：这就是发现社会问题、表达沟通渠道、政府认可。从发现社会问题到使其真正成为政策问题，需要通过一定的信息通道，将意见传递到决策层，并且引起决策层的高度重视。越是强势表达的意见，越有可能被优先安排和考虑。当今社会男性拥有更多话语权，更有能力建构政策问题，而女性的话语权比较弱，她们的问题表达就很难传递到决策层，从而导致有关女性的话题和问题经常被边缘化，难以进入政策议程。事实上，在发现社会问题到形成政策问题的过程中，社会强势群体具有更大决定权。权力是建立在各种资源基础上的，掌握或支配财富、地位、知识、技能、教育等资源的人在社会中处于主动和优势地位，国家的调控不可避免受到他们的影响，朝着有利于他们利益实现的方向发展。所有政策问题都是主客观的统一，但在实践中政策问题并不总是表现为主客观的一致，而是精英的意见起了决定性的作用。而且政策的制定更多反映的是精英的利益、价值和偏好。在这种情形下，要使女性问题进入政策议程，就必须有女性利益的代表进入决策层。

联合国通过对有关资料的分析研究，曾得出如下结论，即"任何一个群体的代表在决策层达到 30% 以上的比例，才可能对公共政策产生实际影响力"。[①] 目前我国女性在各个层次的参政人数还未达到这一比例。妇女发展有关政策对妇女各个层次的参政比例有相应的具体要求，这对我国妇女参政产生了重要的影响，妇女参与各级决策层的比例有所提高，但离 30% 的目标还有一定的距离。而且从女性参政的权力结构来看，绝大多数女性在决策层中担任的职务是决策边缘的副职，担任正职领导的女性比例偏低，而且女性担任领导人的领域大多集中在群众自治组织、中小企业等影响力和决策权较小的单位，同时呈现行政级别越高、女性比例越低的特点。女性参政存在的这些问题必然会使政策决策中"女性利益代言人"缺乏或席位不足的现象延续，女性话语的弱势使得女性群体的利益诉求无法得到表达，其需求和利益势必面临被忽略遗忘的境遇。更糟糕的情况是，决策层无从知晓女性的需求，而且决策中男性由于缺乏性别意识，自然会

---

① 刘莉、李慧英:《公共政策决策与社会性别意识》,《山西师范大学学报》(社会科学版) 2003 年第 3 期。

将他们自己的男性立场和意愿融入政策制定中去，有意无意导致政策中出现损害女性利益的内容。

要使女性问题进入政策议程，首先必须将女性问题还原为社会问题，以引起更为广泛的社会关注，同时女性的问题能否进入政策议程也在很大程度上取决于决策主体如何看待女性及女性问题。社会上一般的观念都认为，女性问题纯粹是女性个人的问题，因而首要的问题是将女性问题上升为社会问题并成为政策问题。社会问题比较多，政府不可能也没有必要解决所有的社会问题。政府只解决那些属于政府职责范围内的、目前有能力解决并已纳入政府工作议事日程的社会问题，这些社会问题就成为政策问题。政策问题是从大量的社会问题中筛选出来的，筛选的标准是什么？如何筛选？对这些问题的判断不仅取决于人的经验和专业认知能力，更取决于个体的道德价值观。个体所持有的政策道德价值观不同，对政策问题的认识和看法也就不一样，提出的政策目标和政策的主张也就不可能相同。实际上对社会问题的选择有取舍，取舍就意味着有偏好。由此看来，政策问题的产生过程具有关联性、主观性、人为性、动态性。[①] 社会问题建构为政策问题的关键点就是政策议程，因而有学者指出："能否影响决策过程固然是权力的一面，能否影响议事日程的设置则是权力更重要的另一面。"[②] 一般人认为只有与性别相关的问题才需要性别平等意识，一般的政策与性别无关，就不需要有性别平等意识。于是乎政治、经济、社会和文化等方面的政策，基本上也就不会有性别的考量。事实是女性已全面参与社会生活的各个领域，在存在性别差异的环境下运行缺乏性别平等意识的政策，是无法保证两性平等受益的，反而有可能扩大两性的差距。因而在家庭政策制定时，政策制定者的性别敏感意识非常重要。政策制定的主体主要是政府，其性别敏感度直接决定政策本身的性别敏感与否，直接决定性别平等问题是否成为政策问题、是否会提上政策议程，也会影响政策执

---

① 张欣：《公共政策与伦理问题相关性分析》，《理论与当代》2011 年第 3 期。

② 王绍光：《中国公共政策议程设置的模式》，《中国社会科学》2006 年第 5 期。

行的效果。在这个意义上，将性别平等课程纳入干部培训必修内容势在必行，这是提高政策制定者性别意识的有效举措和主要途径。只有政策制定者真正认识、理解并牢固树立了性别平等意识，才能将性别平等意识自觉纳入所有决策与方案中。这表现在政策设计时，从两性不同的生命体验和利益需求出发，评估政策对两性产生的不同影响，一旦发现政策对女性会产生不利影响时，立即纠正，避免性别盲点，以切实保障女性权益。

当前中国政治、经济、文化和社会等方面的改革对中国家庭及其性别关系产生了重大影响。家庭小型化、少子化、私域化和老龄化等现象带来了一系列家庭问题，女性的社会和家庭地位虽然有很大提高，但她们一直以来作为家务劳动承担的主体和生育的自然主体，面临的双重压力不断加剧，抚幼养老的负担愈发沉重。而国家政策所能给予的支持有限，这严重影响女性的发展和社会的和谐。我们自1921年中国共产党成立后就已经建立的马克思主义妇女观，受到市场经济的极大挑战。而且在以经济建设为中心的社会发展模式下，政策主体更多关心的是经济发展，考虑的是政策对政治、经济、生态等方面的影响，而较少考虑甚至不会考虑政策对性别平等的影响，市场价值和经济效益标准取代了性别平等和公平正义标准，使得社会政策和家庭政策制定中有时缺乏性别平等的价值理念。如此下去，有可能使得我国已取得的令世人瞩目的性别平等成就丧失。这方面最典型的体现就是改革开放以来关于妇女就业的"回家论"和"阶段就业论"。

20世纪80年代我国进行经济体制改革，90年代我国开始建立市场经济体制框架，推动所有国有企业进入市场经济。这个阶段劳动力资源非常丰富，劳动力市场供过于求。加之产业结构调整导致的结构性失业，更是加剧了就业的困难。如何解决就业的危机？当时一部分男性知识分子极力主张"女性回家"，理由是超前地动用行政力量造就的妇女解放的后果使得家庭关系混乱，主张恢复传统的家庭关系和两性关系，以解决劳动力供过于求的矛盾。

如果这只是男性知识分子的言论和呼吁，还不至于对社会造成很大影响，关键是在家庭政策制定中也将这种传统的性别分工作为了直接的依据。80年代末，"妇女回家论"以"阶段性就业"的形式再次出现。1988年劳动部在专项报告《女工宜实行阶段性就业》中指出"阶段性就业是指在一些发达国家里，随着国民收入水平和文化水平的提高，职业妇女婚后自动退职回家，从事家务劳动和抚育子女，待孩子长大后，再重新就业，妇女阶段性就业是社会经济发展到一定时期的产物，它有利于劳动资源的充分和合理使用，有利于保护和促进妇婴健康，对于增加就业岗位和就业机会、减少就业压力具有一定的经济作用"。文件归文件，当时劳动部门认为依据我国的经济水平和职工的工资水平，还不具备实行阶段性就业的条件，于是政策只是停留在报告阶段。但女性的阶段性就业已引起劳动部和体改委的极大关注，相关部门想在一些地区和城市试点。①

劳动部1996年就阶段性就业的可行性进行了研究。1997年、1998年连续两年全国妇联在全国人大和政协会议上，就反对女性阶段性就业专门再提议案和提案，在提案答复中劳动部承诺三年不出台阶段性就业政策。然而在2000年10月的《中共中央关于制定国民经济和社会发展第十个五年计划的建议》的"积极扩大就业，完善社会保障制度"一节中又出现了"建立阶段性就业制度"的提法。②

由此可看出，尽管由于妇联的强烈反对和国家领导人的干预，女性阶段性就业的政策未能实行，但女性抚育和照顾孩子、男性养家糊口的传统性别观念确实根深蒂固，而且成为制定政策的直接根据。如此看来，即使

---

① 李慧英、刘澄主编《社会性别与公共政策（之二）》，中国社会科学出版社，2014，第485页。

② 丁娟：《妇联组织在参与立法中的作用及其自身的决策功能》，载李秋芳等主编《半个世纪的妇女发展——中国妇女五十年理论研讨会论文集》，当代中国出版社，2001，第137-139页。

女性今天已全面参与社会生活，获得了独立的经济地位，国家政策也有可能让女性回家。一旦这种政策确定，就会使传统的性别分工制度化，促进和固化劳动力市场的性别分层，驱使女性重新回到家庭，失去参加社会劳动的权利和机会，失去经济独立甚至人格独立。这足以证明家庭政策的制定如果缺失正确的家庭伦理价值理念、缺失性别平等的原则，政策传递释放出的价值观念则完全可能背离社会主义的家庭伦理，其产生的后果不堪设想。

新时代类似这样显性的性别不平等政策不可能再出台，但隐性的不平等政策却依然存在。如倡导出台平衡工作和家庭的政策时，把关注点仅仅放在对女性成员的支持上，而不是放在对所有承担家庭责任的成员的支持和要求上，这样只会加剧两性之间的不平等。如提高生育津贴、延长产假等政策，表面上是照顾女性和保护女性生育权益，但只考虑到了女性的生理特点和家庭责任，却没有更多考虑女性的就业权利和自我实现的需求。政策制定者仍然认为女性最主要的职责就是照顾家庭和抚育子女，男性才是社会劳动的主要承担者。真正要使政策体现性别平等，政策制定者就必须有性别平等的价值理念。在制定政策时，必须支持鼓励男性参与家务劳动和照顾子女，与女性共同承担家庭责任。同时政策必须确保女性不会因为担负家庭责任而丧失参加社会劳动和展示自我价值的机会，努力缩小和消除男女两性在社会领域中的差距，真正实现家庭政策的公平正义的价值。

二　家庭政策内容的伦理价值理念模糊

家庭政策必然面对国家、家庭与个人等利益关系，如何处理这些关系，在不同时代不同国家有不同的选择，相应也就形成了不同的价值理念，这些价值理念是政策制定的价值依据。我国在制定家庭政策时在价值取向上有些摇摆不定。

从历史上看，传统社会中家庭是社会的基本单位，是社会制度的核心，家庭既是社会生产单位，又是生活单位，家庭与社会两者不可分割，也没有什么私人领域与公共领域的划分。工业化和城市化改变了家庭的结构和功能，家庭的经济生产功能开始弱化，家庭不再是工作的场所，职业、工作与家务、家庭分离，导致私人领域与公共领域、丈夫与妻子角色的划分。家庭与亲属网络开始疏远，家庭的亲密性、私密性和排外性愈加强烈。尤其是 20 世纪中产阶级文化的兴起，更是强化了私人领域与公共领域分离划界的观念，以爱情和亲密关系为核心的现代家庭意识被全球广泛接受。20 世纪六七十年代，女性主义和反主流文化的兴起对公私两分的观念提出挑战，家庭的私人性受到冲击。

与公私这个框架的历史发展相对应，在家庭政策问题上对家庭所持的价值取向主要有两种，一种是强调家庭的私人性，主张国家对家庭采取不介入和谨慎干预的态度。西方国家早期的修补型和补缺型的家庭政策就属此列。这种政策的价值理念是个体主义和自由主义。主张通过市场和家庭来满足家庭的基本需要，国家只是在市场和家庭都失灵的情况下，才提供紧急的救助和服务，并限于最低的福利和服务。美国和英国的家庭政策基本上属于这一类。这种政策只是表面上使家庭事务从私人领域走向了公共领域，但国家与家庭并没有能够建立真正的联系，家庭政策并没有进入家庭事务的方方面面，也没有惠及所有家庭，只是涉及一部分弱势家庭。另一种是强调家庭的公共性。主张国家扩大和加强对家庭的责任，应该积极介入和干预家庭事务，提倡一种制度型、普惠型的家庭福利政策，以保证每个家庭都有享受到福利和服务的资格和权利，这种政策的基础在于承认家庭事务的重要性和社会价值。在这种政策下，国家扩大了对家庭的权利和责任，它成为家庭福利的主要提供者，取代了家庭的大部分功能，家庭的福利负担大大减轻，个体最大限度地摆脱了对家庭和市场的依赖，个体的独立性和选择权增强。家庭只是个体与国家之间的媒介，这导致"去家庭化"倾向，家庭存在的意义和作用大为降低，个人对家庭的责任感也随之下降。北欧国家的福利体系就属于此类。

我国家庭的公私界限是由国家依据治理的需要来划分的，因而政府在政策制定的家庭界限问题上往往不够清晰。这种态度归根结底反映了我国基本上基于国家主义和功利主义的治理模式来制定家庭政策。政策制定中将家庭看作为国家服务的工具，家庭只是发挥工具性的作用，而国家则是利益链条中的控制者。家庭政策以实现国家利益为最高目标，家庭只不过是实现国家利益的手段，家庭充当国家与个人之间的中介，成为服务于社会管理的附属角色，成为政府保障责任和负担的无限制分担者。

国家的这种立场可能会导致在家庭政策制定时走向两个极端的方向。

一种是完全忽视家庭的私人性。国家既不承认也不尊重家庭作为私领域的生存和发展空间，公权力可以直接干预和控制私生活，家庭及其成员没有任何自主性。我国在计划经济时期对待婚姻家庭基本上就是这种方式。20世纪50年代后期开始，我国家庭的经济功能基本不复存在，城乡居民都变成了"单位人"，城市居民所属的单位和乡村居民所属的公社代替家庭履行了部分功能，它们成为个体福利的主要承担者和社会治理的基础，并且通过单位福利和职工福利制度予以补充，于是政府将个人的生老病死都纳入管辖范围，托幼服务和有关的家庭服务也成为政府支持的一项福利。尽管这种制度在当时只能维持城乡家庭的基本生活状态，但实现了家庭结构的稳定性、家庭生活的平等化和家庭功能的生活保障化。[1] 那个时期国家控制了社会生活的方方面面，整个社会高度政治化，政治原则成为社会生活的基本原则，支配了人们生活的一切领域，甚至恋爱、结婚和离婚都要与政治挂钩。甚至家庭曾一度成为阶级斗争的场域，政治立场不同会导致夫妻、父子反目，人性扭曲。社会生活的政治化倾向严重侵蚀家庭原有的一切关系和情感，"国家有意识地通过各种形式的政治运动向城

---

① 李桂梅等：《论当代中国家庭政策的基本价值取向》，《吉首大学学报》2019年第1期。

市与农村传输国家意识形态，通过自上而下的集体运动构建新的家庭形态——'社会主义大家庭'"①。国家通过"大家庭"整合社会，家庭被作为与公相对立的私的一面而存在，因而必须舍小家为大家，家庭及其个人都完全附属于"大家庭"，家庭被淡化乃至被消解。对这种倾向我们要保持高度的警惕。其实公权力进入家庭是有一定的边界的，而不是无条件无限制地介入或是控制家庭。

另一种是过分强调家庭的私人性。中国实行市场经济以来，泛政治化的倾向得以改变，国家对家庭的干预和控制逐步减少，家庭的私人性和家庭生活的独立性、自主性受到尊重。但家庭的公私边界仍然由政府操纵。在政府的福利保障不足时，家庭成为福利责任和负担的无限承担者，家庭也可以在国家需要时成为维持稳定的基本单位。这一时期家庭生活的私人性、自主性虽有增强，但家庭政策的人文关怀的色彩大大减弱，在一些领域甚至消失。随着计划经济时代的单位福利体制日益衰落，国家把家庭事务交给市场，而政府对家庭和民生的保障作用尚未健全和完善，对家庭的政策支持非常有限，致使家庭无法独自应对社会、人口变迁给家庭带来的挑战。事实上市场不但不会自发地去捍卫家庭利益和其他家庭成员的利益，反而使家庭成为承接各种社会问题的大容器，担负了过多的责任和风险，导致有关民生福祉的养老、医疗、教育和住房问题日益凸显，家庭问题逐渐成为中国社会主要问题。

这两种极端倾向的后果表明：在家庭政策制定中对家庭公私界限划分不明确或功利主义地看待家庭，将损害家庭的利益和家庭的发展，最终也会影响到社会的发展与和谐。我们在家庭政策制定中要走出"干预"与"放弃"家庭的两种政策悖论，实现家庭政策的范式转型，淡化工具主义的政策取向，真正将家庭整体及其成员作为家庭政策的对象，本着支持家庭的基本理念，维护家庭的完整和加强家庭的功能，提升家庭生活质量和

---

① 董国礼、谢燕清：《家庭形态的想象与重构：一个分析性框架——1949 年以来的国家权力实践》，《中国研究》2013 年第 1 期。

能力。

同样，在政策制定时对于家庭与个人的关系，我国政策所依据的价值理念也是模糊和含混的。中国传统文化一直强调家庭本位，把家庭利益摆在第一位，个人利益服从家庭利益。当然传统的家庭本位主义在维护家庭利益和稳定的同时，在一定程度上牺牲了个体的利益和自由。正是由于这点，传统的家庭本位思想自近代以来，一直广受诟病。近代思想家提出以个体主义易家庭主义，但个体主义在强调个体的权利和自由的同时，又有可能使家庭共同体的利益受损，甚至瓦解。基于中国的国情，基于中国的传统文化，我们所提倡的家庭伦理精神是阎云翔所说的"新家庭主义"（Neo-Familism），他用这一概念说明个体意识增强后，个体与家庭利益关系的处理方式，既强调家庭的利益和稳定、家庭利益的优先性，又确保个体的利益和自由；在反对父权制的同时主张家庭代际的亲密性和整体性。每个个体的选择和决定也不是完全地考虑自己，而是与家人协商，个人依然是家庭中的个人，而代际互助更多表现为向下倾斜的"协商式亲密关系"，时下的"啃老"也是两代人"理性共谋"的结果，家庭资源的分配呈现"下位优先"的"伦理转向"。[①] 这也可以被看作个体在面对社会变迁带来的挑战和风险时，对家庭进行的创造性"临场发挥"（improvisation）所展现的一种应对策略。[②] 这也说明现代家庭和个人并不是对立的，而是可以相互协调和互补的，在家庭政策制定时既应注重家庭整体的利益又要注重家庭成员的利益。

但从目前的情况看，我们的家庭政策还是基于功利性的国家主义立场，没有考虑家庭与个人之间的平衡，在家庭与个人之间摇摆，造成了政

[①] 钟晓慧、何式凝：《协商式亲密关系：独生子女父母对家庭关系和孝道的期待》，《开放时代》2014 年第 1 期；刘汶蓉：《转型期的家庭代际情感与团结——基于上海两类"啃老"家庭的比较》，《社会学研究》2016 年第 4 期。

[②] Yan, yunxiang: Neo-Familism and the State in Contemporary China, *Urban Anthropology and Studies of Cultural Systems and World Economic Development*, 2018(3,4).

策之间的不相容性和执行中的困难。如户籍制度和身份证制度，户籍制度以限制个人的流动为目的，而身份证制度为个人的流动提供身份证明，这两者之间在价值理念上是相互矛盾的。农村土地承包制、计划生育制度、住房制度、最低生活保障制度以家庭为单位，但就业、医疗、养老等制度却以个人为单位。一般的控制性资源和福利分配，以家庭为单位；有关公民责任和义务的分配，则以个人为单位。在家庭的婚姻关系的规定上，法律和政策奉行的是个体主义，特别强调个体的自由和独立。如房产权的共享与分割方面，婚姻法一次又一次调整和修订，都是在强化个体产权保护，弱化夫妻共同财产的概念。而在代际关系上则奉行家庭主义的立场和原则，强调家庭成员之间的责任。如家庭成员之间的生活保障责任关系，又由于我国无遗产税与赠与税，子女与父母之间事实上形成了财产权一体化的关系。

政府政策制定的价值依据和价值理念的不一致，导致的结果是人们对家庭和家庭功能产生混乱的甚至错误认识，有的还把家庭看成个人生活的羁绊和负担。有的政策本身就把家庭视为老人、小孩以及其他群体获得政府和社会支持的障碍，只要他们生活在一个结构完整的家庭中就有可能得不到政府或社会的支持。这种政策安排缺少对非问题家庭的关注和支持，忽略了家庭在抚幼养老方面的经济社会成本和社会变迁导致的家庭脆弱性增强的事实，忽略了家庭在社会转型过程中所付出的种种代价。其实在今天的风险社会，每个家庭和个体都是脆弱的，脆弱性是人类存在的普遍特征，它贯穿在个体生命周期和生活的各个方面。面对天灾人祸时我们都可能是弱者，每个风险事件都有可能让家庭和个体面临无法承担的责任，需要国家和社会提供家庭政策和服务，需要依靠社会互助来承担和化解风险。

总而言之，政府在福利保障方面还需加大力度，更多地为民众着想，让百姓受益，为所有家庭和公民提供福利和服务。

三　家庭政策执行伦理机制及伦理评价机制不完善

（一）执行伦理机制存在的问题

要保证家庭政策的顺利执行，还要求具有完善的政策执行伦理机制。在政策执行过程中，经常出现的冲突就是工具理性和价值理性的冲突。康德最初提出工具理性和价值理性。20世纪初德国社会学家马克斯·韦伯对工具理性和价值理性作了进一步的阐述。他把人的行动划分为"合理性"和"非理性"两类，前者是指基于理智思考和判断的行动，后者是依据感官刺激和过去的习俗而做出的行为。在他看来，合理性行动又分为"工具合理性"和"价值合理性"，工具合理性行动是指强调手段的有效性以实现目的的行动，价值合理性行动是指人自身只考虑行动是否符合绝对价值理念的行动。工具合理性实质上是一种"手段理性"（形式合理性），关心的是通过对手段、目的、结果的理性权衡，如何选择最有效的手段以达到目的（How to do），而并不考虑目的本身是否符合人的情感和精神价值。而价值合理性最为关心的是行动是否符合绝对价值，价值合理性实质上是一种"目标理性"（实质合理性），关心的是应该做什么（What should to do），至于如何做和结果如何则不在其视野中。工具理性和价值理性各有自己的特点和功能，两者既对立又统一。价值理性为工具理性提供价值引领，工具理性为价值理性的实现提供现实的支持和条件，两者相互结合、共同推动社会的发展。但现代社会工具理性的过分扩张和发展，不免会遮蔽社会的价值追求，导致价值理性和工具理性的冲突。在家庭政策执行过程中价值理性和工具理性的冲突主要表现为政策价值目标与执行手段的冲突、政府及官员自利性与公共利益的冲突、主观责任与客观责任的冲突。

1. 政策价值目标与执行手段的冲突

所有家庭政策都是为了满足家庭及其成员的合理性需要，都是为了家庭及成员的利益、尊严，为了提升家庭的生存和发展能力、促进所有家庭成员的自由全面发展。家庭政策的执行主体既要对家庭政策中的价值目标负责，又要对家庭政策作用下的利益关系调整结果负责。而政策执行的每一个环节都涉及执行手段，执行手段关系到政策目标的实现。在工具理性不断扩张的同时，对政策目标的价值理性的审视似乎变得多余，忽视政策本身应有的公正、公平等价值因素，政策背离预期的价值目标，导致的结果是人们只对手段负责，不对目的负责。政策执行主体在量化指标的引诱下，只注重短期执行效果，而不考虑政策执行的最终效果，为达效果而不考察执行的手段，政策的执行过程简单粗暴、专横武断，缺乏人性化考虑。结果导致公民怨声载道，政府公信力急剧下降，造成严重的损失和社会代价。

2. 政府及官员自利性与公共利益的冲突

从价值理性角度而言，政策是通过政府的集体行动解决社会问题的一种手段，政策执行是政策主体对社会利益进行权威性分配的过程。政策的公共理性对政策执行主体的要求是代表和维护整体利益、长远利益和国家利益，促进社会的和谐发展。因而政策执行主体的一切公共行政行为，必须维护、实现和发展人民利益，以人民为中心、为人民服务是政府行政工作的宗旨和目标。

但家庭政策的执行主体是具体的组织和个体，任何组织和个体都有"经济人"的本质属性，都会关心自己的利益，在政策执行中不可避免地会有追求自己利益最大化的倾向，这就是政府的自利性。如果把持公权力的个人不受到任何约束，其"经济人"的逐利本性就会不断膨胀，导致他们追求个人利益和部门利益最大化，从而忽略人民的意愿和利益。诚如有的学者指出的那样："精英不是什么天使，精英自私的程度不比任何人差。精英可以代表弱者的利益，但精英更容易代表自己的利益。"[1]在利益多元化的情况下，政策不可能满足所有不同利益主体的要求，这

---

① 王周户：《公众参与的理论与实践》，法律出版社，2011，第15页。

也决定了存在政策执行偏离价值目标的可能性，人民群众的公共利益与政府的意愿也并不一定是完全一致的。如果政府及其官员放任公权力以权谋私，损害民众的公共利益，那将会消解政府存在的正当性、合理性。解决公与私的矛盾，必须有法可依，强化政府的公利性，追求政策执行的道德化。

3. 主观责任与客观责任的冲突

在公共政策执行过程中，执行主体因其所处的地位和掌握的权力不同而有不同的职责，这种职责是客观责任与主观责任的统一。客观责任是法律、组织和社会所规定的，具有他律性、外在性、易操作性，而主观责任则是基于个体的信仰、价值而形成的，是一种对责任的自觉意识，具有自律性、内在性、难操作性。在现实中，执行主体往往重视客观责任，依赖制度和体制，忽视主观责任，行政人员只是满足于履行最低限度的责任，没有任何履行职责的主动性，而且回避责任，甚至会逾越责任的底线，导致滥用职权以谋求私利。忽视主观责任也容易陷入伦理困境，如在一些公务活动中，执行者对于自己的行为内心充满纠结与冲突，但最终还是执行政府的法规，放弃自己对政策合法性的质疑。

对于责任的冲突问题做出深入研究的是当代行政伦理学权威特里·L.库珀，他认为行政责任冲突主要有三种，一是权力冲突，指两种或两种以上的权力来源强加给行政人员的行为要求之间有冲突，即政出多门，迫使行政人员在权力冲突中去寻求履行职责的办法。二是角色冲突，行政人员在社会生活中有多重角色、多重身份，不同的角色和身份有不同的行为规范，在行政行为中行政人员经常会产生冲突，角色的责任之间也有冲突。三是利益的冲突，行政人员的个人利益、组织利益与公众利益之间有冲突。如行政人员在忠于组织的义务与维护公众利益之间就有一定的张力，行政人员的角色要求与他自身个人利益之间会有冲突。库珀认为行政人员的行为只有符合社会伦理的要求，才是负责任的行为。

（二）伦理评价机制存在的问题

政策伦理评价是一定社会家庭政策调整的重要依据。政策执行的效果如何、是否实现了政策伦理目标，这些都必须通过政策的伦理评价进行判断，只有经过伦理评价才能决定政策的延续、调整和终结。如果政策要解决的问题还未解决，伦理目标没有达成，政策在实践中还有有效性，操作上还有可行性，那该政策还可继续实行。如果政策在执行中遇到了新的伦理问题或伦理冲突，那就需要对政策目标、内容、执行方式进行调整后再继续实行。如果政策在执行中确实遇到了无法解决的伦理问题，也无法实现政策的伦理目标，那原来的政策就必须予以终止。目前，政策伦理评价中的主要问题表现为政策评价者自身的伦理价值标准问题以及他们与决策主体之间的关系问题。

一是评价者自身的伦理价值标准问题。在政策的评价过程中，由于评价者有自己的利益要求和伦理价值标准，如果评价者将自身的伦理价值标准等同于社会的伦理价值标准，并将它作为政策的评价标准，即使我们的评价方法非常准确，评价的结论与公众的感觉也可能会大不相同，而且可能是不准确的。另外，评价者为了实现某种特殊的目的，可能故意放大或缩小评估中的一些事实，甚至故意掩盖或曲解某些真相。这种评估背离了实事求是的基本原则，只是在用合法的评估程序和方式取得符合自己期望或事先设定的结果，这就使评估完全流于程序化、形式化。

二是评价者和被评价者地位的不平等问题。被评价者往往是政府部门，它的力量大于评估者，它往往会通过各种方式向评价者施加影响，希望评价的结果有利于政府和社会，能为政府和社会带来积极影响，弱势的评价者只能迎合被评价者的期望。一旦评估的结果呈现负面的情况时，政府部门对评估的结果会加以抵制，甚至会滥用自己的权力要求评估者修改

评估结果。^①

　　要解决以上问题，必须建立和完善家庭政策的伦理评价机制。

　　首先，设立专门的家庭政策伦理评价组织。可以从两个方面入手，一是建立官方背景的内部政策伦理评估组织。这可以考虑在原有的咨询机构的基础上增加它的政策伦理评估功能，一个组织两套人马，各司其职。既可交流，又相互不干扰。为避免评估工作受到影响，应建立以上级组织伦理评估为主的多层次伦理评估系统和机制。二是建立一支非官方背景的政策伦理评价组织和队伍，这一组织应成为政策伦理评估的主力。非官方的政策评估组织的优势就是专业化和其独立性，它有一批专家学者专门从事政策伦理评价的理论研究和实践活动，可以保证政策伦理评估的科学性和准确性。而且他们的非官方背景使他们更容易接近受政策影响的群众，更容易感受到政策实施的效果，更能倾听群众的真实心声，更能了解群众的需求，也更能保证政策伦理评估的客观性和公正性。

　　其次，建构和完善政策伦理评估制度。一是建立政策伦理评估的程序，通过制度规定对任何一项政策都必须进行伦理评估。评价要坚持公平、公正、公开，将符合社会法律、社会伦理原则和道德规范的标准贯穿到评估的每个环节，评价方法要坚持价值分析、规范分析和利益分析相结合。二是要设立政策伦理评估基金，以保证政策伦理评估这一系统顺利运行。三是重视评估的成果。必须设立一套奖惩机制，每次评估后将政策伦理评估的有关结果公布，并按评估结果对相关人员实行奖励或惩罚，真正让政策伦理评估的作用得以发挥。

　　最后，建立政策伦理评估信息平台。信息是评估的依托，评估必须建立覆盖全社会的信息网络平台，实现决策中心、评估组织和公众之间的有效交流和沟通，避免信息的失真和截留。对于政策伦理评估组织而言，可以利用信息平台尽可能多地获得信息，促使评估成本降低，也有利于广泛

---

① 　吕良辰：《公共政策的伦理缺失与制度设计》，《管理观察》2014 年第 2 期。

迅速传播评估结论，使公众能够在第一时间了解政策评估的结果，并针对政策的效果问题，提出有关的意见和建议，这有利于政策制定的科学化和民主化。

四 家庭政策调整修改滞后引发的道德风险

任何政策都应该保持一定的稳定性，以有利于政策的执行和保证实施的效果。但稳定性是相对的，而且政策的稳定是建立在政策正确基础上的，即政策符合社会发展的规律和趋势。政策都是在一定的社会背景下出台的，它在具有时代性的同时，也难免有历史局限性。随着社会的发展和时代的变迁，必须对政策进行适时的调整与修正。对有些不完善的必须进行修改，对有些不符合时代发展要求的，则必须进行调整，或者终止。但是现实生活中一些政策由于调整和修改滞后，有可能与政策初衷相违背，甚至背离社会价值观念，会给社会和家庭带来极为不利的后果，产生负面的道德影响，甚至形成现实的道德危害。这就是我们说的道德风险。目前我国家庭政策法规存在静态化和固化现象，滞后于婚姻家庭生活的现实状况。

如有些本来是保护妇女、促进性别平等的政策，却因为在社会发生变化后没有适时加以修改，而变成歧视妇女的政策，如《中华人民共和国劳动保险条例》。新中国成立后，为解决女性生育与就业之间的矛盾、保护女性的就业权利，政府在《中华人民共和国劳动保险条例》中明确规定，"女工人与女职员生育，产前产后共给假五十六日，产假期间，工资照发"。新中国成立初期生育保险由国家统筹，企业负担较轻，并没有造成什么严重的"性别亏损"（女性因怀孕、生育影响工作，给企业造成一定的损失）。即使在后来的"社会主义改造"和"文化大革命"时期，生育保险变为企业保险，女性职工多的企业负担较重，但由于是计划经济时代，女性的就业也没有受到什么影响。生育保险制度损害女性就业权益的问题主要出现在我国经济转型时期。市场经济时代企业作为市场的主体，以追求利润和效率为第一目标，强调成本与效益，不会自觉地将生育保险看作自己的责任。在女性休产假期间，企业还需要雇用其他员工来顶替完成女职工的工作，增加用人单位使用女工的成本，企业也可能面临女性因生育而辞职造成的损失。这种"性别亏损"和生育成本问题影响企业对女性的录用，女性的就业和女性职业发展受阻，其就业率低于男性。尤其是二孩、三孩政策出台后，用人单位出于成本和规避法律风险的考虑，不愿用女职工的现象有不断上升的趋势，加剧了女性就业难。生育保险这一政策虽然满足了女性生育期间对医疗、假期和津贴的需求，却忽视了女性的职业发展需求。一项旨在保护女性的政策反而导致对女性的隐性歧视，这是我们必须加以改革的。其实生育是对社会的贡献，生育的成本应该由全社会承担，不应该由企业单方面来承担，如果社会共担生育责任，就业中的女性歧视现象会减少，女性就业的合法权益就能够得到保障。

与此类似的还有"一孩半"政策。20 世纪 80 年代独生子女政策实行，农村地区执行起来非常难，农民的抵触情绪也比较大。这既有思想上的问题也有实际的困难。政府考虑到农村生育女孩家庭的实际困难以及当时农村的实际生产力水平，为尽可能地照顾群众的利益、安抚农民情绪，出台"一孩半"政策，即农村地区第一孩为女孩的夫妻在间隔几年后可以生二孩的政策，"一孩半"这一名称并不是正式的名称，没有任何政策文件这样称呼它，而是当时社会约定俗成的。从主观来讲，这一政策并无任何性别歧视的意图，而是为了在保障国家利益的前提下，尽可能地兼顾和满足群众的愿望和需求，如为了满足女孩家庭的劳动力需求、使家庭成员养老有更好的保障。正如国家前计划生育委员会主任王伟指出的那样，"一孩半"生育政策"不是重男轻女，在我们国家，特别是在农村中，只有一个女儿的家庭困难比较多，这是从实际出发区别情况产生出来的政策"[1]。

---

① 彭珮云主编《中国计划生育全书》，中国人口出版社，1997，第 322 页。

但政策客观的结果却出乎意料。"一孩半"政策是基于第一孩是女孩的事实，这一政策在一定程度上强化了男孩偏好，使幼儿的性别平等问题日益凸显，我国农村地区出生性别比严重失衡，直接影响我国的出生人口性别比的平衡。"自 20 世纪 80 年代以来，中国出生人口性别比开始偏高并持续上升，从 1982 年的 108.5 上升到 2005 年的最高值 118.6。近年来，随着计划生育政策逐步放开，出生人口性别比开始下降，2015 年降至 113.5，2017 年进一步降至 111.9。但中国仍是世界上出生人口性别比失衡较严重的国家之一"。[1] 而且女婴的虐待和死亡率上升的现象在 20 世纪 80 年代中期出现，之后呈现持续上升趋势。与其他发展中国家相比，中国的女性婴幼儿死亡率偏高的程度相当严重。[2] 这可能与我国农村有些地方溺弃女婴、女婴生存条件恶劣、疾病治疗歧视性对待有关。[3] 有些家庭重男轻女，任由女婴自生自灭。一旦女孩生病，则放弃治疗，女孩如夭折，父母再想方设法生一个儿子。同时，女性往往因没有生育儿子而遭受家庭暴力，受到歧视，在家庭中没有任何尊严。从这一政策实施的结果看，这一政策弊大于利，与政策的初衷是相悖的，损害了性别平等的价值观。它并不赞成传统的"传宗接代""养儿防老"的价值观念，然而事实上对这些传统习俗和观念采取了默认的态度；它虽然提倡新时代男女都一样、生儿生女无差别，却在无意间传递出男孩与女孩不等价的意识。甚至社会舆论还反复宣传"独女户""双女户"家庭是为国家做出了牺牲，这同样也暗示了：只有女孩的家庭是不幸的，有儿子的家庭才是圆满的，隐含着浓郁的"男尊女卑"的思想。因而必须终止这个政策，以防止政策的代价进一步扩大、遏制其继续产生不良后果。2013 年我国实行"单独二孩"政

---

[1] 国务院妇女儿童工作委员会办公室、国家统计局、联合国儿童基金会:《中国儿童发展指标图集（2018）》，联合国儿童基金会，2018，第 17 页。

[2] 石玲、王燕:《运用 Hill-Upchurch 标准分析中国九十年代婴幼儿死亡率的性别差异》，《人口研究》2002 年第 2 期。

[3] 宋健编著《社会性别视角下的中国社会政策》，社会科学文献出版社，2012，第 65 页。

策，2015年实行"全面二孩"政策，2021年实行三孩生育政策。其主要目的是消除以前政策带来的弊端，有效地稳定和提升生育水平，形成合理的人口结构。2021年5月第7次人口普查数据显示，我国出生人口性别比为111.3，较2010年下降6.8，人口性别结构有所改善[1]。

"一孩半"政策之所以造成这样的结果，一个非常重要的原因就是政策本身缺乏长远、战略性的性别意识，存在性别意识短视或盲视的问题。1985年由马克辛·莫利纽克斯提出，后由卡罗琳·摩塞发展的社会性别分析框架认为，社会政策可能包含两种社会性别利益，即实用性社会性别需求（practical gender needs）和战略性社会性别利益（strategic gender interests）。[2] 这两者之间虽然相互关联，但其最终产生的社会后果不同。

实用性社会性别需求是在现存的社会性别分工和性别角色中产生的生活上的迫切要求，这些需求的满足将使两性有效完成任务并继续现存的角色。对女性而言，可以包含的内容有减轻工作量、改善健康状况、改善家庭生活条件、增加教育机会等；对男性而言，可以是增加就业机会、有安全的生产环境等。实用性社会性别需求的实现并不改变现存的两性关系格局，它在本质上是实用性的，可能短期内有利于女性的利益，但并不是从根本上倡导性别平等社会政策的长效机制。相反它还可能会产生负面的效果，导致性别不平等及传统性别角色和价值观念的固化。战略性社会性别利益的目标是针对现存的男权制，旨在改变女性的从属地位和社会性别不平等的状况。对妇女而言，战略性社会性别利益可以包含以下内容：家务劳动的平等分工；消除对女性的家庭暴力和保障女性不受性侵害；提供社会性别平等教育；保障女性的平等就业机会，提升就业满意度；加强女性的政治参与和决策参与。对男性而言，可以是立法规定男性与女性享有同

---

[1] 宁吉喆:《第七次全国人口普查主要数据情况》，《中国信息报》2021年5月12日。

[2] 坎迪达·马奇、伊内斯·史密斯、迈阿特伊·穆霍帕德亚:《社会性别分析框架指南》，社会性别意识资源小组译，社会科学文献出版社，2004，第22页。

等产假的机会，接纳男性的感性表达，提倡非暴力处理情绪及化解矛盾的态度和方法等。^① 战略性社会性别利益的出发点是长远的、根本的、性别平等的要求，期望从战略上改变当今社会性别不平等的现状，逐步实现社会的性别平等。当然满足战略性社会性别利益与满足女性的实用性需要并不矛盾，应在提倡满足女性的当下的现实需求时全面考虑，在性别平等的框架下从长计议，避免造成新的性别不平等。

生育保险制度所提供的保险待遇，较好地满足了女性的实用性社会性别需求，而对于战略性社会性别利益却有所忽略。尽管女性在生育期间的合法权益受到保护，但女性的就业权益并未受到保护，恰恰相反，由于女性在生育期间要享受生育保险待遇，企业在招聘员工时会对女性有隐性歧视。一项旨在保护女性的政策导致了对女性的不公，这是性别保护政策面临的困境。事实上保护性政策也是有双重性的，一方面它可能促进被保护人的能力提高，增强被保护人的选择的多样性和可能性；另一方面也有可能限制被保护人的能力和权利，导致被保护人的能力更加退化和权利更加受到限制。因而政策的过度保护和保护不当都不可取。所谓过度保护是将女性视为能力较差和容易受伤害的对象而对其行为进行保护性限制，其缺陷在于视女性为能力差的弱势群体，忽略了女性的选择权和选择能力。如国际劳工组织就曾规定禁止女性上夜班，后因出于对权利的尊重而取消这项规定。保护不当则是指原本是针对两性的差异而采取的保护女性的措施，但这些措施不但没有起到积极的效果和影响，相反给女性带来消极影响，使她们处于更为不利的境地。如女性55岁退休政策，政策的初衷是考虑女性的家务劳动状况和实际的身体健康状况，旨在保护女性劳动者。因为当时劳动工作强度大，女性家务负担沉重，劳动安全保护措施也不是很好，女性能提前退休确实是一种"福利"。然而随着社会发展，家务劳动因为家用电器的普及和第三产业的发展而不断减轻，女性生育小孩的数

① 宋健编著《社会性别视角下的中国社会政策》，社会科学文献出版社，2012，第177页。

量不断减少，孩子对女性的拖累也就不像过去那么大。女性自身受教育程度不断提高，女性寿命也在不断延长。此时如果不改变政策，那是对女性人力资源的浪费。而且若女性提前退休，那些与男性受教育程度、职称和年龄相同的女性，在职业发展和岗位晋升方面的机会就会大大减少，这会影响女性的职业发展和政治参与，制约优秀女性人才的选拔和任用。更重要的是由于提前5年退休，女性的退休金也会比男性少，因为退休金的多少、住房公积金的多少和其他福利的享受，都与一个人的工龄长短和是否在职有密切的关系。政策的结果与当初政策的宗旨不符，也是由于缺乏战略性社会性别利益视角的考量。

前述的"一孩半"政策以第一孩的性别为前提条件，这本身就基于一种短视的实用性的社会性别需求，虽然无主观故意，但事实上默认和支持了传统的已有的性别不公的价值理念，并进一步强化了男性偏好，产生了严重的社会后果。政策的客观效果违背了政策制定的初衷，并且在不经意之间与性别平等价值理念相悖。这也警示我们：一旦发现家庭政策执行的结果偏离社会的价值理念，一定要及时调整和修正，避免政策的负面影响扩大，动摇和解构社会的主流家庭价值理念，使家庭政策导向产生负面功能。

五　家庭政策可操作性不强导致的道德风险

家庭政策的可操作问题主要是指两个方面，一是配套政策的问题，二是执行机构问题。

（一）配套政策不完善

由配套政策不完善或缺乏执行机构而引起的问题是比较突出的，它导致家庭政策贯彻不力或是根本无法贯彻，或是更有影响力、号召力的乡规民约和传统习俗观念取代政策而发挥作用，致使政策的价值理念得不到实现而产生负面的道德影响。我国就业制度和农村的土地分配制度等就存在这方面的问题。

女性就业问题是一个世界性的问题。国际劳工组织的《全球妇女就业趋势 2007》报告认为，尽管今天女性参与社会劳动的比例大大提高，但从全球看，在总的就业人口中女性所占的比例一直维持在 40% 左右，而且女性就业集中在农业和服务业领域，在与男性相同的岗位上，女性的工资薪酬与男性相比依然有差异。在贫困地区，妇女一般是家庭无酬劳动的承担者，女性的经济独立问题令人担忧。[1]

目前中国女性的就业率是世界上比较高的，据相关统计 2018 年全世界女性劳动参与率是 48.5%，发展中国家参与率是 69.3%，发达国家参与率是 52.6%，而中国女性劳动参与率超过 70%，居世界第一。我国 25-55 岁女性劳动参与率高达 90%。[2] 中国妇女不仅劳动参与率高，而且男女劳动参与率的差异较小。这是新中国社会主义制度建立后男女平等取得的重大成果。但是随着中国社会转型和市场经济体制的建立，女性就业权益遭受侵害的问题开始凸显，如用人单位或隐性拒收女性，或提高女性的录用标准。用人单位在工作中以女性结婚、怀孕、产假等理由辞退女工或者单方面解除劳动合同，或不重视女性的晋升甚至对其晋升设置障碍，使得女性的就业权益受到严重伤害。而且阻碍女性平等参与经济和分享发展成果的突出问题和障碍性因素仍然存在，职业、行业性别隔离不断加重，劳动收入性别差距偏大，农村妇女失地和土地受益问题突出，公共服务不足、工作家庭冲突导致女性就业中断、在业率降低。[3]

---

① International Labor Organization，Global Employment Trends for Women 2007: ILO Study Warns on the Feminization of Working Poverty, http://www.ilo.org/global/about–the–ilo/newsroom/news/WCMS_082166/lang––en/index.htm.

② 张秋盈:《双 11 过后的思考：买买买！是谁刺激了女人的购物欲》，http://news.fengone.com/b/20201118/613137.html。

③ 宋秀岩主编《新时期中国妇女社会地位调查研究》（上卷），中国妇女出版社，2013，第 211 页。

现有的法律法规虽然规定了男女在社会生活中享有平等的地位，具有平等的就业权利，但法律规定过于宏观和原则化，具体的法律条文规定过于模糊，弹性空间大，可操作性不强，以致部门在执行时把握不准，甚至出现偏差。加之缺乏配套的具体法规和政策，对劳动力市场上企业的招聘行为及其损害女性就业权益的行为无法进行监督和制约，更无法进行惩罚，致使男女平等就业的社会环境无法形成。因而在政策的制定上，要坚持以利益引导为主、法律保护为辅的原则，进一步细化相应的配套政策。如可以制定相关规定，鼓励企业雇用女性员工，如果企业雇用女性员工达到或超过国家规定的一定比例，在企业所得税和其他投资政策上政府应给予其一定的优惠和特殊照顾，而且政府要为女性生育担负更多责任，或统一生育保障，或对企业进行适当补偿。与此同时，政府可以制定《公平就业机会法》《公平工资法》《反怀孕歧视法》等，用公共权力扫除就业歧视，保障女性就业权益的实现。

同样，我国的土地法律法规和政策规定了男女享有平等的土地权益，但政策可操作性不强，政策、法律规定不一致，以致政策规定无法执行和发生作用，而乡村传统的带有男尊女卑色彩的乡规民约大行其道。其中侵害妇女土地权益的条款有"出嫁女婚后户口未迁出者，不论时间长短一律不给粮款"，"出嫁女不管户口是否迁出，不再享有集体土地的使用权和生产经营权，不能享受征用土地的安置补助费；离婚女性不管是否改嫁、户口是否迁出，田土一律调整"。[1] 女性土地权益受到侵害。"固定的土地、流动的妇女"，绝大多数妇女必然由于婚嫁而流动，在这个过程中，女性在土地承包、土地征用补偿和安置补助费分配等问题上，会因为出嫁、离婚、丧偶等而受到权益侵犯。有的女性因为出嫁，其原有的土地或被村里收回或由娘家人耕种，而嫁到婆家后能分到土地的机会只能是婆家土地进行调整时，如遇到土地长期无法调整的话，这些妇女便面临无地的困境；

---

① 刘筱红、赵德兴、卓惠萍：《改革开放以来中国农村妇女角色与地位变迁研究：基于新制度主义视角的观察》，中国社会科学出版社，2012，第464页。

有的妇女一旦离婚，男方村子会强迫女方将户口迁回娘家并收回她的责任田，而女方娘家也不再分给责任田；有的妇女在丈夫过世后，村里将其户口取消，并收回土地；有的妇女与外来打工男性结婚，户口仍然留在娘家，却失去土地、失去村民待遇。近年来，城郊未婚和离婚女性土地权益难以维护、出嫁女土地承包权被侵害等问题在征地补偿过程中不断出现。而我国目前以户为单位的土地承包政策，实际上变成男性承包土地，是男性主宰的土地资源在男性之间的分配，女性土地权益在以家为单位的承包制中被"光明正大"地剥夺。而且由于女性在农村权利结构中的边缘化和决策机构的缺位，女性群体的利益无法表达，男性群体往往以村集体利益和乡规民约的名义行使权利，使女性在土地的分配和再分配中的正当利益被遗忘和忽略。

随着我国城镇化进程的加快和女性权利意识的增强，女性的土地权益纠纷事件越来越多。表面上这暴露了我国土地法律和政策的不完善，实质上揭示了女性在社会资源分配上的不利地位。市场经济有效运行的基本条件之一，就是男女两性个体资源分配的权利平等，经济的发展绝不能建立在一个群体的利益长期受损的基础上。解决女性土地的权益问题，必须站在性别平等的政治高度，协调和完善各方面的法规和政策，采取综合的解决办法，否则男女平等的基本家庭伦理理念无法得到实现。

从以上分析可以看出，保护妇女权益的法律和政策不能再仅仅停留在宣传性、倡导性和鼓励性的层面，而更应该制定反歧视性、具体化和具有可操作性的条款。也就是说，我们的法律不但要倡导应该怎样去做，更应该规定的是具体不能做什么，如果违反规定该受到什么样的处罚，对惩罚手段和补救措施的强调应是我们努力的方向。

妇女儿童福利是我国社会保障的一个重要组成部分，也是家庭政策的主要内容。它是指在妇女儿童因年老、疾病、生理或心理缺陷、丧失劳动能力等而遇到生活困难时向其提供的服务和措施。要使妇女儿童福利落实到位，政策的执行机构要发挥重要的作用。

（二）执行机构缺乏足够的权威和执行力

政策的执行就是将合法的政策方案落实的过程，"它是政策执行者通过建立组织机构，运用各种政策资源，采取解释、宣传、实验、实施、协调与监控等各种行动，将政策观念形态的内容转化为实际效果，从而实现既定政策目标的活动过程"。[①] 政策执行在政策活动中具有至关重要的地位与作用，如果没有政策的执行，再好的政策也只是一纸空文。也正因为如此，"美国政策学者艾利森才说，在实现政策目标的过程中，方案确定的功能只占 10%，而其余的 90% 取决于有效的执行"。[②] 若家庭政策执行不到位，家庭政策蕴含的伦理价值观念无法实现，人们对政策法规的公信力就会产生怀疑，从而引发道德风险。

要落实妇女儿童福利，同样必须要有一个强大的执行机构。我国1990 年成立国务院妇女儿童工作协调委员会，1993 年国务院妇女儿童工作协调委员会更名为国务院妇女儿童工作委员会，简称为国务院妇儿工委，是国务院负责妇女儿童工作的协调议事机构，它负责协调和推动政府相关部门执行有关保护妇女和儿童的法律法规和政策措施，发展妇女和儿童的福利事业。但它缺乏一定的权威性、执行力与影响力。到了县级政府，妇儿工委的机构就只是一个虚设，它仅是挂靠妇联，没有任何编制，而妇联作为群团组织，只能在接受家庭暴力投诉等某些领域做一些组织和协调工作，并没有实权，这样的设置，造成了没有具体的管理机构对侵害妇女儿童权益的行为进行处理的局面，很难使保护妇女儿童权益的法律政策真正得以落实。

如《中华人民共和国反家庭暴力法》第十五条规定，公安机关应当通知并协助民政部门将遭受家庭暴力侵害的受害人安置到临时庇护场所、救助管理机构或者福利机构。救助、福利机构一般由县级以上人民政府设

---

① 陈振明主编《公共政策分析》，中国人民大学出版社，2003，第 225 页。

② 陈振明主编《公共政策分析》，中国人民大学出版社，2003，第 226 页。

立，但是由于各地区经济文化发展状况不同，对法律执行的情况也千差万别，这类机构并没有真正建立起来。《反家庭暴力法》第十八条为临时庇护所提供了法律依据，但目前我国尚未形成完善的临时庇护所制度，实践中也缺乏切实可行的操作办法。目前已建立的临时庇护所也普遍面临资金短缺的问题，"入所"需要的手续过于繁杂，加之审核程序的严格及各种附加条件的复杂，家庭暴力受害者想要得到相应救助面临诸多困难。尤其是要为遭受家庭暴力伤害的儿童提供专门的救助机构和庇护场所，或在庇护所划分专门的儿童区域，为受害儿童提供包括物质、心理和法律援助等在内的多项服务，使受害儿童身心得到恢复。因而国家应该有一个强有力的机构为家庭暴力受害者提供物质和其他方面的支持帮助。

2020年美丽的藏族姑娘拉姆因遭受前夫家庭暴力而去世的凄惨案例，已经警示我们：反家庭暴力绝不是个人和家庭的事情，需要相关部门行动起来，尤其是司法部门要严格执行《反家庭暴力法》。首先要改变家庭暴力是家务事、清官难断家务事的错误观念，要让所有人认识到家庭暴力就是一种发生在家庭中的犯罪行为，警察一定要重视家庭暴力的报案和处理。拉姆的去世，可部分归因于警察认为家庭暴力就是家务事，尽管拉姆曾经多次报案，但警察总是和稀泥。从某种程度上来说，拉姆就是死于这种和稀泥，这导致女性失去最佳的遏制家庭暴力的时机。

为了使家庭政策真正实现目标，许多国家设立专门的家庭机构。英国在1948年通过《儿童法》设立儿童部，卢森堡和德国在20世纪50年代设立家庭部，瑞典在1954年建立家庭委员会，法国在1958年设立了家庭事务部和由法国总理直接领导的国家家庭事务委员会。这些部门的设立表明国家对家庭越来越重视，承担的责任也越来越大，家庭政策的决策系统和执行结构已经完善。韩国也在2001年成立性别平等部，2010年改名为女性家族部。这个部门的职责在于制定和协调政府级的性别政策，消除对妇女的歧视和暴力，调查和纠正在教育、就业、资源分配、设施和服务等方面的性别歧视。其政府部门中6个与性别问题相关的部门都设立了性别平等办公室，地方政府设有性别平等局。韩国政府这一举措有力地遏制了出生性别比升高的势头。这些国家的经验值得我们加以借鉴。目前，我国负责家庭政策的部门是国家卫健委的下属机构，人口监测与家庭发展司下设家庭发展指导处。其主要职责是人口监测预警工作，提出有关人口与家庭发展的政策建议，进一步完善生育政策和计划生育特殊家庭扶助制度。这个部门名义上负责家庭发展事务，但职权的配置并不明确，无法应对当前家庭所面临的问题。

妇女儿童权益的保护以及整个家庭政策的建构都是一个涉及面非常广的系统工程，单靠一个部门或几个部门无法解决问题，需要一个高层次实质性的领导或协调机构，形成决策系统和协调机制。为保证该机构的正常运转，机构必须有人员编制和资金来源，必须有一定的考核机制，而且其成员必须主要是来自政策部门的具有实际权力的领导，这样才能协调政策之间的矛盾冲突、协调部门立场和部门行动，实现政策的实效性，真正使家庭政策的价值理念得到宣传和强化。为此，我国应有专门负责家庭发展和家庭政策相关事务的部门，而且应配备足够的行政权，并赋予国务院及各级妇儿工委足够的权威性和充足的资源，使它不仅仅推动妇儿工作，而且具备领导与检查监督的职能，主管妇女儿童权益的保护和落实工作。

六　个案分析："全面二孩"政策的社会性别伦理探析 ①

联合国一般把低于更替水平（总和生育率为 2.1）的生育率称为"低生育率（low fertility）"，当总和生育率低于 1.5 时称为"很低生育率（very low fertility）"，低于 1.3 时称为"超低生育率（lowest-low-fertility）"。20 世纪 90 年代以来，世界各国均出现了不同程度的生育率下降问题，尤

---

① 此部分内容已发表，见李桂梅《"全面二孩"政策的社会性别伦理探析》，《伦理学研究》2020 年第 5 期。此文写作发表时三孩生育政策尚未出台，此处保留这个案例。编入本书时，文章内容有修改。

其是近 20 年，深受传统儒家父权文化影响的东亚国家相继进入超低生育率国家的行列。如新加坡、韩国、中国等。中国的生育政策经历了四个阶段：鼓励生育（1949-1953 年），宽松计划生育（1954-1977 年），严格计划生育（1978-2013 年），放松计划生育（2014 年以后）。实行了近 40年的严格计划生育政策，使中国的总和生育率发生"逆转性的变化"。数据显示，中国的总和生育率从 1982 年（四普）的 2.56 已经下降到 2010年（六普）的 1.18，而 2015 年的"小普查"显示，中国的总和生育率仅为 1.047，远低于国际社会认可的 2.1 的人口更替水平，而且这种低生育率的状况持续的时间长。[①] 于是 2013 年 12 月我国开始实施"单独二孩"政策，2015 年实行"全面二孩"政策。在这两个政策执行后，生育率有所回升，但还是远远低于预期。从 2017 年开始，我国出生人口数量连年在减少，2019 年仅为 1465 万，比 2016 年减少 321 万，是 1962 年以来出生人数最少的一年。中国已进入低生育率陷阱区，正面临一场生育危机。[②] 面对全球超低的生育率，解释低生育率最有影响力的社会性别理论愈来愈受到重视。女性作为物质生产者和社会再生产者，在面临"全面二孩"政策时，将会遇到什么伦理问题，这是社会性别伦理必须关注和探讨的话题。

社会性别理论认为性别中的关系和权力运作，建构起一个稳定的认证系统，塑造了一定时期和文化背景中社会所认可和接纳的"男性"与"女性"。社会性别伦理就是一定社会道德对男女性别角色及其责任的期待和评价标准。现代社会性别伦理的基本精神就是从人的权利出发，审视和反思两性关系及其规范，全面清理和努力消除影响男女两性发展的政治、经济和文化等障碍，扩大男女的选择权，促进男女两性平等和谐健康发展。尽管社会性别伦理关注女性的不平等处境，但它并不是将女性作为男性的对立面，而是将女性问题放置在两性关系中加以解读，考察与性别有关的

---

① 于长永、刘二鹏：《全面鼓励二孩：中国生育政策调整的理性选择》，《中国社会科学》（内部文稿）2016 年第 6 期。

② 吴帆：《生育意愿研究：理论与实证》，《社会学研究》2020 年第 4 期。

道德文化对两性产生的不同影响。因此社会性别伦理视角就是从影响两性发展的性别价值观念及其行为规范入手来观察和思考社会问题和政策，既帮助女性洞察环境的限制，也有助于男性反思传统性别规范对自身的制约。下文即以社会性别伦理为切入点，基于生育实践的建构及阐释机制将生育偏好、公共领域与私人领域、女性双重角色和女性生育主体意识等问题放置在"二孩"生育政策背景中予以反思。

（一）生育的男孩偏好有所缓和

男孩偏好是父权制的产物。传统家庭伦理强调"根"的理念，"家庭社会的出发点是血缘关系，是父子关系"[①]，以父子关系为核心和主轴串联起家庭伦理的各方面：男性主导财产、身份、血缘、姓氏的继替，是社会关键位置的控制者，只有男性才能为家庭带来资源；女性的价值有限，她们既不能为家庭增加收入，也不能为父母提供养老支持，相反还需要抚养成本，女儿是嫁出去的人。因而"重男轻女"在中国社会有深厚的基础。中国人的传统观念中，"家"是个人生活的核心和依靠，传宗接代、维系家庭的发展是每个人的使命和责任，男性世系的家名及香火的代代传递就是中国人特别看重的事。正如"近代国学大师"钱穆所说的，我国家庭的终极目的就是父母子女之恒联属，使人生绵延不绝，将个人生命融入家族生命，将短生命融入长生命。家庭的传袭几乎就是中国人的宗教安慰，是人们本体性的价值追求。中国人最担心的一件事就是绝后、绝嗣或绝房，人生的首要任务就是完成从上一代到下一代的生物传递。这是由于传统的小农经济生产方式是建立在家庭的基础上的，是一种典型的劳动力密集型的生产，有足够的后备劳动力是生产的必备条件。而且由于生产方式的落后，家庭财产的积累也需要几代人的努力，为防止非血缘关系的人分割财产，导致财产流入外人之手，因而格外强调血缘关系传递的重要性。在

[①]　李桂梅：《中国传统家庭伦理文化的特点》，《湖湘论坛》2002 年第 2 期。

传统家庭制度中，代际传承就是两个：一是宗祧，是指祖先和子孙后代形成的世代连续体；二是财产，财产的传承是祖先与子孙人格连续体的实物形式。而代际传承的首要规则就是男性嗣续。费孝通认为"嗣续的实质还是在保证老年的赡养，是'养儿防老'而不是'养女防老'"①。

随着现代社会的快速发展，人口增长与经济发展间的矛盾日益凸显，宏观调控必须在一系列伦理危机——代内公平、代际平等、生命平等中做出抉择。生儿育女不再是家庭私事，而需要契合社会长远发展。"一孩"政策力图调解人口增长与社会发展间的矛盾，把人口增长限制在合理水平，减轻人口过多的社会负荷。但是，强制性的计划生育浸染上浓重的性别偏好色彩，在一定程度上抹除了女性的生存空间。20世纪80年代后期开始，中国城乡出生性别比逐年扩大，性别选择成为家庭获得男孩的最快速、最有效的办法。其主要的原因还是两个方面，一方面是传统观念的影响，认为只有儿子才是传后人，只有儿子才能传宗接代。女儿是嫁出去的，她是夫家人。另一方面还是人们对养老的担忧。在养老方面的社会保障和社会服务并不健全，甚至一部分人还没有任何养老社会保障时，只能指望儿子养老。于是为了解决农民养老的实际困难，我国在农村实行特殊的"一孩半"政策，即在第一胎为女儿时，允许在间隔几年后生育第二胎。但这一政策实为一时的权宜之计，考虑到老百姓的实践困难，不是解决问题的根本之策。这个政策导致的一个弊端就是客观上默认了男女的不平等，加剧了出生性别比的失衡。

"全面二孩"政策实施后，每个家庭获得两次生育机会，将缓解由政策挤压引起的性别选择。但"全面二孩"并不能完全扭转男孩偏好。男孩偏好是由性别偏好、生育政策、社会经济发展水平、生育技术等诸多因素造成的。这些要素相互影响相互强化，其中性别偏好是本源性要素，推动着性别比失衡的发展，也是其他因素发生作用的原因。有关的实证研究表

---

① 费孝通著、麻国庆编《美好社会与美美与共：费孝通对现时代的思考》，生活·读书·新知三联书店、生活书店出版有限公司，2019，第65页。

明，居住地、受教育程度、城镇化水平、父母的年龄、经济收入、第一胎孩子的性别等都影响性别偏好。生活在边远地区、文化程度低的家庭更偏好生育男孩；随着年龄的增长，父母对传统多子多福观也更加认同，更为注重家庭血脉的延续，所以"全面二孩"放开后，一些高龄妇女也加入生育潮中。男孩偏好也随家庭收入由低向高呈"U"形变化，即处于中等水平的家庭男孩偏好较弱，处在收入水平两端的家庭更偏好男孩。这可能是由于低收入水平的家庭，需要男性提供劳动力及养老支持，而收入水平较高的家庭，可以负担起生养男孩的各种开支，满足男孩偏好。当第一个孩子为男孩时，他们对孩子性别期望的差别并不明显。[1] 当第一胎为男孩时，第二胎出生性别比接近自然水平；但是当第一个孩子是女孩时，有着强烈男孩偏好的家庭可能进行性别选择。

长期来看，男孩偏好将持续存在，农村居民的生育意愿受男孩偏好的影响更深，并且会出现"一儿一女"的生育偏好。一方面，现代养儿成本非常高。孩子的抚养成本成为家庭开支的大头，儿子的婚姻、买房往往也需要父母的支持，两者会花费父母的大部分积蓄，如果生育两个男孩，养儿成本更是难以承受。另一方面，女性在家庭中的优势逐渐显现。传统"养儿防老"是以缺乏社会保障为基础的。但在过去几十年里，社会保障体系日益完善，养老负担逐渐减轻，家庭结构也发生了显著变化，大批"独女"家庭出现，人们的育儿观和抚养模式也在改变，许多女孩和男孩一样，得到父母充分的关爱和照顾。"一孩"时期成长起来的女性，也已经进入工作岗位，当中不乏优秀者，经济收入、社会地位高于普通男性，有能力肩负起养老的职责。"养儿防老"的传统模式受到冲击，打破了以往男性垄断养老的局面，女儿成为养老不可缺少的一部分，在老人生活照料和经济支持方面发挥越来越大的作用。尤其是在农村，尽管"儿子养老"是天经地义的，人们认为养老还是以儿子为主，但"女儿在以货币和

---

[1]　石贝贝、唐代盛、候蔺：《中国人口生育意愿与男孩偏好研究》，《人口学刊》2017年第2期。

实物赡养父母方面和儿子已经多半不相上下，还有许多甚至超过儿子。女儿在出力和体贴方面普遍优于儿子当然更有公论"。[①] 女儿在老人养老中的角色是儿子不能替代的。女儿对老人的照料是主动的，是一种以感情为基础的不图回报的利他性行为。[②]

相反儿子的工具性意义却在下降。农村核心家庭成为主要的家庭模式，家庭权利重心向儿媳转移，父母对儿子的养老依赖变得较为困难。儿子大多在外地打工，既无法在农业生产中助父母一臂之力，也无法满足老人的生活照料和情感需求。而且今天缺乏个人积累和家庭财富的老人，也没有与儿子交换赡养的资源，完全想要依靠孝伦理实现养老是不太现实的。于是父母加重了对女儿的依赖感。民间一直有这种说法，养儿子是名气大，养女儿是福气大，事实也确实如此。因而许多家庭在考虑要两个孩子时，女孩成为一种替代选择，愿意生养一男一女。从这个意义上而言，生育上的男孩偏好也将有所减弱。

（二）公私领域分离的打破

"公私领域分离"出自女权主义理论。所谓私人领域指承担社会再生产（如子女和老人的照料等无酬家务劳动）的私人家庭，公共领域主要指承担物质生产（有酬经济活动）的劳动力市场。[③] 人类社会最初并没有公领域与私领域的分离和对立，那时妇女的劳动与男子的劳动都是公共的且为社会必需的劳动，这种劳动分工是自然状态的表现。但在父权制的家庭中，妇女的家务劳动失去了公共性，变成了一种私人事务，而私有制更使女性的生育变成了只是为男性生育合格的继承人。为此女性在劳动分工和

---

① 唐灿等:《女儿赡养的伦理与公平——浙东农村家庭代际关系的性别考察》,《社会学研究》2009 年第 6 期。
② 王晶:《找回家庭:农村代际合作与老年精神健康》,社会科学文献出版社,2016,第 45 页。
③ 计迎春、郑真真:《社会性别和发展视角下的中国低生育率》,《中国社会科学》2018 年第 8 期。

性关系的双重意义上沦落为家庭奴隶。女性作为被供养者，她们的生育及其他的劳动只属于某个男性家庭，她们的劳动不再具有社会意义，而是被视为一种从属性的能力低下的工作，男性的工作则被视为高贵的工作。于是女性承担了全部的生育及其他家庭事务，无法进入公共领域。

凯特·米利特这样论述家庭："男权制的主要定制是家庭，它反映和联系着那个大社会：它是男权制大社会中的男权制小单元……即使是在妇女享有合法公民权的男权制社会，妇女也倾向于仅仅通过家庭接受统治，而与国家很少或根本没有正式的联系。"① 社会把养育儿童完全与母亲和女性等同起来。生育是女人的事情，是家庭的私事，不能在公领域解决，女性要生育孩子，就必须退回到家庭。女性被禁锢在家庭里，表面上女性似乎是家庭的主导者，而实际上女性在家庭中仍然是从属者。尤其是工业化及其经济制度的确立，更是使家庭的私密性高度张扬，并成为全球流行的价值观念。

但是20世纪中叶后，家庭的这种私人性遭受到福利国家和女性主义的共同冲击，公私领域二元分离的观念，在理论和实践上被摒弃。二战以后福利国家首先在西方社会出现，作为传统私人领域活动的人口再生产进入公共领域，福利国家的思想主张以普遍主义的福利制度消除传统阶级、家庭所带来的地位差异，以保证所有公民能够平等享有福利与服务。女性主义思潮则认为要使女性摆脱从属地位，必须让女性走出私人领域，参加公共领域的活动，以获得独立的经济地位。公私领域两分的意识形态恰好维护了男性在家庭中的权利和地位。为了保证女性的就业权利，促进工作与家庭的平衡，减轻女性的儿童养育负担，欧洲国家引进了"工作—家庭平衡"的概念，欧盟甚至将它作为一项基本权利写进了条约，国家对私人生活的干预成为普遍现象。这不仅是支持女性进入公共领域并保障她们的社会权利，也是鼓励男性进入私人领域分担一直由女性承担的生育事务和家务劳动，家庭事务开始进入公共领域，并成为公共政策的对象。

① 〔美〕凯特·米利特:《性的政治》，钟良明译，社会科学文献出版社，1999，第50页。

社会主义制度的建立，使女性获得了进入公共领域的权利。她们与男性一样承担社会的义务与责任。但是家务劳动依然是她们的义务，女性在家庭中依然扮演传统经典的角色。但在当时公与私对立、扬公抑私的社会氛围中，私人领域的家务劳动是被贬抑的，劳动分工的等级制依然在现代的政治话语中存在，使女性处于极为不利的地位。也正因为如此，20世纪80年代以来，伴随着经济体制改革和市场经济发展，"妇女回家"的论调不断出现，一系列的女性问题开始爆发。其背后的价值认知就是，女性根本不适合进入公共领域，她只适合在私人领域。这也就不难理解当时的社会舆论对符合传统规范的女性形象的高度赞美和对母亲神话的塑造，这一价值认知是有着深厚的文化惯习的支撑的。

但今天社会再也不可能继续维持传统的两性关系。我们放眼全世界，如同鼓励女性参加社会劳动一样，鼓励男性参与育儿等家务劳动，已成为更符合历史发展方向和文化变迁的潮流，而且事实证明借助国家法律和政策的力量，强制改变社会的传统习惯和规则是必要和可行的。如北欧国家的社会民主主义家庭政策，其基本价值观就是平等主义，它把推动女性和男性在社会和家庭的平等作为主要目标。

首先，必须打破公领域与私领域的分离和对立，承认家庭的生育行为不仅是女性和家庭的私人事务，也是公共事务。联合国1979年颁布的《消除对妇女一切形式歧视公约》就强调，生育是一种社会功能，养育子女不仅是父母的责任，也是社会的共同责任。人类再生产与物质生产一道共同构成了完整的社会生产过程。

其次，国家和政府的政策介入不仅要保障两性的平等的社会权利、机会和责任，也同样要保障两性的平等的家庭权利、机会和责任，这有利于两性克服传统的性别分工的刻板印象，让两性自由地选择自己的生活方式，使生育成为两性共同参与的事务。1974年，为了鼓励父亲分担照料婴儿的责任，改变家庭内男女双方在无酬劳动方面的明显不平等和不平衡，瑞典率先实行"陪产假"制度，让夫妻双方共同享有"有酬育儿假"，并且允许夫妻双方分享180天的假期。2016年，西班牙议会以173票"支持"、仅两票"反对"的压倒性优势通过一项新措施，给予男性长达16周的带薪陪产假——和女性的带薪产假一样长。20世纪80年代欧美各国相继出台了"陪产假"制度，指定部分的带薪育儿假期只能由父亲享有。2016年底，我国29个省份也先后调整了计生条例，明确了各自的陪产假期限，即从7天至1个月不等。从制度上引导男性提高参与家庭的婴幼儿照料活动的积极性，从根本上扭转男性与家庭之间潜在的既定的关系。陪产假制度在一定程度上缓解了女性的压力，减轻了女性的负担，也满足了男性参与家庭照料活动的意愿与需要，使爸爸在一定时段回归家庭变得理所当然，父亲的参与和陪伴可以更好地帮助孩子成长。私领域与公领域虽有区分，但两者并不是截然对立、水火不相容的，更没有什么等级差别，也不是单纯以男女两性的自然差别来划分的。只有当社会抛弃对私领域的偏见，承认生育的社会价值，公私领域的性别平等同步发展，两性都能自由地享有社会和家庭的机会、权利和责任时，全面二孩政策才能落到实处。

（三）女性就业权益的保护

既然承认生育是社会事务，是社会行为，那么女性的工作与家庭平衡就必须被纳入国家的政策和法律的框架中，通过各项家庭政策来保障女性的健康、工作权利和收入。新中国成立后，女性与男性一样参加社会劳动，与此同时政府鼓励生育，母亲又是担任家务劳动的主要角色，于是双重角色的矛盾一直存在。但在计划经济时期的国家主义治理模式下，托幼服务比较健全，学龄前儿童的抚育成为国家福利和公共服务的一部分，这为女性的就业和职业发展提供了空间，也在一定程度上缓解了女性的双重角色冲突。

随着改革开放和经济体制转轨，托幼服务等家务完全转变为家庭和个人的责任，纯粹变成了个人的主要是女性的私事。"一孩"政策虽然使女性抚育职责有所减轻，但由于家庭照顾的市场化和私人化，对独生子女的高期待、对家庭生活质量的追求等，女性在家庭照料上的任务依然繁重，尤其是需要承担起养老的责任。"一孩""一孩半"政策的实施，使独子、独女常态化，"养儿防老"成为历史，越来越多的女性承担起养老的责任。在社会流动剧增的大背景下（儿子多外出打工），许多"独孩"家庭、"二孩"家庭成为"空巢"家庭，老人无法和儿子住在一起。女儿和父母的联系往往更紧密，在父母年老体弱时，能给予充分的照顾，她们对父母精神上的关照远远多于男性，这些因素使女儿养老得到普遍认可，成为常态。因而职业女性的工作与家庭之间的冲突愈益明显，甚至导致女性职业生涯的中断。第三期中国妇女社会地位调查数据显示，目前很大一部分家庭主妇认为并不是她们不想出去工作，而是由于家庭需要她们照料。其中因为"家里有孩子需要照顾"而选择不就业的占 74%，因"家庭有老人或病人需要照顾"而选择不就业的占 26.9%。另有 67.5% 的已婚女性目前或曾经因结婚生育／照顾孩子、照顾老人／病人、支持配偶发展等原因而中断职业发展。[1]

二孩政策时期，女性家庭照料的责任还将加剧，主要表现在育儿上。随着社会竞争加大，孩子的培养愈发重要。父母对孩子寄予厚望，除了精心照料日常生活外，在孩子的成长教育上也下足了功夫，投入许多时间和精力。而照料孩子的重任通常由母亲负责，生养二孩，使女性抚育孩子的时间大大延长，她们不仅需要独自承担起大部分的家务劳动，还要照顾好孩子们的饮食起居和担负起教育的重任。英国学者戴利认为对儿童的家庭照料不仅包括日常生活、社会心理、情感和身体的照护，还应该包括认知以及入学准备等方面的事项。对幼儿的照料是一种情感性劳动。[2] 如果丈夫的收入能较好地满足家庭开销，女性就有可能退出就业市场。但是选择做全职主妇面临的风险也存在，一是女性个人逐渐脱离社会，个人价值和

---

① 宋秀岩主编《新时期中国妇女社会地位调查研究》（上卷），中国妇女出版社，2013，第 334 页。

② Daly M., Care as a Good for Social Policy, *Journal of Social Policy*, 2002(2).

理想容易消磨。二是女性及家庭完全依赖丈夫，一旦丈夫靠不住，女人就有可能陷入绝境。也许正是基于上述原因，许多女性在生育后选择继续工作。一部分家庭将孩子的照料转移给祖辈。隔代照料通常也由女性承担，而长期的家务劳动也会直接影响她们的健康状态。祖辈和年轻父母的育儿观也存在分歧，容易引起摩擦。孩子一天天长大，老人也一天天衰老，女性将面临抚幼和养老双重压力。一些家庭没有人帮忙照料孩子，母亲就要肩负起工作和照顾孩子的重任，面对孩子的成长也需要投入更多精力，可能错过晋升的绝佳时期，面临职业发展的瓶颈。有的母亲会选择一些相对轻松的工作，如工作时间较短、排班灵活、弹性工作制的职业，但这些工作往往不稳定，缺乏发展前景。这对女性事业和自我价值的实现极为不利。帕瓦科和雅迪斯的研究指出，如果女性在年轻时因为提供家庭照料服务而减少了劳动参与或压缩了工作时间，那么，当她们进入中年阶段之后即使中止了照料活动，也很难恢复到以前的劳动参与水平。[①] 中国学者宋健和周宇香所做的研究也表明，女性因生育或照顾子女有过就业中断的经历，对后来的就业状况有消极影响。[②]

无论女性做出何种选择，"二孩"政策都会对女性的职业角色造成巨大的压力。今天的女性大多以独立自主为荣，她们受教育程度较高，已接受男女平等的思想，不再将自己的幸福完全寄托在婚姻家庭上，而是积极投入事业中，追求自己事业的成功和个人理想的实现。学者的研究结论也证实了这一点：受过良好教育的女性在面临家庭与事业冲突时，大多选择的是参加社会劳动，而将照料劳动交给托幼机构。[③] 这些女性并非为事业

---

① Pavalko E. K., Artis J. E., Women's Caregiving and Paid Work: Causal Relationship in Late Midlife, *The Journals of Gerontology Series B: Psychological Sciences and Social Sciences*, 1997(4).

② 宋健、周宇香:《中国已婚妇女生育状况对就业的影响——兼论经济支持和照料支持的调节作用》,《妇女研究论丛》2015 年第 4 期。

③ 杜凤莲、董晓媛:《转轨期女性劳动参与和学前教育选择的经验研究：以中国城镇为例》,《世界经济》2010 年第 2 期。

而抛弃婚姻家庭，也不完全是不婚主义者，相当一部分女性是希望为下一代的成长创造更好的条件，更为主要的也是直接的原因是女性为了规避职场上因生育带来的风险而确保个人价值，因而更多地选择晚婚晚育。在中国就业市场上女性因计划经济时期的就业保护政策被废除，而新时期的性别平等政策又没有完全落实到位，本来就处于弱势地位，因而女性一般会在自己有足够的能力抵挡因生育带来的风险时选择生育。对付风险的最可靠手段就是女性自身投入社会劳动中，争取较高的经济收入和购买力（购买育儿的服务）来规避生育风险。因而女性参与社会劳动越积极、经济收入越高，规避生育风险的能力和实现自我价值的能力越强，生育的意愿也就越高，这就形成了最近几十年来世界范围内（包括中国在内）的一个趋势，即女性的劳动参与与生育成正相关的关系，使得促进女性就业的双薪型家庭政策成为主流。[1] 阿德塞拉（Adsera）的研究也表明，失业率和劳动力的市场安排会影响生育。"其根据 13 个欧洲国家 5 万个女性样本分析了 80、90 年代失业率与生育行为之间的关系，发现持续的高失业率会使女性推迟生育。而且更微观的分析发现，在公共部门工作的女性要比在私有部门工作或失业的女性更早生育二胎或三胎，兼职工作的女性会相对更快地生育二胎，南欧国家只有临时工作的女性生二胎的可能性最低。"[2] 看来女性的就业及就业的质量高低对女性的生育率有影响。从 OECD 的家庭数据库中也可以发现，像丹麦、芬兰等出台以性别平等为核心的家庭政策的国家，正因为有效地解决了女性职业发展的风险问题，这些国家的生育率才能维持在一个较高的水平上。[3] 女性就业稳定与否成为女性是否生育以及生育多少的重要影响因素，越来越多的女性自身已经把就业和较好经

---

① 蒙克：《"就业—生育"关系转变和双薪型家庭政策的兴起——从发达国家经验看我国"二孩"时代家庭政策》，《社会学研究》2017 年第 5 期。

② 吴帆：《生育意愿研究：理论与实证》，《社会学研究》2020 年第 4 期。

③ 吴帆：《全面放开二孩后的女性发展风险与家庭政策支持》，《西安交通大学学报》（社会科学版）2016 年第 6 期。

济状况当作生育的前提和条件。

相反，在固守传统性别文化和规范的以男性养家糊口家庭模式为主体的社会中，生育率却是最低的，如东亚国家。麦克唐纳（McDonald）认为低生育是由社会制度导向和性别平等之间的矛盾造成的。当社会制度更强调女性的家庭角色，女性的职业生活受生育的影响较大，生育率的回升非常困难；在尊重女性个体独立性的社会，生育率不至于下降得太低，如北欧和法国。亚洲国家在教育和就业方面已基本实现相对的性别平等，但由于家庭结构仍然以男性为主导，女性地位在婚后大幅度降低，两性的冲突导致女性推迟结婚或不愿意结婚，进而导致生育水平低迷。[①] 可以看出因生育带来的事业与育儿的矛盾确实是职业女性普遍面临的困惑，也是生育率持续走低的主要原因。中国女性在努力选择自我规避风险时，也非常渴望社会出台保护政策，保护女性就业的权益，更多地帮助女性平衡工作与家庭的关系，实现女性的自我价值和社会价值。中国社会要建立基于国情的旨在推动女性就业的双薪型家庭政策，真正确保生育率提高。

（四）女性生育主体意识的尊重

女性主体意识就是要使女性不仅认识到自己是一个女性，更重要的是认识到自己是一个人，是一个能够按照人性的完整需要确立和把握自己生活的人。女性主体性意识反映在生育中，则是指女性生育的自主性和决定权，包括女性可以自主决定生育与否、生育的时间以及生育的数量等。女性主体意识的产生和确立经历了漫长的过程。在私有制和父权制下，女性在婚姻家庭中充当的角色就是一个传宗接代的工具，而一旦无法完成这一使命和任务，就面临被弃的悲惨命运，丝毫没有作为人的主体意识，更遑论生育的主体意识。随着近代人文主义和女权主义思想的兴起，女性的权利和自由意识开始进入人们的视野，女性也在不断的斗争中争取到一定的

---

① Peter McDonald, Gender Equity, Social Institutions and the Future of Fertility, *Journal of the Australian Population Association*, 2000, 17(1).

权利。但真正使中国女性成为主体的人是在中华人民共和国成立后。在社会主义政治法律等制度性的保障确立，中国女性的主体意识的发展进入一个新的阶段，女性与男性一样成为社会和家庭生活的主人，其人的主体性得以真正确立，其生育的主体性意识才得以展现。尤其是改革开放和市场经济的发展，更使女性主体意识得到进一步张扬，与此同时，女性生育的主体意识也不断提高，生育成为女性可以自由选择的行为。

但中国的女性毕竟生活在根深蒂固的男权文化中，传统的性别文化仍然以各种方式在发生影响，压抑着女性的主体意识及生育主体意识。尽管《中华人民共和国妇女权益保障法》第五十一条规定，"妇女有按照国家有关规定生育子女的权利，也有不生育的自由"，但女性往往面临生育的压力，很难自主决定与生育有关的事务，往往被动接受母职角色的安排。她们既不能决定自己是否生育，也不能决定什么时候生育，过早或过晚都会受到非议。传统观念中，女性的首要任务就是结婚生子，即使在今天，许多女性在毕业或工作后，也会受到家人、亲戚甚至朋友的催婚。不管是否愿意，结婚后得赶紧生个孩子，孩子出生后，女性才算完成了人生的大事。否则女人的人生就被认为是不完整的，似乎女人不做母亲就是一种缺陷，甚至有人认为这是女人的失败，女人为此遭到各种嘲讽。这使得女性多多少少都会感受到生育的外在压力。

"全面二孩"时期，女性将面临更大的催生压力。首先，家庭催生的压力加大。中国传统"多子多福"思想影响深远，祖辈中尤为强烈，通常而言，父母、公公婆婆对孙辈更为偏好，他们的空闲时间也多，以带小孩为乐。尤其在今天，生儿育女的成本高昂，许多年轻夫妇还需要依靠父母金钱和劳动上的支持。只有依靠父母，抚养孩子才更有保障。因此，父母的意见直接影响家庭的生育决策。男性通常也希望子女传承自己的成就、思想、财富等，如果第一孩是女孩，往往也希望在二孩政策下生育儿子。

其次，社会舆论也影响着女性生育的决策。舆论是一种无形压力。"计划生育"时期，生育一个孩子是进步的表现，生育两个孩子则为社会规则不允许，许多家庭积极响应"一孩政策"。如今，一个孩子已经成为年轻人普遍认可的生育模式，将所有的时间和精力集中在一个孩子上，形成了"一孩"文化。"全面二孩"将重塑现有生育观念，通过政策制定、舆论宣传等，突出二孩的价值。如国家规定无论第几孩，只要符合计划生育政策，均可依法享受相应的产假等福利待遇。这就从制度层面保障女性生育二孩的权益。这种环境里成长起来的女性，势必也会逐渐认同二孩生育，在不知不觉中完成生育伦理的转变。

在农村地区，传宗接代的传统思想仍然存在。一部分人还是认同女儿是嫁出去的人、儿子才是传后人的思想，家里有儿子是件很光彩的事，生育儿子成为女性提升家庭地位的一种方式。如果第一孩生的是女孩，家人则多少面临一定压力，感到有点丢面子。这种女性往往希望第二孩生育男孩以提高家庭的地位。

尽管女性在生育问题上面临各种影响和压力，但今天的女性独立自由，她作为生育的主体，有生育的选择权和决策权。生育权是公民的一项基本人权。1966 年《关于人口增长和经济发展的决议》首次涉及生育权利问题，指出"每个家庭有权自由决定家庭规模"。1968 年 5 月，第一次世界人权会议通过的《德黑兰宣言》中第 16 条规定："父母享有自由负责决定子女人数及其出生时距的基本人权。"这是联合国文件中第一次将夫妇的生育权作为一项基本人权。1974 年，世界人口会议通过的《世界人口行动计划》第 14 条指出："所有夫妇和个人都享有自由负责地决定其生育子女的数量和间隔以及为此目的而获得信息、教育与方法的基本权利。"[1] 关于生育行为的一切选择都应是自由的，因为这是天然属于个人的权利，不论是否生育、如何生育、生育几个、选择要男孩还是女孩，这些都应由个人自由决定。"自然权利常被称为天赋人权，这种权利在国家这种公民社会之内转化而成公民自由。所谓公民自由，指的是公民个人凭借其人的

---

① 刘晓玲、邓志强:《现代生育伦理价值取向的嬗变》,《伦理学研究》2009 年第 4 期。

属性而有权享有的自由"。① 权利主体可以自主决定生育或不生育。无论女性做出何种生育选择，或少生或不生，我们都应尊重其选择。我们认同生育不仅是个人私事，也是公事，不仅是人的本能需求，也是人的社会责任，但这种社会责任不可强制承担。"生育的决策是属于家庭的天赋人权，生育的保护是家庭可以享受的法赋人权，也是国家和政府应该承担的福利责任"。②

社会可以有奖励性措施鼓励生育，但绝不能行政干预强制多生和惩罚少生，否则生育政策会重蹈工具理性和干预主义的覆辙，违背"以人民为中心"的国家治理理念，这也是社会及家庭政策制定中的大忌。只有政府完善家庭政策的配套措施，提供优质的各项服务，创造生育养育的友好环境，才能有效提高生育率。

"全面二孩"在一定程度上，抑制了"男孩偏好"，减少了性别选择行为。尽管"全面二孩"有利于降低男孩偏好和性别选择，但并不是人们自觉践行男女平等观念，而是结构性调整带来的结果。从根本上来说，中国仍然是一个存在"男孩偏好"的社会。"全面二孩"会增加女性家务劳动的负担，压缩女性自我发展的空间。如果女性经济上无法独立，还会造成女性家庭地位的下降和家庭事务话语权的缺失。"全面二孩"也将重塑人们的生育伦理观，在是否生育这个问题上，女性的生育意愿受到来自各方的压力，"全面二孩"使这种压力倍增。

这些问题提醒我们，"全面二孩"政策时期应当重视女性权益的维护，避免因"全面二孩"的实施进一步损害女性权益、消解过去几十年里积累的女性解放的成果。因此政府必须打破生育事务上公私对立和分离的观念与做法，政府从政策等各方面对生育提供支持以实现生育政策的目的。

首先，完善制度，纠正性别偏见。"全面二孩"时期男性偏好仍然存

---

① 袁柏顺:《寻求权威与自由的平衡——霍布斯、洛克与自由主义的兴起》，湖南人民出版社，2006，第167页。

② 穆光宗:《"鼓励生育"需要的是"生育福利"》，《中国社会工作》2018年第9期。

在，打击"两非"（非法生育与非法胎儿性别鉴定）依然是控制性别比失调的重中之重。性别选择很重要的一个原因在于家庭缺乏养老保障，农村地区尤为如此，因此应该进一步完善社会养老保障体系，避免基于养老原因引起的性别选择。在家庭财产继承、耕地宅基地分配等方面做到男女平等。在文化建设方面，倡导先进的性别文化，加强两性平等的宣传，让平等观念深入人心，改变主体的性别价值取向，积极发展公共文化事业，缓解父母对子女的精神需求。

其次，保障女性的生育主体性，促进女性发展。女性在生育前后面临较强的性别不公，表现在自身生育自由与国家政策、家庭内部成员生育决策间的博弈上。为保障育龄女性发展，相关部门可以制定女性职业发展的规划，帮助女性平衡家庭照料与职业发展之间的关系，增强女性的生育主体性，预防女性因生育减弱职业动机，也为其孕后进入职场积累资本。另外，应当加强女性自主意识的培养。学校教育内容和社会舆论宣传中有意识地引导女性形成独立的思想观念，重视自身价值的实现，培养乐于参与社会、奉献社会的女性。在社会层面，营造友好的生育环境，不让生育成为女性的负担。对于乐于生育二孩的女性，为她们提供各种支持和服务，帮助女性实现她们的生育意愿。对于不想生育的丁克家庭中的女性，也应予以尊重。

最后，制定家庭友好型性别平等型政策，帮助女性实现家庭和工作的平衡。"全面二孩"时期，育龄阶段的女性，养老与抚育负担增加，家务与工作矛盾加大。家庭友好型政策中的弹性工作制、自主工作时间、亲属照顾、休闲假期、员工援助等，通过平衡性的工作方式，减少员工的工作压力，让员工和家人获得更多的照顾和关怀，减少工作—家庭间的冲突，帮助女性产后顺利回归工作岗位，获得发展机会，使女性在劳动力市场获得更大的话语权，减少对女性的歧视。政府相关部门也要提供完善的社会公共服务，降低家庭在生、养、育过程中的成本，实现全面二孩政策的生育目标。促进生育的核心就在于政府如何分担生育和养育的成本，家庭政策的方向是以降低家庭养育成本为导向的，为家庭生育和养育提供各种帮助和支持。促进生育是社会系统工程，需要各类政策的综合配套。如休假政策是为婴幼儿照料提供必要的时间和资金支持，托育服务政策可以使幼儿照料者从繁重的照料活动中解放出来，让女性有可能重返职场，缩短职业中断的时间，减少女性因生育而退出劳动力市场的风险，使女性无须承担过多的生育成本，从而促进女性生育意愿的提高。

第四章
家庭政策建构的基本价值取向和伦理机制

　　针对我国家庭政策建构呈现的伦理问题，如何保证政策制定的正确方向、政策内容的公正和有效执行？我们首先要做的是确立家庭政策建构的价值取向，明确家庭政策建构的基本道德规定。家庭政策的基本价值取向就是当代家庭政策建构的价值目标，家庭政策建构的伦理原则是价值目标在现阶段的具体体现和要求，它是政策制定的准则，发挥着立法准则、审判准则和行为准则的功能。家庭政策建构的伦理机制是家庭政策建构价值目标和伦理原则在建构实践中的展示和操作过程，它包括家庭需求了解和分析机制、家庭利益的诉求机制、家庭政策决策的伦理机制。决策的科学化和民主化是家庭政策决策的基本伦理要求，而法制化是家庭政策决策伦理要求实现的制度保障。家庭政策价值取向、伦理原则和机制提供家庭政策合理性、正当性和可行性的支撑。

一　家庭政策建构的基本价值取向 [①]

　　家庭政策涉及国家与家庭、国家与个人、家庭与个人等方面的利益关系，它是社会生活中利益群体之间进行利益斗争与博弈的现实表达，内在着价值理性，具有一定的道德规定性，家庭政策的价值取向就是家庭政策道德的本质规定性，是对政策系统行为的选择，它是政策主体确立的政策

[①]　此部分内容已发表，见李桂梅等《论当代中国家庭政策的基本价值取向》，《吉首大学学报》2019 年第 1 期。

价值活动的方向，是政策的价值基础，反映了主体的政策价值追求，影响政策主体和客体的活动，渗透到政策过程的各个环节，决定着政策目标和方案等的选择。我们立足于当代中国社会转型的背景，针对家庭的变迁，从家庭政策直接涉及的利益关联者的角度，即国家与家庭、家庭与个人、男性与女性的利益角度探讨家庭政策建构应有的基本价值取向。

（一）政府责任与家庭责任并重

家庭政策的核心问题就是国家与家庭之间的关系问题，政府对家庭究竟采取什么样态度和承担什么样的责任的问题，在家庭政策问题上尤其需要明确政府与家庭之间的责任边界。纵观人类社会的家庭政策，大体上经历了家庭化（主要由家庭承担责任）—去家庭化（主要由政府或组织承担责任）—再家庭化（家庭与政府共同承担责任）的发展，家庭政策的发展过程是政府与家庭之间权利博弈的过程，也是政府对家庭责任不断明晰的过程。

传统社会里，家庭、慈善组织及互助团体是福利的主要提供者。而对中国人而言，家庭（家族）是人们生产生活的基本单位，是一个基于亲缘的利益集团和情感依托中心，家庭几乎就是个人的一切，人们物质生活、精神生活乃至个人所有的一切都依赖于家庭。在漫长的历史发展过程中形成了中国人的家庭本位意识，人们把家庭看得高于个人，每个人都必须承担家庭责任，为家庭不惜牺牲自己的个人利益。即使现代社会家族观念逐渐淡化，家庭在空间上也呈现一定的离散性，但家庭仍然是人们的重要的物质和精神依托，家庭成员的相互依赖及相互支持仍然是人们抗御风险和压力的一个必要的前提和最可靠的来源。

工业化和市场经济时代福利制度的特征就是政府成为社会福利的主体，现代社会发展的趋势也是国家取代家庭，担负越来越多的福利和社会保障功能。西方国家在工业化、现代化的过程中，特别重视社会福利和社会保障制度的建构。1940-1980年是西方国家福利制度最为盛行的时期。

这一时期的主流的社会思潮强调政府在个人和家庭生活中的责任，认为每个公民都有权利享受国家提供的福利，原来对问题家庭提供的补救型缺陷型的家庭政策发展为面向所有公民的普遍性普惠型政策。国家通过完整的福利制度体系对家庭提供了大力支持，满足了家庭的福利和保障需求，保证了家庭功能的发挥；但也使家庭承担的责任越来越弱，甚至出现"去家庭化"（de-familization）的倾向，家庭应有的功能开始缺失甚至丧失。20世纪八九十年代，西方国家遭遇经济停滞，家庭变迁也带来一系列的家庭问题，许多国家无法维持原来的高福利，西方国家开始对福利制度和家庭政策进行反思和改革，重新认识到家庭在社会福利制度中的不可缺少，强调重塑家庭的功能和作用，要利用家庭和社区等非正规社会保护系统解决所面临的问题。[1] 同时西方的家庭政策开始出现转向，从以前对家庭和个人的津贴形式的缺陷型干预政策转变为从资产范式思考家庭政策的设计，视家庭为重要社会资产，国家设立专职的政府机构，协调和管理家庭事务，并把支持家庭、维护家庭和促进家庭能力发展当作政府和全社会的目标，这种家庭政策即"发展型家庭政策"。

中国的家庭政策发展与西方的家庭政策发展极为相似，中国家庭政策一开始也有"去家庭化"的取向。1958年后作为经济单位的家庭功能基本不存在，城乡居民分别被组织进了不同的单位，通过单位制，家庭的部分功能被代替，通过单位福利和职工福利制度予以补充。尽管这种制度仅能维持城乡家庭的基本生活状态，但实现了家庭结构的稳定性、家庭生活的平等化和家庭生活功能的基本保障化。改革和市场经济的发展，使原有的单位福利保障突然消失，公共服务被推向市场，实现产业化和市场化，家庭普遍承受过多的压力和风险，需要政府改变家庭政策的取向，采取多支持的政策和激励性的政策，而不是采取惩罚性的政策，政府在家庭福利中应扮演更为积极的角色，从各个方面完善家庭功能和发展家庭能力，支持

---

[1]　盛亦男、杨文庄：《西方发达国家的家庭政策及对我国的启示》，《人口研究》2012年第4期。

家庭承担责任。

近 20 年西方国家的家庭政策中政府的角色也发生了变化，从最初家庭福利的直接提供者变为支持者，政府的作用从过去的大包大揽转变为与社会组织形成合作关系，使它们成为政府为社会成员提供福利和保障的工具。但不管怎样，政府是社会福利制度中最重要的角色，它依然是社会福利的最大提供者和社会福利资金的最大来源，是家庭政策的战略和标准的制定者，是家庭服务质量的监控者和评估者。家庭保障和家庭问题是政府应该管住和管好的事务，解决民生问题的主要责任在政府。习近平总书记指出："要坚持人民主体地位，顺应人民群众对美好生活的向往，不断实现好、维护好、发展好最广大人民根本利益，做到发展为了人民、发展依靠人民、发展成果由人民共享。"[1] 并强调改善民生没有终点，只有连续不断的新起点。李克强总理在会见采访十三届全国人大一次会议的中外记者时也强调，政府工作的出发点和落脚点就是保障和改善民生。

对于有着深厚家庭传统和重视家庭责任的中国社会来说，在强调政府的责任和支持的同时，应继续弘扬中华民族强调家庭作用和责任的优秀传统文化，加大对家庭责任支持的力度。社会发展已证明，人类历史上找不到不以家庭为基础而兴旺的社会，任何组织都不可能替代家庭承担所有责任。家庭政策的重点在于帮助家庭发展自己的能力，支持家庭承担自己的责任，而不是政府包揽所有的家庭责任。任何时候家庭都不能推卸责任，脱离家庭责任来制定家庭政策，家庭政策不仅不可能真正产生效果，还会加重社会负担，这已被高福利国家所证实。即使在今天，家庭作为人类社会的基本单元，仍然是每个个体走向社会的起点，是社会成员的重要福利资源，希望社会的保障制度可以完全代替家庭的功能和作用是不现实的，也是不可能的。从这个意义上而言，家庭政策并不仅仅意味着是国家的福利供给，更是国家、市场、社会、家庭和个人的相互合作和行动过程。从

---

① 中共中央文献研究室：《习近平关于社会主义社会建设论述摘编》，中央文献出版社，2017，第 13 页。

中国目前的经济状况而言，我国也不可能由政府包揽所有社会福利，还需要家庭发挥其重要作用。

中国社会从单纯强调家庭责任，将政府本应承担的责任转嫁给家庭，到现在积极扶持、帮助家庭承担自己的责任，这是政府在家庭政策方面应当完成的理念转型，也只有将注重家庭责任与政府责任、国家支持结合起来，才能使家庭有能力在未来的社会福利和社会保障方面发挥自己的作用。

（二）家庭福利与成员福利并重

家庭和家庭中的个体关系问题也是家庭政策建构时的重要议题。不同时代不同国家的家庭政策在处理这一关系时的价值取向各有不同。西方国家的家庭政策在这一问题上经历了以家庭整体为福利对象到以家庭中的个体为福利对象的过程。中国社会由于奉行国家主义的治理逻辑，家庭及其成员的利益时常隐匿在国家治理的需要中，表现为既缺乏明确以家庭整体为福利对象的家庭政策，也缺乏以家庭个体为福利对象的家庭政策，大多数家庭政策都是以独立的个人为对象的。因而当代家庭政策在价值取向上应兼顾家庭整体和个体的利益，在扩大以家庭整体为单位的福利保障的同时，保证家庭成员的个体福利。

新中国成立后，我国实行的是"去家庭化"的福利模式，所有的家庭福利都是由国家通过城市单位和农村集体提供，个人归属于单位和集体，国家福利基本上以个人为单位提供，单位和集体不仅是经济组织还是社会组织，是国家职能和社会职能双重压缩后的制度化的组织形式。它集生产、消费、分配、情感交流、价值实现等诸多功能于一体，直接成为家庭成员福利的提供者，成为国家政策的承载者和最终落实者。家庭在个人生活中的作用和地位被压缩了，也失去了国家和个人之间福利传递纽带的地位，家庭政策也就无从谈起。但由于国家实际福利支付能力有限等，家庭仍然是个体无法逃离的生活消费共同体和福利共同体。

改革开放后，城市"单位"制度和农村集体经济制度不断衰落，以前由城市单位和农村集体承担的很多福利和保障失去了依托。农村家庭联产承包责任制的推行导致集体经济分崩离析，很多地区集体经济几乎成了空壳，提供家庭福利的责任从集体回归个人与家庭。随着单位制的削弱和改革的不断深化，单位这根曾联结国家和个人的纽带也被市场经济所隔断。单位回归单纯的雇主身份，逐步剥离出原来承担的很多福利供给和保障功能，并转移给了社会和市场，单位与职工的关系也回归到一般的雇用关系。而政府在退出社会保障和社会福利时，对社会组织缺乏培育和支持，也缺乏必要的规范和监管，因此几乎所有的福利责任就通过市场的服务收费制度由家庭和个人承担了。而一旦企业破产或工人失业，人们生活就受到很大威胁，不得不回归到家庭，以寻求家庭的支持和保障，家庭承担的责任和风险随之越来越重，越来越大。而家庭在计划生育政策推动下，生育率下降，家庭小型化和多样化出现，家庭自身的不稳定性增强。市场经济理性的不断侵蚀也使个体的自我利益不断膨胀，家庭关系的功利化加强，相应的个体的家庭责任观念则逐步淡化，家庭提供福利和保障的能力在不断减弱，家庭的福利需求与供给之间日益失衡，家庭的脆弱性日益凸显，出现独力难撑的局面，甚至有时陷入极端的困境。家庭作为福利提供者，受资源贫乏的限制，它能发挥主体作用的能力有限，这时候尤其需要政府提供支持。政府通过制定和实施家庭福利政策对家庭进行赋能，帮助家庭及其成员应对风险。

但改革开放以来政府的工作重点一直在经济发展上，一切政策都服从国家的经济发展战略，所有的资源都用在经济发展上。因而家庭问题一直处在边缘位置，政府无积极意识干预家庭事务和扶持家庭发展，采取的更多是自然主义的做法，让家庭自我消化和自行解决，对家庭的福利供给也处于缺位和半缺位的状态，政府在保障和改善民生的问题上存在不足，这种不足的负面影响一直在发酵。而中国传统社会家国同构的理念深深影响着政府的家庭政策的制定，这就是国家主义的治理模式，即家庭和个人服从国家治理的功利主义需求，政府时常由于治理需求直接对家庭进行工具性的操作。因而在制定家庭政策时，家庭及其成员的主体性被隐匿于政策中，家庭政策缺乏家庭的视角。目前我国低保政策和计划生育奖励扶助制度是专门以家庭为对象的政策，大多数政策客体或福利对象是独立个人而不是家庭或家庭中的个人，而且往往限制性的资源和福利的分配以家庭为单位，而有关公民的责任和义务的分配大多以个人为单位，很少对家庭成员的利益关联进行安排，一些政策因为缺乏家庭视角导致低效或失效，甚至一些政策有不利于家庭发展的倾向。从目前看，整体上缺乏"家庭友好型"的政策安排，缺少鼓励家庭成员之间相互照顾的制度。相反，家庭还成为老人、小孩以及其他群体获得政府和社会支持的障碍，只要他们生活在一个结构完整的家庭中就有可能得不到政府或社会的支持。这种政策安排缺少对非问题家庭的支持，忽略了所有家庭在抚幼养老方面的经济社会成本和社会变迁导致的家庭脆弱性增强的事实，忽略了家庭在社会转型过程中所付出的种种代价。

现行的家庭政策既要考虑家庭整体的利益，也要考虑家庭中个体成员的利益，将以家庭整体为福利对象与以家庭成员为福利对象的政策相结合。在制定家庭政策时应从家庭的视角评估政策对家庭整体利益的影响，协调家庭政策与其他政策之间的矛盾。这样家庭在福利供给中的功能与责任才能保证实现。同时由于家庭的不稳定性和多元性，传统家庭解体，对家庭整体的支持模式也遇到难题，人们很难从家庭中获得生存保障和发展支持，加之家庭成员之间的利益也有差异，有时甚至还存在冲突，因而也需要有对具体的家庭成员的政策支持，如儿童的抚育和老年人的生活照料问题等。换句话说，有利于家庭整体的政策不一定有利于家庭中的每个个体，而有利于家庭成员的也不一定有利于家庭整体。因此在家庭政策问题上家庭本位或个体本位都不能解决问题，应坚持家庭整体和个体双重价值取向。

现代家庭政策应考虑家庭的多元性与家庭需求的个体化和多样化，以满足现代家庭需求和家庭成员需要为出发点，既要制定满足问题家庭需要的应急性的缺陷修补性的政策，又要有预防、支持性的发展型的政策，并逐步使政策走向适度普惠，形成国家对所有家庭及其成员提供支持的完整政策体系。

（三）女性权益与男性权益并重

女性权益成为家庭政策的议题得益于女性主义运动的推动。男性中心社会里，女性长期以来被排除在公共领域之外，被限制在私人领域内，所谓"男主外，女主内"，表现为男性作为养家者、女性作为家庭照料者的传统性别分工。女性被完全束缚在家庭中，成为依附于男人的客体，丧失了作为人和公民的基本权利。

随着现代社会发展和女性主义运动的坚持不懈，女性解放、性别平等的思想逐渐深入人心，女性也走出家庭，参与到公共领域中，传统的性别分工模式开始被打破。与此同时，西方福利国家的家庭政策也期望通过福利和社会资源的调节与分配，促进性别的平等。然而其政策的基础仍然是男性养家模式和以公私划分为前提，致使国家过于重视福利生产的公共领域，而忽略了家庭照顾者的劳动和价值，忽略了女性作为公民、就业者和照顾者的不同身份的需求和权利，实际的结果却是加剧了性别不平等。于是 20 世纪 70 年代以来，西方社会双薪型家庭政策开始兴起，家庭与工作的平衡问题日益成为西方家庭政策中的重要议题，探讨如何通过制定政策鼓励女性就业，使女性从双重角色的紧张中走出来，实现女性的就业平等，从而促进性别平等和女性发展。

我国自社会主义制度建立以来，就把男女平等作为一项基本原则，并在《宪法》《婚姻法》等一系列法律当中重视和保护女性的合法权益。如《宪法》第四十八条规定："妇女在政治的、经济的、文化的、社会的和家庭的生活等各方面享有同男子平等的权利。"在新《婚姻法》当中指出："实行婚姻自由、一夫一妻、男女平等的婚姻制度。保护妇女、儿童和老人的合法权益"，"夫妻在家庭中地位平等"，等等。这些法规有力地维护和保障了妇女权益。但中国社会是一个传统性别观念根深蒂固的国家，一直以来中国的女性在家庭中承担了大部分的家务劳动，她们为家庭付出的心力大大超过男性，她们因工作与家庭的矛盾而面临的压力和焦虑远远高于男性。计划经济时代，建构了一整套孩子不是个人的私有财产，而是祖国的花朵和未来国家栋梁的价值观念，国家采取的是社会主义制度下的家国一体的父爱主义福利模式，将学龄前的儿童的抚育工作作为公共事务，视为国家（单位）福利的一部分，企事业单位开办托儿所、幼儿园、公共食堂和提供相关服务，而且在企业推行项目齐全、费用由企业负担的劳动保险制度等一系列的职工福利，减轻了职工的生活负担和家务劳动，在一定程度上实现家务劳动社会化，创造了当时女性高就业的局面，使女性获得了一定的职业发展机会和空间。"据统计，1960 年全国城市的女职工由 1957 年的 328.6 万人激增到 1008.7 万人；到 20 世纪 70 年代末，城镇大多数女性劳动力都处于就业状态；到 1990 年，全国 18-50 岁城镇妇女的平均在业率为 95%"。[①] 这种家庭福利政策为当时的社会经济发展和家庭和谐做出了重要的历史性贡献。

实行市场经济以来，家庭逐步从国家的宏观治理中分离出来，与市场接轨。学龄前儿童的抚育变成了家庭和个人的私事，以市场理性选择为主，政府缺乏公共投入，使女性家庭和工作的矛盾日益突出。目前我国针对 0-3 岁幼儿的公立托幼服务几乎没有，而大量以盈利为目的私立早教机构收费高昂，政府监管不力，虐童事件时有发生，根本无法满足普通家庭的基本需求，导致家庭照料婴幼儿的成本大幅提升，这已成为当今女性不愿生育二孩的重要原因。即使有些女性生育二孩，也基本上把孩子的照料交给了老一辈。2016 年国家卫计委在全国 10 座城市的调研结果表明，"隔代照料是 3 岁以下婴幼儿照料的主要模式，祖父母（外祖父母）占照料者

---

① 转引自杨宜勇、吴香雪：《女性延迟退休与家庭政策价值的再思考》，《价格理论与实践》2017 年第 1 期。

的 80%"。① 而独生子女政策与专家话语和消费话语的结盟，则更强化了父母尤其是母亲对孩子成长的责任。每一个母亲都担心自己的孩子输在起跑线上，认为孩子的成长只有一次，不能逆转，都拼尽全力使自己成为具备专业知识的妈妈以栽培孩子，有的甚至放弃自己的事业，加入"拼妈"的战场，等孩子大了，再寻求自己的生活，女性的职业发展无疑受到严重影响。为此中国政府出台相关政策对有家庭责任的劳动者加以支持。如我国 2010 通过的《国家中长期人才发展规划纲要（2010-2020 年）》就是改革后第一个将"建立政府购买公共服务制度，为各类人才平衡工作和家庭责任创造条件"作为重大政策行动之一的国家行动纲领。但要使用人单位保障有家庭责任的劳动者尤其是女性平等的就业权和平等待遇，还是一个任重道远的任务。政府还需要提高认识，加大对公共服务的投入，真正将公共服务的内容深入家庭照顾层面，解决有家庭责任的就业者的后顾之忧，保障女性在社会和家庭中的合法权益，同时也保护男性的合法权益。

不仅如此，家庭政策还应担负矫正偏误的功能，通过政策的利益调节和价值引导，帮助人们树立正确的性别观念，真正实现性别公正。在这点上我们可以借鉴瑞典的做法，瑞典的家庭政策真正贯彻了性别平等，父母都享有育儿假，而且规定父母双方如果平等地各休一半育儿假，还可以获得政府给予的性别平等奖金。20 世纪 80 年代后，瑞典、丹麦等国更是进一步制定了带薪父育假，即只能由父亲使用的带薪产假。这些政策改变了传统的性别观念和性别分工，使人们认识到，养育孩子不再是私事，而是国家大事，是国家和家庭共同的责任，是父母双方共同的责任。一方面使男性不再认为养育孩子只是女人的事情，在养育子女的事情上增强"在场"意识和责任意识，体会到抚幼的艰辛，也享受到亲子之乐；同时也促使男性打破工作至上的观念，花更多的时间和精力陪伴孩子和家人，感受家庭的亲情和幸福。另一方面也改变女性因抚幼在就业市场上面临各种歧

---

① 本刊编辑部：《隔代照料：中国式育儿的利与弊》，《婚姻与家庭》2017 年第 12 期。

视的境遇，使女性能平等地享有就业权，从容面对工作与家庭，实现两者的平衡。

亲家庭的生活方式对男女两性的发展都有重要作用，而且如上所述，一些国家也鼓励男女两性平衡工作与家庭。1996年欧盟"父亲假"指令发布，宣布男性与女性一样享有生育休假的权利，并与女性一道参与孩子养育的过程。只不过当前中国大部分男性仍然受"男主外、女主内"的传统性别规范的影响，主动积极承担家务劳动的男性还不是很多，大部分家务劳动都是由女性完成，女性一直在双重角色中艰难前行。但今天的女性不仅仅属于家庭，她们已接受很好的教育，在社会中承担重要的工作职责，期望女性回归家庭、做个传统意义上的贤妻良母已不现实。那种以为让妇女回家就可以解决生育率下降、幼儿抚育问题的论调本身就不公平，在激烈的社会竞争中也难以为继，而且这种牺牲女性权益的做法更是制定家庭政策的大忌。今天社会不能借口维护家庭整体利益而牺牲妇女权益。因而政府在制定家庭政策时，要使女性不仅作为家庭政策的支持者，更要成为家庭政策的受益者，家庭政策的制定必须基于社会性别平等意识。

我们的政策应该打破社会和家庭、公和私的二元对立，超越传统性别分工和规范，重新评价和肯定家庭的作用和家务劳动的社会价值，实行家庭友好型、性别友好型、生育友好型和个人友好型的政策，在抚幼养老、社会保障、产假安排、家庭服务等方面，减轻有家庭责任的男性和女性的负担，使男性和女性都能实现家庭和工作的平衡，推动男女两性平等和谐互利共赢的现代家庭模式的形成。

二 家庭政策建构的伦理原则

第一，托底性原则。习近平总书记曾多次强调"社会政策要托底，就是要守住民生底线，做好就业和社会保障工作，切实保障群众基本生活"。[1] 党的十九大报告和十九届四中全会的《决定》也重申要做好民生的保障和改善工作，社会政策要托底。托底就是在家庭政策中要为民众建构基本性、保底性的社会保障和安全网络，保证人民群众的基本福利需求。"改革开放以来，随着国民经济的持续增长，我国居民收入保持了年均 8% 以上的快速增长，但同时居民收入差距也有所扩大。这意味着我国仍有相当数量的低收入人群和相对贫困人口。根据国家统计局住户抽样调查数据，2019 年收入最低的 20% 家庭的年人均可支配收入为 7380 元，月人均可支配收入为 615 元；收入最低的 40% 家庭的年人均可支配收入为 11579 元，月人均可支配收入为 965 元。这表明我国确实有 40% 以上的人群，其平均月可支配收入在 1000 元左右。这也是我们社会中的低收入人群"。[2] 而这部分人主要分布在农村。"依据国家统计局的住户调查数据，农村收入最低的 20% 家庭的年人均可支配收入为 4263 元，月人均可支配收入为 355 元。农村收入最低的 60% 家庭的年人均可支配收入为 9334 元，月人均可支配收入不足 800 元。这意味着农村中人均月收入在 800 元以下的人群大约有 3.3 亿"。[3] 提高这部分低收入群体的收入水平，保障他们的基本生活，政府一定要肩负好兜底的责任，确保所有人在遇到严重的生活困境而无法从其他地方获得帮助时，能够获得政府的帮助，对社会上的困难家庭和其他困难群体，政府的责任更加重要。困难群体在工作生活中遇到的问题更多，但当前的家庭政策和相关的保障制度还是存在保障水平低、保障范围有缺项等问题，导致部分困难群体得不到及时和有效的支持和救助。当这部分群体的经济和心理压力积累到一定程度，当他们陷入困境却求助无门时，他们就有可能变为具有反社会倾向的边缘性群体，引发非理性的社会心态和极端社会事件，导致社会风险爆发的可能性也剧增。

---

① 《全面贯彻党的十八届五中全会精神 落实发展理念 推进经济结构性改革》，《人民日报》2015 年 11 月 11 日。

② 李实：《怎么看"6 亿人每月收入 1000 元"》，《半月谈》2020 年第 11 期。

③ 李实：《怎么看"6 亿人每月收入 1000 元"》，《半月谈》2020 年第 11 期。

当前政府应扩大和提高社会保障的范围和水平，切实保障人民群众在健康、养老、教育、就业、住房方面的基本需求，并在此基础上重点保障困难群体的基本福利需求，并不断加大对民生保障的投入，促进社会发展、经济发展与改革成果的全民共享，帮助困难群众应对生活风险。对社会困难群体的关怀最能彰显一个社会的家庭政策的公平正义和价值导向，也最能体现一个社会的文明程度，这也是社会和谐发展的要求。

第二，公益性原则。对于公益，学界有不同的看法，但基本的共识就是公益是在法律许可的范围内向不特定的多数人无偿或以较优惠的条件提供物质支持或相关服务从而使对象收益。我国的家庭政策应该具有公益性，其家庭福利服务方式要坚持无偿、低偿与有偿相结合，使不同层次的服务对象都能享受相应的福利服务。根据不同类型服务的性质、目的及目标人群，政府在其中既可以直接提供相应的服务，也可以通过财政补贴或者税收优惠政策鼓励和支持市场或非营利组织提供服务，以便所有的家庭都能承担起服务费用。同时也要求一些服务必须是主动服务，尤其是儿童福利和儿童保护服务方面，政府应更为主动和积极。因为儿童不具备自我主动求救的能力，在任何时候都是弱者，这要求服务者或服务组织既要有主动的服务精神，也要有提供服务的能力。社会福利的范围和水平受制于社会经济发展水平，要与国家社会经济发展水平相适应，既不能太超前，也不能太滞后，积极稳妥地加大民生供给、提高福利水平。要能达到合意的家庭福利状态，还需要在可能的条件下进行全面综合的安排和设计，目前我国的家庭福利设计就需要分清轻重缓急，按照一定的价值排序，最应该考虑和重视的是儿童、老人、身心障碍者等弱势群体。我们的家庭政策应该确保公益性，不断提高其福利性和全社会的共享水平，努力免除人民群众在生存、疾病、育儿、养老等问题上的忧虑。

第三，普惠性原则。托底性的家庭政策面向困难群体提供支持，而普惠性的政策则惠及所有公民，它是被作为一项权利赋予所有公民的，或至少惠及同一类人，如老人和儿童。这一政策是建立在所有家庭及所有家庭成员都有需要的基础上，他们都能获得福利和救助。"婚姻家庭政策和家庭服务体系应以所有的家庭为服务对象，而非局限于某类特殊家庭或某类特殊家庭成员，或者是局限于城市家庭和市民家庭，将农民家庭、流动人口家庭、贫困和低收入家庭和其他特殊家庭排除在外，人为造成制度性或体系性不公平，背离现代社会婚姻家庭政策和家庭服务普惠性特征和普遍性发展规律"。[①] 家庭政策不仅是应急性的和修补性的，还应是发展和建设性的，要重视早期预防和干预。

早期预防就是要避免因家庭矛盾、家庭破裂等因素影响儿童的照顾和成长，尽最大可能避免导致儿童失去家庭依托的各种因素的出现。早期预防的目的就是给予父母指导和帮助，巩固家庭的功能，减少儿童虐待、忽视和青少年犯罪问题，使儿童和青少年身心健康。所有的福利国家都非常重视预防，着力从加强婚姻建设、增强家庭观念入手。英国的家庭政策重视健全的婚姻关系对儿童成长的重要作用，专门成立了"全国家庭及亲职中心"（National Family and Parenting Institute），该中心的职责就是为所有家庭提供辅导和支持型服务，鼓励准备结婚的人参加婚前辅导，让他们知晓婚姻关系中的权利和义务，提供有关育儿的知识、技能及家长热线服务等。澳大利亚政府在有关婚姻家庭的报告中也指出，婚前教育是保证婚姻稳定的最基本的因素，因此所有准备结婚的人都必须接受婚前的教育服务。[②] 事实证明这项服务取得了一定的成效，大多数人表示如果婚姻出现问题，将会寻求专家的帮助。

早期干预主要是在家庭生活的一些重要节点上，如结婚、第一个孩子出生、离婚、再婚等时，为家庭提供及时主动的帮助和服务。研究证明，如果在孩子出生前后就为家庭提供持续的几个月或几年服务，不仅可以有效减少虐待儿童现象的发生，还能帮助家庭形成积极健康的抚育孩子的行

---

① 刘继同:《当代中国婚姻家庭政策历史经验、结构特征、严峻挑战与发展方向》,《人文杂志》2018 年第 4 期。

② 张秀兰、徐月宾:《建构中国的发展型家庭政策》,《中国社会科学》2003 年第 6 期。

为和方式。而且在美国有家庭服务工作人员会对家庭进行筛查和评价,以判断家庭是否有虐待儿童的倾向。若通过专业评估,发现家庭存在虐待的倾向性较强,则会要求该家庭参加自愿性的家访计划,专门针对该家庭的需要提供服务。"英国的 Sure Start 计划将教育、医疗及其他社会服务部门整合一体,凡是有新生儿童的家庭,工作人员都会在孩子出生的三个月内定期进行家访,对每个孩子及其家庭的需求进行评估,然后向其父母提出相关的建议"。[1] 另外,英国政府还通过"国家儿童照顾策略"(National Childcare Strategy)项目为 3-4 岁儿童提供免费早期教育。美国政府为了应对贫困代际传递问题,加大对儿童的早期干预力度。"1964 年设置'领跑'(Head Start)项目,为 3 岁以上贫困儿童提供早期教育服务。自 1994 年起又设立了'早期领跑'(Early Head Start)项目,该项目旨在为 3 岁以下的贫困儿童和怀孕母亲提供早期教育学习机会和服务。2000 年以后美国政府不断加大对'早期领跑'项目的支持,努力将更多风险儿童及家庭纳入服务范围,同时不断完善项目内容,提高服务质量,以加大对儿童的早期干预,促进儿童早期发展"。[2] 这两个项目相互配合,为贫困儿童及家庭提供教育资源和各种医疗资源,提供抚育和社会服务。"德国的家庭福利政策已经由补充性、边缘化政策转变为福利体制的基础性、中心性政策,任何一个家庭,无论其家庭类型如何、家庭成员是否就业,都可以从以上这些家庭福利政策中受益"。[3]

总体而言,我国的家庭政策是修补性的。这主要表现为:首先在福利提供方面,国家的责任依然有限。福利只被提供给困难群体而不是一般群体。重视的是事后解决问题,而不是事前预防和事后解决相结合。其次,

---

① 张秀兰、徐月宾:《建构中国的发展型家庭政策》,《中国社会科学》2003 年第 6 期。

② 吴玉玲等:《人口转变与国家—家庭关系重构:英美儿童福利政策的转型及其启示》,《江苏社会科学》2020 年第 5 期。

③ 转引自张敏杰《社会政策论:转型中国与社会政策》,北京大学出版社,2015,第 241 页。

重视收入保障，忽略社会福利。中国建立了失业保险、养老保险和医疗保险制度，却忽视了社会福利服务的普惠提供。最后，中国的社会福利制度是二元的而不是城乡统一的。随着市场经济发展，农民自由流动到城市打工已成为事实，但农民没有享受到与城市居民同样的待遇，带有城乡分割二元特征的福利资源分配制度依然存在。本来是用来减少社会不平等的福利制度却成为制造城乡不平等的制度。尽管中国民政福利开支逐步增加，但它占国家财政支出的比例相当小。根据财政部预算司公布的财政支出数据和国家统计局公布的 2015 年的 GDP 数据计算，我国 2015 年财政性社会支出（狭义的公共社会支出）占 GDP 的比例为 9.37%，另外，2015 年我国的社会保险支出占 GDP 的比例为 5.76%，这两类支出在广义上都可以纳入政府的公共社会支出，因此 2015 年广义的公共社会支出占 GDP 的比例为 15.13%。这与经济合作与发展组织（OECD）国家相比，还是有一定的差距。OECD 国家社会支出占 GDP 的比例从 2009 年以后一直保持在 21% 以上，2014 年达到 21.6%。[①] 由此看来，我国的福利提升还有一定的空间，而且与当前社会发展的要求相比仍然处于偏低水平。

2006 年党的十六届六中全会首次提出到 2020 年基本建立覆盖城乡居民的社会保障体系。2006 年民政部首次提出逐步拓展社会福利保障范围，推进社会福利制度由补缺向适度普惠型转变的构想。福利转型的目标是在考虑我国经济社会发展水平的基础上，满足社会成员的福利需求，适度就是社会福利本土化，与中国社会经济发展相适应，在经济发展的基础上，既要尽力而为，又要量力而行，打破社会成员享受社会福利的身份障碍，使所有社会成员均拥有享受社会福利的公民权利，真正使人民群众有获得感和幸福感。在这一思想的指导下，"我国新型农村养老保险 2009 年开始试点，2012 年在农村基本全覆盖，实现了人人享有养老保险的目标。2014 年国务院决定在全国范围内建立统一的城乡居民基本养老保险制度。新型

---

① 关信平：《当前我国社会政策的目标及总体福利水平分析》，《中国社会科学》2017 年第 6 期。

农村合作医疗自 2003 年开始试点，到 2010 年实现了基本全覆盖。新型农村合作医疗与城镇居民医疗保险的整合正在积极推进。社会救助制度在 2007 年农村低保制度出台后已实现全国基本覆盖。针对儿童、老年人、残疾人等特殊群体的适度普惠型福利制度也在探索中"，[1] 同时适度普惠型的福利制度在教育、就业、住房、社会服务等领域的探索也在推进。

第四，整体性原则。这一原则可以从两个方面来理解。一方面是指家庭政策要覆盖婚姻家庭生活的全周期和所有领域。在结婚、生育、抚养孩子、老人赡养、工作与家庭平衡等方面，家庭政策要充分体现以家庭为基础和基本单元的价值取向，将儿童福利、妇女福利、残疾人福利、老年福利、各类病人福利和家庭福利统一，都纳入家庭政策范围，实现家庭福利服务对象和服务基础的统一，发挥家庭福利政策整体的效益。家庭政策的对象是多元的，家庭政策面对的对象的需要也是多样化的，因而家庭政策必须是整体性和个体性的统一。这主要体现为家庭政策应提供经济支持，也必须提供社会服务支持和心理支持等。既要对家庭进行经济支持，提供家庭的福利服务，更要注重家庭的心理满足，保证每个家庭都享有平等参与、平等发展的权利，在物质和精神层面上提高获得感。既要给予弱势家庭经济支持，帮助弱势家庭走出经济困境和形成融入社会的能力，同时也要关心中等收入家庭以消除他们的不安全感。

另一方面是指在政策制定中，家庭政策之间及家庭政策与其他政策之间必须整合。为了达到家庭政策的整体效益，必须加强家庭政策的顶层设计，加强各部门之间的沟通、协调和协作，考量家庭政策对家庭和其他部门产生的影响，注重家庭政策之间以及家庭政策与其他政策之间的整体协调，政策之间实现有机的衔接。同时政策执行主体之间也要相互协调配合。整合政府各部门、各地区以及各行动主体的资源，明确不同社会系统及同一系统各部门的职责，解决政策制定和实施中的条块化和碎片化问

---

① 参阅李迎生《从依附到自主：中国社会政策的历史演进与范式转换——基于社会政策与经济政策关系的视角》，《中国人民大学学报》2020 年第 4 期。

题。在家庭政策建构实施中政府负有主要的责任，政府必须提高家庭福利保障的水平和扩大其范围。同时企业、社会也有责任。企业要实行家庭友好型的制度，对有家庭责任的员工实行弹性工作制和带薪休假制度等。社区要不断发展和完善家庭服务中心，以更好地满足不同类型不同层次的家庭及成员的需求，真正为老百姓办实事。"政府要尽力，并且调动社会的力量，保障人们的基本生存权利和人格尊严。"① 家庭政策之间及政策不同主体之间形成一个家庭政策系统，它们相互依赖、相互作用，共同促进政策的目标实现。

第五，积极性原则。积极性原则就是以积极的福利代替消极的救济。从 20 世纪 80 年代西方社会福利制度改革以来，无论是"新右派"还是"第三条道路"都认为福利国家的最大弊端就是权利和责任的脱节，这是一些公民不愿意工作、家庭观念淡薄、自私、贪图个人享受、懒散等恶习形成的原因。

安东尼·吉登斯在《第三条道路——社会民主主义的复兴》一书中提出应当以"积极的"或"主动的"福利政策代替传统的福利政策，这是"第三条道路"的主要观点。这一理论力图克服社会民主主义和新自由主义的各自弊端，采取兼顾国家与市场、公平与效率、权利与义务的平衡原则，重新建构新政策和新福利，使资本主义社会获得新发展。"第三条道路"并不是要取消福利国家，而是要重构福利国家，为此提出了"无责任即无权利"的观点，即政府虽然应当为公民承担一系列责任，如人们遇到个人和家庭不能解决的问题时，政府有责任和义务帮助他们，但同时认为公民个人的义务必须延伸，在政府给予帮助时，应当附带一定的条件。如领取失业救济金时，要求他们参加劳动技能培训，必须履行主动寻找工作的义务。"第三条道路"提倡一种积极的福利方式，尽量在人力资本上投资，而不是直接提供经济援助。经济问题和福利问题归根结底是人的问

---

① 《李克强总理等会见采访两会的中外记者并回答提问》，《人民日报》2013 年 3 月 18 日。

题，只有投资于人，提高他们的生存能力，才能真正解决经济和福利问题，才能治本。他们主张用"社会投资国家"取代"福利国家"，福利开支也不再仅由政府来控制和分配，而是由政府与其他机构共同合作提供。在这种积极社会福利社会中，个人与政府之间的契约也发生了改变，自主与自我发展将成为重中之重。[①]

"积极社会政策"是经济合作与发展组织（OECD）最早提出的。2005 年经济合作与发展组织在《扩张机遇：积极社会改革如何造福每个人》（*Extending Opportunities：How Active Social Policy Can Benefit Us All*）的报告中明确提出了"积极社会政策"，它主要的观点是"致力于改善个人的发展条件，而非仅限于改变因发展条件的不足而导致的贫穷和不幸。这是从以往所倚重的应对型、补偿型的政策路径向对个体进行社会投资——促使其潜力最大化从而成为自给自足和独立自主的社会成员——的政策路径的转变"。[②] 随后社会投资的范畴延伸到了欧盟的就业、教育、医疗、住房、儿童抚育和其他福利制度方面。积极的家庭政策的理念就是将政策看作一种社会投资行为，认为它是对人力资本的投资。

这些主张得到了许多国家的响应。英国的家庭政策改革就非常明显。20 世纪 90 年代后，社会福利逐步变成"工作福利"，提供福利是为了让受助者工作。1997 年工党上台后，"从福利到工作"就是其家庭政策的主旨，而且为指导和促进人们就业实施一系列措施。2010 年保守党和自由民主党联合政府执政后，他们继续执行家庭政策的"工作福利"原则，政策鼓励和支持失业者创业，对失业者津贴进行削减。并且政策规定如果父母只生孩子而不出去工作的话，生育的现金补贴不予发放。实行高福利的瑞典的家庭政策也同样强调工作福利，其政策规定的"1-6 岁儿童入学的唯一条件就是父母双方（单亲）至少一方要外出工作，或者虽然失业但正在

---

① 关信平编《社会政策概论》，高等教育出版社，2014，第 201 页。

② OECD, *Extending Opportunities*: *How Active Social Policy Can Benefit Us All*, Paris: OECD Publishing, 2005, p.11.

参加再就业培训"①。新加坡也规定只有受雇和自雇的人，才有中央公积金账户，而中央公积金在新加坡家庭政策体系中有着最重要的地位，家庭政策包含的许多补助或者津贴都是直接打入中央公积金账户。如果没有中央公积金账户，也就无法从家庭政策中获得支持与帮助。其家庭政策的基本价值理念就是只有努力工作才能有报偿，鼓励国民通过工作以满足家庭的福利需求。所有这些都彰显着家庭政策发展的方向，即在政府责任不断加强的同时，家庭和所有家庭成员的责任不应该弱化，更不能推卸、完全依赖政府，而是应该通过自己努力工作改变家庭的状况，改善家庭生活，让所有家庭成员安居乐业。只有发挥家庭及其成员的积极性，家庭政策才能真正起到稳定家庭功能、增强家庭发展能力的作用。

在中国实施积极家庭政策有深厚的文化土壤。家庭是最具有中国特色的本源型的基础性制度和传统，中华传统文化一直有重视家庭、强调家庭责任、注重教育、特别关心对下一代的教育投资的优秀基因，同时家庭在抵御社会风险、保障人们基本生活方面一直是最重要的也是最基础的单位。即使在今天，家庭功能面临严峻挑战、家庭生存和发展压力不断增大的情况下，家庭和家庭成员的传统互助模式却仍然是为个体提供资源和福利保障作用的基础，是所有人最直接、最及时可靠的支持体系。因而我们的家庭政策所主张建构的家庭及成员与社会、政府之间的多元共责关系非常容易被公众理解、接受和认同。这样的家庭政策也能最大限度地发挥每个家庭主体的积极性和主动性，促使家庭政策发挥最大的功效。

当今中国积极家庭政策的重点是要有效预防和缓解代际贫困传递。2020 年在消除绝对贫困后，我国的反贫困战略的重心将转向消除相对贫困，减贫目标将转向以提高发展能力为核心的多维目标。从一般意义上说，能力不足即人力资本投资不足是导致贫困的主要原因。从社会的角度而言，对贫困人群人力资本的公共投入不足是贫困问题难以根除的主要原

---

① 王阳：《社会政策融入家庭视角的国外经验与我国借鉴》，《上海城市管理》2015 年第 6 期。

因之一，对家庭而言，父母对子女教育投资的不足是导致下一代继续陷入贫困陷阱的主要原因之一。教育投资是人力资本投资的基本形式，教育扶贫是贫困地区脱贫的治本之策，"扶贫先扶智""治贫先治愚""脱贫防返贫"决定了教育扶贫的基础性、先导性和根本性作用。[①]

大量研究证明，家庭中父母受教育程度和收入水平提高，父母对子女教育的重视程度相应提高，对子女的教育投资也会增加。而接受良好教育的子女在成年后都能自食其力，有较好的职业发展，这也就阻断了贫困的代际传递。《2019年中国农村贫困监测报告》的数据显示：从户主受教育程度分组看，贫困发生率与户主受教育程度成反比，户主受教育程度较低的群体贫困发生率相对较高。2018年，农村户主受教育程度为文盲、小学、初中、高中及以上的群体，其贫困发生率分别为6.5%、2.4%、1.2%和0.9%。可见，教育水平提升能有效降低农户贫困发生率，对提高低收入群体的非农工作参与率及收入水平的作用显著。[②] 因而对贫困家庭实行经济援助的同时，更应强调贫困家庭的人力资本的提升，加大对贫困地区的教育的投入，具体而言最有效的办法是实施"儿童发展计划"和贫困地区"妇女教育计划"。从根源上消除贫困，最有效的是要重视儿童的早期教育。早期教育投资具有极高的经济和社会效益，不仅其人力资本投资回报率最高，而且可以降低解决社会问题的代价，在减少贫困、犯罪、各种社会矛盾和冲突方面能够起到早期预防的效果，并在短期内可以提高儿童的学习成绩。在某些情况下可以改善儿童一生的机遇。[③] 加大对儿童的早期教育投资，尤其是对贫困儿童的学前教育干预应该纳入国家反贫困战略。建设3岁以下的婴幼儿照护服务体系，普及广覆盖、保基本和有质量的学前教育公共服务体系，健全家庭教育指导服务体系，为幼儿健康成长

---

① 参阅王建《教育缓解相对贫困的战略与政策思考》，《教育研究》2020年第11期。

② 国家统计局：《2019年中国农村贫困监测报告》，中国统计出版社，2019，第17页。

③ 〔美〕玛丽亚·康西安、谢尔登·丹奇革：《改变贫困，改变反贫困政策》（第二版），刘杰等译，中国社会科学出版社，2014，第151页。

和入校学习做好充分准备。加强对母亲的教育和女童的教育尤其重要，因为推动摇篮的手也是推动世界的手，女性的教育问题关系到子女的成长和家庭的和谐，关系到国家的发展和未来的前景。要在源头阻断贫困的代际传递，就要在教育的薄弱之处——农村教育尤其是女性教育上下功夫。正如 2021 年荣获"七一勋章"的云南华坪女子高中校长张桂梅所说："一个受教育的女性，能阻断贫困的代际传递，改变三代人的命运。"[①] 正是出于这种坚定的信念，张桂梅历经艰辛创办了免费的女子高中，为大山里的贫困女孩照亮了前行的路，为她们的未来呕心沥血，终于让 1800 多名女孩圆了大学梦。我们应该学习她这种为教育事业奉献一生的精神，在全社会形成支持家庭、投资儿童和女性教育的环境和制度体系，把人力资源建设作为消除贫困的基本路径和经济社会发展的根本动力。

三　家庭政策建构的伦理机制

（一）家庭需求了解和分析机制

蒂特马斯是 20 世纪 50-70 年代在社会行政和社会政策研究方面非常有影响的英国第一位社会行政教授，"社会行政教授"是当时在英国伦敦经济学院设立的一个新的教授职位。蒂特马斯的就职及其相关的学术成果推动和影响了英国和其他国家的社会政策的发展。蒂特马斯明确地联系社会需求来定义社会政策，"蒂特马斯在本质上关心的是满足一定范围的社会需求的有限的资源的分配"。[②] 社会政策是从满足人的需求的人道主义关怀出发的，是对人类需求的反映，也是满足社会需要的工具。具体而言，社会政策就是社会为了满足其作为整体的需求和其成员个人的公众认

---

① 《张桂梅代表"七一勋章"获得者发言时说——"只要还有一口气，我就要站在讲台上"》，《中国教育报》2021 年 6 月 30 日。

② Michael Lavalette and Alan Pratt edited, *Social Policy: A Conceptual and Theoretical Introduction*, Cambridge University Press, 1997, p.2.

可的需求而制定和实施的各种措施、计划、方案、法律和制度。社会政策的基本目的就是满足人们的社会需要。同理,家庭政策的制定和规划的基础应是了解家庭及其成员的需要,应该明确在特定范围内,家庭面临什么样的问题、有什么样的需要。家庭政策的建构必须从家庭及其成员的实际需要出发。

1. 家庭需要与家庭政策

需要是指植物、动物、个人与社会的一种摄取状态,以保证主体的生存与发展。家庭政策所指的需要是人的需要,人是生物、心理、社会、文化的综合体,人的需要既有共同性又有多样性。首先人与其他生物一样,都有基本的生理性需要,要满足基本生存。但人的需要与其他生物不一样,人有高层次的需要,如自我实现的需求。人的需要具有社会性,在不同程度上反映了社会的需要,是社会需要在个体层次上的反映。归根结底人的需要应该是社会成员的社会需要,即使表现为个体的需要,也具有社会属性。现代社会没有纯粹的自然性的需要,所有需要都打上了社会性的烙印,需要以社会的形式来表达,以社会的标准来衡量,并以社会认可的方式和手段来实现。

家庭政策更多的是关注家庭及其成员的基本需要。这种基本需要的满足不应该受到个人支付能力的限制,如果本人没有能力得到满足,则应该得到社会的帮助。这种基本需要是指在现代社会条件下每个人都必须得到满足的需要。家庭政策最基本的目标就是要满足人们的基本需要,具体是指家庭及个人在收入维持、健康、就业、住房、教育与个人社会服务方面的最低标准。但家庭及个人的基本需要也是相对的,个体的需要受制于一定社会的物质生产条件和社会的政治文化传统,尤其是不同的社会的价值观,对人们基本需要的界定及其满足基本需要所采取的手段方式是不一样的,这也就导致不同社会和国家的家庭政策的不同。但不管怎样,满足个人的基本需要在当代社会已成为社会成员的基本权利,家庭政策是满足人们基本需要的主流方式,政府在其中负有不可推卸的主体责任。当代几乎所有国家都针对家庭及其成员的基本需要形成了相应的家庭政策。美国耶鲁大学的阿尔德弗（Clayton Alderfer）指出"需要"与"福利需要"的不同，"前者是指透过两种途径来满足的个体需要，它一方面由家庭来满足，另一方面透过市场机制，依个人的经济消费能力，从市场购买所需资源，如医疗服务或收费的社会服务；后者则是指透过社会福利机构，以政治力的介入，提供各种福利资源（免费或部分收取费用），提供给有需要的个人或家庭，它是在家庭等非正规系统和市场二者都无法满足的前提下，向福利系统提出的一种需要。"[①] 这种福利系统就是国家制定的社会政策也包括家庭政策。

2. 当前中国家庭政策亟须解决的急难愁盼问题

改革开放以来，随着中国社会的转型，中国家庭在结构、形式和功能等方面都发生了重大的变化，也面临前所未有的挑战。这主要表现在以下几个方面。

（1）青少年社会化的困境。家庭是青少年社会化的理想场所，父母在青少年社会化中扮演重要角色，他们在日常生活中言传身教潜移默化地影响孩子的认知、价值观念、行为习惯和道德品性等。一旦父母角色和责任缺位，则会影响孩子的社会化的进行。然而，由于社会竞争激烈，内卷化程度加剧，父母投入工作的时间不断增加，相应地越来越感到没有什么时间可以用于陪伴孩子和教育孩子，这直接影响家庭代际的亲密关系的建立，为青少年的社会化增加了难度。而且随着社会的变化和发展，婚姻自由度和两性关系的开放性提高，婚姻的稳定性和持久性大大降低，城乡社会各类"困境儿童"不断出现。尤其是农民工大量进城，家庭流动性和离散性成为常态，由此产生的流动儿童和留守儿童的社会化问题更应该引起社会的高度重视，不能够让国家的现代化建立在牺牲农民工的下一代的基础之上。我国有上千万的留守儿童和流动儿童，要么无法得到父母的照

---

① 转引自张敏杰《社会政策论：转型中国与社会政策》，北京大学出版社，2015，第4页。

顾，要么随父母流动，父母却无时间好好照料，一些流浪儿童则基本或完全脱离了家庭的照料。对这些在社会发展和转型过程中产生的儿童问题，在家庭、社会和市场无法应对的情况下，国家力量应该介入，在家庭政策层面应该努力关心和解决这些儿童的问题，使这些儿童能够得到政策的庇护。但目前我国的儿童福利政策仍停留在传统的修补残余型的阶段，只在救助层面集中收养孤残儿童，无法适应当今社会发展的需要。

30多年来，中国的家庭响应国家计划生育政策，只生育一个孩子，这个孩子也就成为家庭的唯一希望，其唯一性带来的脆弱性可想而知。抚育儿童是家庭、学校、社会和国家共同的责任，但当家庭在抚育儿童遇到困境时，家庭政策却无力应对。至今我国还没有普及适度普惠型的儿童福利政策，缺失对0-3岁儿童群体的公共服务，已有的托幼机构的福利性质也在逐步淡化，市场化的趋势却在不断加强。由看护照料责任缺失而导致的儿童伤害、拐卖事件时有发生。2015年贵州毕节留守儿童自杀事件至今还让人痛心不已。有学者认为中国没有真正意义上的家庭与儿童福利政策。[①]

从这个层面而言，国家的家庭政策需要修订和改革，国家在抚育儿童中扮演的角色和作用必须加强，在家庭政策中强调突出儿童保护、儿童发展和儿童福利的议题，确保儿童的身心健康发展。2010年以来我国出台了多项儿童福利政策，如2010年的《关于加强孤儿保障工作的意见》、2016年的《关于加强困境儿童保障工作的意见》《关于加强农村留守儿童关爱保护工作的意见》、2019年的《关于进一步加强事实无人抚养儿童保障工作的意见》《关于进一步健全农村留守儿童和困境儿童关爱服务体系的意见》等。[②] 从这些政策可以看出国家在不断加强对儿童的救助和服务，但是其救助和服务只是保障最低生活水平，有关儿童发展的政策仍然缺乏，

---

① 胡湛、彭希哲：《家庭变迁背景下的中国家庭政策》，《人口研究》2012年第2期。

② 参阅吴玉玲等《人口转变与国家—家庭关系重构：英美儿童福利政策的转型及其启示》，《江苏社会科学》2020年第5期。

这些政策还主要是补缺型的。因而还需提高儿童福利政策的水平，完善托幼公共服务事业，发展儿童早期教育项目，真正使每一个儿童有一个好的人生开端，顺利完成社会化。

（2）养老的困境。人口老龄化是工业社会的产物。西方发达国家如英国、瑞典和德国早在20世纪50年代就进入老龄化社会，我国在2000年进入老龄化国家。"截至2000年年底，中国60岁以上的老年人口已达1.3亿，占总人口的10.5%，65岁以上老年人口达到8827万，占总人口的7.1%。按照人口老龄化的标准，这两个指标都表明中国已跨入老龄化社会的门槛，成为一个老年型国家"。[①] 到2017年底，我国60岁及以上的老年人口2.41亿人，占总人口的17.3%。至2030年，我国65岁及以上人口占比将超过日本，届时将成为全球人口老龄程度最高的国家；至2050年，我国将进入深度老龄化国家。[②] 2021年5月我国公布了第七次人口普查的数据，该数据显示，"60岁及以上人口为26402万人，占18.7%（其中65岁及以上人口为19064万人，占13.50%）"，[③] 我国人口的老龄化进入加速期。

我国老年人口基数大，是世界老年人口最多的国家，占世界老年人口的1/5，而且老龄化的速度快、来势猛，高龄化趋势明显。更让人忧虑的是我国是人口未富先老、未备先老。与其他国家相比，我国进入老龄化国家时，经济水平比较低，而且收入差距很大。发达国家在进入老龄化时，人均GDP一般在1万美元以上，我国人均GDP仅有800美元，现在我国即将进入深度老龄社会，人均GDP才刚1万美元，而且分配不公，我国月收入低于1000元的人口占比还不小。人口老龄化对经济的压力极大。老龄化导致老有所养、老有所医等问题日益凸显，目前养老问题已成为最严重的社会问题之一，是家庭和老人自身极度关心和焦虑的问题，国家已

---

①　张敏杰：《社会政策论：转型中国与社会政策》，北京大学出版社，2015，第120页。

②　刘喜珍：《中西老龄伦理比论》，中国社会科学出版社，2019，第1页。

③　宁吉喆：《第七次全国人口普查主要数据情况》，《中国信息报》2021年5月12日。

经开始谋划和制定相关的政策。尤其是党的十九大以来我国已将"积极应对老龄化"提升为国家战略。这在党的十九大报告、2019年11月的《国家积极应对人口老龄化中长期规划》、2021年3月的《中华人民共和国国民经济和社会发展第十四个五年规划和2035年远景目标纲要》、2021年6月的《"十四五"积极应对人口老龄化工程和托育建设实施方案》中都有详细的规划。

家庭养老一直以来是中国社会的最主要的传统养老方式，但今天家庭养老面临很大压力。伴随计划生育而来的一孩化政策，家庭小型化和核心化的出现，人口流动的频繁，使老年人的养老需求如经济供养、劳务支持与精神慰藉等很难就近方便得到满足，养老资源的家庭供给呈现短缺，传统的以儿女养老为主的家庭养老的格局开始被打破，迫切需要加强社会养老制度的建设。

改革开放以来，针对人口老龄化的趋势，我国通过改革社会养老保险制度和社会医疗保险制度，建立了多层次的老年社会保障体系；通过老龄事业基础设施和老龄事业发展机制建设，保护老年人合法权益和建立老年服务体系，在全社会形成尊老敬老助老的良好氛围。这些政策和措施提升了中国老人的保障水平，但与西方发达国家相比，与我国来势迅猛的老龄化和高龄化相比，与老龄事业的发展相比，我国的养老体系还不健全，老年人的福利需求还远远不能满足。如老年社会保障的碎片化，不同老年人获得正式社会支持的机会与实际获得率的差异性和不平衡性，已导致社会阶层的严重撕裂。另外，老年生活的空巢化和老年照护体系的边缘化都表明我国政府在建设社会化养老体系和政策方面负有不可推卸的责任，政府是第一责任人，在养老政策建构和养老事业发展中起主导作用。当务之急是完善以养老保险制度、基本医疗保险制度、老年社会救助制度为主要内容的老年社会保障制度，逐步消除养老保障的城乡差异、地区差异、行业差异和性别差异等，实现养老保障全社会覆盖。并在此基础上实现由单一的家庭养老制度向综合型的养老制度转变，建立适合中国国情、顺应民意、惠及亿万老年人的以社会养老保障为主要经济来源的政府主导的居家养老模式。

但无论是哪种养老方式,家庭养老在中国和其他发达的国家仍然具有一定的作用和生命力。只不过国外的家庭养老是建立在一定的社会保障制度和社会养老服务基础上的,他们是以社会养老为主、家庭养老为辅,家庭养老更侧重于子女对老人的情感支持。我们的家庭政策在分析中国的养老状况的基础上,一方面要继承中国家庭养老优长之处,另一方面扩大社会养老的范围,加快家庭养老向社会养老为主、家庭养老为辅方向发展,这是从养老制度安排的责任担当角度而言的。但社会养老政策再完善,政府、社区提供的福利再多,都无法取代家庭养老在情感和心理上的功能和优势。任何缺少家庭责任的养老政策都是有缺陷的,不但不能使老年人获得完整的福利,还有可能使社会和政府的负担加重。然而,在中国市场经济、社会转型和人口变迁的背景下,家庭规模、结构和功能发生了巨大的变化,家庭承担养老责任的能力受到严重的影响和挑战。为此需要从家庭政策角度为家庭养老提供资源和支持,重新安排好政府、市场、家庭在养老政策中的福利搭配和责任负担,使它们之间形成合力。在现有的条件下,以"居家养老为主、社区养老为依托、机构养老为补充"是较好的选择,这种方式也是最符合中国人养老理念,有利于家庭代际支持的绝大多数老人十分愿意选择的养老方式。

(3)家庭压力增大。随着社会的快速转型、全球化和市场竞争的激烈,社会已进入风险社会。各种不确定性因素和风险的存在既给人们带来了机遇,也给人们带来了心理的紧张和精神的焦虑。这些压力也随之潜入家庭。加之市场经济以来,单位福利保障逐步削弱甚至消除,个体的职业不稳定性和经济的不安全感成为家庭普遍的持续的焦虑源,贯穿于家庭的其他各种压力中,影响家庭压力的性质和程度。上海社会科学院社会学研究所徐安琪研究员曾对上海875户进行抽样调查,数据显示,目前上海大多数家庭存在各种压力,只有13%的家庭未感受到任何压力。压力源指数排在前五的依次为子女教养 / 负担（38%）、经济拮据 / 负担（37%）、家人下岗 / 待业 / 失业（36%）、工作紧张 / 难度高（35%）和住房困难 / 还贷压力（34%，多选）。研究还表明，底层家庭过多地面临压力累积和家庭危机。某一时期家庭经历的压力事件的数量对家庭系统的影响非常大，家庭经历的压力源事件越多，家庭产生危机的可能性越大。对于那些脆弱家庭而言，仅仅依靠自身的资源很难应对压力，因此容易造成压力累积。需要外部环境的资源介入，如就业政策、住房政策的支持，或专业咨询机构给予合理的家庭规划等，这样才有可能使脆弱家庭避免陷入生存危机。从目前看，我们的社会还缺少这样的支持体制。[1]

中国家庭的经济压力主要源于教育、医疗、住房。从教育政策领域来看，家庭的投资日趋增长。改革开放后，国有企业改革去福利化，教育社会化和市场化不断加强。企业为了自身的经济利益，将自己原有的幼儿园、学校等教育板块剥离出来，不再承担儿童抚育的责任，而政府的各项配套政策的缺乏，使得家庭的教育责任变得日益沉重。表现在1992年以来中国在教育上的政府财政性投入在不断下降，从1992年的84.05%到2005年的61.3%，2006年后逐步上升。与之对应，学杂费支出在不断增加，从1992年的5.07%到2005年的18.45%，事业收入比重从1998年的20.66%增长到2000年的27.79%，如把学杂费和事业收入看作家庭支付部分，二者之和在2005年达到46.26%。尽管2005年开始家庭的教育支出比重在下降，但教育支出的绝对值在迅猛增长。[2]因为2006年开始实施新的《义务教育法》，九年制义务教育免收学杂费，教育支出有所减轻。但学前教育、高等教育的教育支出在提高，尤其是学前教育的收费偏高。公办的幼儿园数量不断减少，民办幼儿园不断增加，其占比从1993年的

---

[1]　徐安琪、张亮:《转型期家庭压力特征和社会网络资源的运用》,《社会科学研究》2008年第2期。

[2]　岳经纶、张孟见:《社会政策视域下的国家与家庭关系：一项实证分析》,《重庆社会科学》2019年第3期。

10.47% 增长到 2000 年的 39.86%，2010 年更是达到 69.21%。[①] 中高端幼儿园的收费偏高，而且家长为了让孩子从小接受好的教育，在这方面是舍得花费的。但无论如何这笔费用对于一个家庭而言是非常沉重的负担。而各种形式的课外培训如火如荼，其费用在家庭教育支出中是占比最大的一部分。义务教育费用降了，但在这个阶段学习的学生的平均受教育成本却不断上升。教育费用是中国家庭支出中非常重要而且是花费最大的一笔。

在医疗政策领域，看病难看病贵已众所周知，因病致贫现象也时有发生。据《2016 年中国卫生统计年鉴》的数据，我国的个人卫生支出在 1995-2006 年一直保持在总费用的 50% 上下，而且个人卫生支出的绝对数一直在增长。若按人均计算，2005 年、2010 年、2015 年分别约为 345 元、514 元、884 元。2010 年比 2005 年增长了 48%，2015 年比 2010 年增长了 72%，比 2005 年增长了 156%。[②] 即使扣除物价上涨的因素，这些年的个人卫生支出增长率还是惊人的。至于我们频频看到的"轻松筹""水滴筹"等网络医疗筹款事件更使我们看到普通家庭在重大疾病面前的无奈和无助，因病致贫成为我国家庭贫困的重要原因。2017 年《国务院关于脱贫攻坚工作情况的报告》及有关专题询问的内容显示，2016 年包括少数民族地区在内的贫困人口中，因病致贫的比例为 44%，全国还有因病致贫、返贫贫困户 553 万户，共计 734 万人。[③]

这里从教育、医疗两个方面说明我国家庭自改革开放以来一直承担着沉重的福利责任。改革开放以来，政府一直在执行以经济建设为中心的政策，所有其他方面工作都是围绕经济建设并为经济建设服务的。政府对人们的社会福利和家庭生活质量重视不够，忽略了家庭及其成员的需要，并

---

① 岳经纶、张孟见:《社会政策视域下的国家与家庭关系：一项实证分析》,《重庆社会科学》2019 年第 3 期。

② 岳经纶、张孟见:《社会政策视域下的国家与家庭关系：一项实证分析》,《重庆社会科学》2019 年第 3 期。

③ 数据引自王姝《卫计委主任李斌回应：如何破解"因病致贫、因病返贫"》, http://www.china.com.cn/news/2017-08/31/content_41507528.htm。

将满足家庭福利的责任推给了市场、社会和家庭自身，为的就是避免社会福利负担影响社会经济发展。因而中国的家庭政策在很长一段时间内一直是从属于经济政策的，是补缺型的政策。

（4）家庭形式多样化的隐忧。随着社会的发展，人们的思想观念改变，各种非标准的小家庭形式不断出现。如同居家庭、"丁克"家庭、"空巢"家庭、单身家庭、同性恋家庭、单亲家庭、留守家庭、流动家庭等。一些人不愿结婚而选择单身家庭，结婚后不愿生育孩子成为"丁克"家庭，这种家庭形式在年轻人中越来越多。"北京市 35 岁以上的未生育（包括暂未生育和自愿不育）的女性，1990 年占比 4.08%，到 2006 年上升到 11.79%，此后还在继续增加"。[1] 未婚同居成为年轻人甚至中老年人较为普遍的生活方式。民政部的数据显示：中国的"空巢"家庭超过 50%。部分大中城市达到 70%。农村留守老人约 4000 万人，占农村老年人口的 37%。[2] 未来的家庭形式将更加多样化，而且越来越小型化，这种小型化家庭由于其独立性而受到越来越多的年轻人的青睐，但在一定程度上也减弱了家庭应对各种风险的能力，个体能从家庭获取的可利用的资源逐渐减少，家庭难以面对社会变化过程中的各种冲击，家庭的脆弱性在不断增强。

这四个方面正是目前家庭政策建构必须正视的问题。政府在制定家庭政策时必须对这些问题的严重性和需要的紧迫性做出评估，然后再决定是否采取行动，究竟能在多大程度上采取行动。这是政策制定的一个基本条件。

（二）家庭利益的诉求和表达机制

利益反映着主体的需要，利益是需要的满足，需要是利益的基础。利

---

①　唐灿、张建主编《家庭问题与政府责任：促进家庭发展的国内外比较研究》，社会科学文献出版社，2013，第 3 页。

②　吕青、赵向红:《家庭政策》，社会科学文献出版社，2012，第 117–118 页。

益就是人们通过社会关系表现出来的不同需要，而利益关系是普遍存在的最基本的社会关系之一。社会政策就是社会生活中各利益群体之间进行利益斗争与博弈的现实表达，也是政府部门对各群体之间利益进行协调与平衡的结果。家庭政策同样也是不同家庭群体及其成员之间利益的表达和整合。如何才能使不同家庭的利益得以表达，如何表达？利益的表达是制定政策的必要前提，这是我们需要探讨的话题。

1. 完善家庭利益表达机制是家庭政策制定的基本前提

社会的矛盾和冲突是引起社会不和谐的主要原因。而社会的矛盾很大程度上是由利益矛盾引起的，利益冲突是社会矛盾冲突之源。"利益问题是人民内部矛盾的总根子，利益矛盾是其他各类人民内部矛盾产生的根源，是影响、制约、导向各类矛盾发展的主导性矛盾"。[①] 当代中国社会的快速转型，在推动中国经济的高速增长的同时，也带来了社会利益结构的变化。利益主体的多元化、利益诉求的多样化、利益差距的扩大化、利益冲突的显性化是社会的常态。如在教育、医疗、户籍管理、家庭福利等方面还存在严重的不公问题，影响社会的和谐。面对这种状态，家庭政策就需要直面这些与人民群众根本利益相关的社会矛盾，首先建构和完善利益表达机制，让人民群众有表达自己利益的畅通渠道，这是解决问题的关键，也是制定家庭政策的前提。在此基础上，进一步完善利益协调整合机制和实现机制，妥善处理好利益矛盾，化解社会冲突，将风险降到最低限度，实现社会的和谐。

2. 家庭政策制定中利益表达机制存在的问题

（1）弱势群体利益表达能力欠缺。由于利益主体的多元化，利益需求的表达也出现多样化的趋势。但由于利益表达主体发展的不平衡，利益表达主体之间的不平等也在加大，存在身份、资源、权利等的差异，在利益表达的机会上也就会呈现不平等。代表弱势群体利益的利益集团如同性恋

---

① 王伟光:《正确处理人民内部矛盾 构建社会主义和谐社会》,《中共党史研究》2006年第 3 期。

家庭、单身家庭等，其组织化程度较低，拥有的资源少，利益表达的机会不多，利益表达能力不足，其利益诉求相应地难以引起重视。

（2）利益表达客体回应不够。利益表达客体是利益表达需求的收集者、反馈者和执行者。但从目前的情况看，利益表达客体在维护利益表达主体的合理的需求和应有权利方面还做得不够。这主要是由于利益表达客体的内部组织结构的管理层级多、程序复杂、职责不够清晰，导致利益表达主体的诉求无法及时传递给决策者，导致家庭政策决策的滞后。

（3）利益表达渠道的形式化。我国利益表达的渠道有人民代表大会、政治协商会议和信访等多种方式，但这些利益表达渠道主要是起沟通协调作用，并不直接进行管理，其回应的实效性不够。社会组织也主要起桥梁和纽带作用，一些听证会也有点走过场，并没有真正反映利益表达主体的利益要求，这些都导致利益表达主体的表达渠道不畅，影响利益表达的客观性和可靠性，对家庭政策制定产生不利的影响。

（4）网络利益表达不够规范。现代社会是"互联网+"时代，网络技术为利益主体的利益表达提供了更多的便利，其传播和影响的速度快、范围广、影响力不断提升。但任何技术的使用都有一定的规约，运用网络技术进行利益表达的行为也应该遵守相应的规范，如不能发布虚假信息、不能表达违法的利益需求、不能有鼓动暴乱的言论。这些容易导致群体性事件，从而影响家庭政策的制定。

3. 家庭政策制定中完善利益表达机制的路径

（1）加强利益表达主体的培养。一是要提高利益表达主体的表达意愿和表达能力。通过教育和其他宣传方式，培养利益表达主体的表达意识，摒弃"搭便车"的心理，抵制错误思想观念的影响，形成正确的利益表达意识。二是要提高利益表达主体的组织化程度。要在法律框架内加快利益表达主体的组织化进程，加强利益表达主体之间的沟通交流，平衡各利益主体之间的利益关系，达到平等互助。要求利益表达主体以理性合法的方式表达利益需求，参与家庭政策的制定。

（2）建构利益表达客体的反馈机制。首先要制定相关法规，明确利益表达客体的职责。要保证利益表达主体的利益表达需求得到有效回应，在家庭政策制定中能够听取利益表达主体合理的诉求。其次要创新回应机制，制定相应的具体细则和配套措施，以保障机制得以有效运行。政府必须转变观念，坚持以家庭需求为导向，扩大利益表达渠道，保证利益表达渠道的畅通，使其真正成为不同利益主体进行利益表达的平台和窗口。

（3）确保利益表达渠道的畅通。首先要不断完善人民代表大会制度和政治协商会议制度，强化制度对人民利益代表及其表达的作用。促进人大代表和政协委员的多样化，尽最大可能吸纳不同的利益主体，使社会各个阶层都有自己的代表，并真正反映各个阶层的家庭及其成员的利益。对代表和委员的履职工作进行认真考核，提高他们利益表达的积极性、主动性和履职质量。其次要完善信访制度。促进信访信息管理系统的全面覆盖，明确信访部门的职能边界，规范利益表达诉求的受理途径。

（4）完善利益表达的保障机制。这种保障机制来自两个方面，一是法律的他律保障，二是利益表达主客体自律的保障。加强利益表达机制的法律化建设，就是要运用法律的武器，确保家庭利益表达的主客体双方的权利行使和义务履行，利益表达主客体双方的行为得到规范。网络利益表达行为同样也要遵守相关法律法规，在这个前提下，发挥信息技术在利益表达上的特点和优势，引导公众积极参与公共问题及家庭问题的讨论，表达自身及其群体的利益要求。利益表达主客体自身都应该遵循相关规定，规范自身的行为，合理表达自身的利益要求，自觉接受来自各方的监督，使利益表达客观真实，利益反馈及时有效，促进家庭利益得到充分重视并被保护，使家庭政策真正保障家庭及其成员的利益。利益表达主客体的自律行为是长期自我约束的结果。

（三）家庭政策决策的伦理机制

科学和民主是家庭政策决策的基本价值目标，也是家庭政策决策应遵循的伦理价值观念。家庭政策决策首先应该建立在对社会问题和家庭需求的调查研究基础上，对政策方案进行科学的论证和分析。为保证决策的科学性，在决策过程中决策者要充分发扬民主，让更多的利益相关者和公众参与决策，尊重公众的意见和建议，真正建构有利于广大人民群众利益的家庭政策。科学化和民主化的机制也是家庭政策决策的伦理机制，决策的法制化是科学化和民主化的伦理机制实现的保障。

1. 家庭政策决策的科学化机制

决策的科学化、民主化和法制化是相互联系和相互作用的。决策的根本在于决策的科学，而民主化是作为保证决策科学的手段而存在的，保证决策科学化和民主化的制度性保障是决策的法制化。家庭政策决策的科学化要求在科学理论的指导下，采用合理的决策程序，运用现代科学技术手段和方法进行决策。同行评议、公开透明、广泛参与、预防原则是决策科学化的基本要求。

当代社会所有的社会问题都具有不确定性、复杂性和综合性的特点，其影响面大、涉及的部门多，在进行决策时，需要各方面的专业人员和专家参与，只有相互合作、共同协商讨论，才有可能形成一个有价值的咨询意见。如果社会政策议程涉及的问题是更为复杂、影响更为深刻的家庭等问题时，还需要公众参与决策。"与公众之间直接的对话应当不再是关于科学的决策的一个随意的附属品，不再是研究团体与学术机构活动的一个随意的附属品，而应当变成这个过程正常的、整体的一部分"。[①]

为使家庭政策决策科学化，必须做到以下几点。

第一，健全家庭政策决策的系统。现代决策系统是一个包括决断系统、信息系统和参谋咨询系统在内的有机整体。健全决策系统就是要明确各子系统的分工和职责，既相互独立，但又要相互配合，坚决执行精简、统一和效能原则。信息系统是由掌握信息技术的专职人员专门从事的决策

---

① 英国上议院科学技术特别委员会:《科学与社会》，张卜天、张东林译，北京理工大学出版社，2004，第77页。

信息的收集、加工、传递、储存等工作，它是决断子系统的辅助机构，为决策提供信息和资料，并优化信息和方案，为参谋咨询系统的工作打下基础。参谋咨询系统是由各个领域的专家学者组成的一支专业队伍，他们的主要工作是对每一个备选方案提出充分的论证，协助决断系统明确政策问题、确立决策的目标、提供解决问题的方案，并对决策的实施效果进行跟踪反馈。决策目标的确立来源于对问题的正确分析和判断，这首先需要信息系统提供所有的信息，并且保证信息真实可靠，决断系统则是在收到信息系统的信息和参谋咨询系统的意见后，对影响决策的政治因素、社会群体心理因素等诸多问题进行整合分析，最后做出精确的决断。

科学决策有赖于信息的充分、全面和准确。当今家庭面临的问题越来越多，利益格局越来越复杂，制定政策所需的信息量也越来越大，需要国家建立和完善庞大的信息收集和信息传递的网络，为决策建立信息支持。政策制定的各个环节都需要有充分而且准确的信息。政策问题的发现就是一个收集信息和传递信息的过程，只有当来自各种不同渠道的信息都传递到决策者那里，才会对决策者产生重大影响。在政策的制定阶段，也需要大量的信息支撑方案的制定和优化。当然在这个过程中出于客观和主观等原因，会出现信息不充分、不真实、不及时和不准确的情况，影响家庭政策的制定。最可怕的是信息被扭曲，真实的情况被有目的地掩盖，或信息被某些组织控制，最终出现错误的决策，导致人民群众付出沉痛的代价。决策失误是最大的失误，而这种失误如果是主观人为的，则应追究决策者的责任。

科学决策须发挥决策咨询机构的作用。目前我国参谋咨询系统的力量主要有两种，一是体制内政策研究组织。我国县以上的党政机关、立法机关及其相关部门都已建立研究室或调研室或研究中心等各种类型的政策研究和咨询机构，这是加强专家学者在决策中的地位和作用的体现，是实现决策科学化的重要保证。但现在这些机构面临的问题是职责履行不够，作用发挥不够充分。最大的阻力是独立性不强，需要法律保障它们的地位，赋予它们相对的独立性以及工作的主动性和灵活性。二是体制外的独立组织的研究力量。体制外的研究机构具有独立性、自主性和客观性，不受任何社会力量的左右，凭借专业的知识和科学方法，遵循相应的职业准则提供服务。它们提醒或告知决策者政策涉及的各方利益，制定决策目标，并能提供超前的研究和可供政府选择的方案。应大力发挥它们的作用，使它们与体制内的研究组织形成开放交互、功能互补的参谋咨询后盾。在这一点上我们要借鉴西方国家建立思想库的成功经验，建立属于自己的中国特色的智库。

一个正确的家庭政策决策的制定是信息系统、参谋咨询系统和决断系统各司其职、通力协作的结果，需要公众、专家和政府决策者尊重事实、实事求是，敢于说真话，真正以人为本，才能做出正确的决策。

第二，提高决策主体的素质和能力。当今社会发展迅速，政治、经济、文化和科学技术发展中的问题越来越突出，家庭面临的风险不断加大，政府决策面临新的挑战。而家庭政策决策以家庭问题为对象，涉及各个领域、各个行业，本身就是一个复杂的系统工程，更要求决策主体必须具有宽广知识面和深厚的知识素养、具有良好的伦理素质、具有缜密的思考能力。否则，在重大问题决策时，往往无法全面分析问题，无法做出正确的决策。

决策者的丰富知识和专业素养是决策者获得决策信息、控制决策过程及最终决策成功的基础。今天的决策者必须学习马克思主义基本理论、中国特色社会主义基本理论，必须具有经济学、政治学、管理学、社会学等方面的学科知识，只有知识储备扎实广博，决策者才会有战略眼光和远见，才能做出科学的决策。2019年末武汉新冠疫情突发，其中一个重要原因就是地方政府管理人员专业素养的缺乏和对专业知识在重大决策中的作用认识不足。这也警示我们，在干部考察中要注重专业素养和专业化能力的考察，必须引导和促使干部成为自己管理的相关领域的专家。同时决策者要正确处理好与专家之间的关系，保证专家参与决策权，发挥他们在专业领域的决策参谋作用，尊重专家的意见，避免长官意志决策，实现决策的科学化。

除此之外，决策者的价值观也是影响决策的重要因素。因为他们掌握一定的权力，他们的价值观念会影响政策的方向、目标、内容和实施，因而决策者必须树立正确的价值观念。中国共产党一直以来强调各级领导干部要坚持全心全意为人民服务的宗旨，把人民至上作为一切工作的出发点和落脚点。党的十九大报告指出："带领人民创造美好生活，是我们党始终不渝的奋斗目标。"[①] 决策者只有真正以为人民服务为宗旨，才能在政策制定中抵制和消除个人私利和小集团利益的影响，破除错误的政绩观，做出有利于社会和人民的正确决策。

第三，真正发挥咨询机构的作用。现代家庭政策决策面临的问题都是复杂的、带有不确定性的综合性的问题，即使决策者有丰富知识和极强能力，也不可能仅凭个人之力制定出全面妥当的决策，这就要求决策者一定要借助"外力""外脑"，采取民主的手段，让咨询机构的专家、学者对问题进行认真调研和深入的探讨，提供可以进行选择的若干方案，保障决策者决策的科学性。同时咨询机构必须有独立性、自主性。咨询机构不是为政府的政策作注解，不是为政策的合理性站台和背书，更不是一种摆设和做表面的功夫，而是要用自己的专业知识和智慧为决策提供科学的理论和方法的支撑，咨询机构人员要做"忠诚反对者"和"前瞻性建言者"，既要分析政策的可行性，更要做不可行性分析，重视前瞻研究和战略研究，这需要专家和学者尊重事实、尊重科学，哪怕面临各种压力，也应该始终捍卫真理，敢于说真话，敢于为民请命，最终使决策通向善的目标。这是专家学者应有的价值取向和良知。

在此笔者想到了钟南山院士和袁国勇院士。正是以他们为代表的专家凭借超强的专业能力、敏锐和过人的胆识，在 2020 年 1 月 20 日宣布武

---

① 习近平：《决胜全面建成小康生活 夺取新时代中国特色社会主义伟大胜利》，人民出版社，2017，第 45 页。

汉突袭而至的新冠病毒疫情肯定人传人，正式启动中国全民抗击疫情的模式，使我们赢得宝贵的时间。专家是国家最高级别的专业权威，手握"尚方宝剑"，如果不认真履职，在权势面前没有自己的独立性和坚定性，就丧失了专家咨询者的职业操守，如果专家咨询系统在科学性、专业性、独立性上都失守了，整个决策系统就不可能做出正确的决策。

2. 家庭政策决策的民主化机制

决策的民主化就是在决策的制定过程中，最大限度地让人民群众参与其中，力求使决策符合民意、代表人民的利益。决策的民主化的实质是对权力的制约，防止决策的专断化和随意化。它包含两层意思：既是指决策的目标，又是指决策的方式。决策目标的民主化是在决策方式的民主化基础上实现的。因而必须实现决策方式的民主化，通过制度化的参与方式让人民群众表达自己的利益诉求，经过利益的多次表达，使家庭政策越来越符合人民群众的利益。家庭政策制定不只是政府的工作，家庭政策制定应该是政府与公民、社会组织等相互交流、沟通、协商和合作的公共能量场形成的过程，"公共能量场是表演社会话语的场所，公共政策在这里制定和修订"。①

家庭政策决策的民主化的实现主要取决于两点。

一是改变观念，树立现代民主决策观念。

首先，政府决策者要有民主的品格。中国封建社会历史极其漫长，专制观念、等级观念的遗毒还存在，"官本位""管本位"思想还很深厚，这些都是民主决策的障碍。表现为决策者常有"为民做主"的意识，老百姓自己也常称官员为"父母官"，对政府决策和主体的权威有盲目的迷信和崇拜，将自己的一切问题的解决都寄托在政策制定者身上，认为政策制定是政府的事情，自己要做的事情就是遵守政策的规定。对自己的政策权益不敢或不愿去争取，缺乏参与的意愿和参与的积极性主动性。有的决策者

---

① 〔美〕查尔斯·J. 福克斯、休·T. 米勒:《后现代公共行政——话语指向》，楚艳红等译，中国人民大学出版社，2002，第10页。

也没有认识到公民参与的价值，反而认为让人民群众参与决策是对百姓的"恩赐"，对公民的参与权利缺乏应有的尊重。有的甚至认为公民的政治素质和文化素质不高，没有能力参与到家庭政策的制定中来。

事实上公民参与是民主政治的基本标志。家庭政策的运行过程是多种力量相互博弈的过程，其中政府、政党、公民、社会组织各有自己的利益，在政策运行中有着不同的作用。公民是政策主体系统中主要的部分，他们通过不同的途径参与到国家政治生活中，影响和制约政策的制定和执行，而且作为政策客体，还可以通过对政策效果等的评价对政府施加影响，公民在政策运行中有着重要的作用。

具体来说，公民参与是一个公民在家庭政策决策中的基本权利，包括知情权、投票权、批评建议权等，它是一个公民自己当家做主来决定家庭福利及其相关公共事务的过程，体现了公民在政治生活和公共事务中的主体地位。只有通过公民的广泛参与，才能使决策者听到人民群众的呼声和利益诉求，才能保障家庭政策真正代表最广大的人民群众的利益。广泛的公民参与也是家庭政策合理制定并得到广泛政治支持的重要基础，可以调动更多的社会资源，为政策的实施和发展创造一个更好的环境。这是因为公民的广泛参与有助于培养政府的信誉，有助于公民理解、认同和信任家庭政策，促使家庭政策拥有更广泛的群众基础，有利于政策的执行并取得效果。反之，如果家庭政策缺乏公共理性，公民无法表达利益诉求，仅凭精英倾向或民粹倾向均会导致政策不公，导致公民对家庭政策的不满，为以后的社会冲突留下隐患。因此政策的决策者要有民主的品格和素养。在决策过程中要以人民群众的利益为出发点和落脚点，实事求是，相信和依靠群众，认真倾听群众的意见，集思广益。决策者要善于调动决策参与者的积极性和主动性，共同参与决策过程，逐步形成深入调查了解民情、真正反映民意、广泛集中民智的决策机制，这是决策程序正义的要求。程序上的正义有时可以弥补实质上的非正义，但程序上的非正义却可能抹杀实质上的正义。

其次，加强公民意识的培养。公民意识是公民对自身的政治和法律地位的自我认识和对自己的基本社会身份的认同，是公民支配自己的社会行为的基本价值观念，主要是指公民的主体意识、权利意识和参与意识。其中主体意识、权利意识是参与意识存在的前提，只有明确自己的政治地位和权利是什么，才可能使自己摆脱成为政治权威附属品的角色，维护自身的自由和权利，自觉地参加国家和社会公共生活，参与家庭政策的决策。因而在某种程度上公民参与意识是公民政治素质的代名词，公民参与意识的高低就是公民政治素质的高低。因而要对广大公民进行现代民主政治理论的教育，增强公民的平等意识和参与意识，旗帜鲜明地抵制错误思想的影响，真正造就具有平等自由观念和独立自主能力的现代公民，在全社会积极创造一种人人参与、个个畅所欲言的积极参与公共事务的良好社会环境。公民社会的理念不只是体现在国家的政治系统中，还应该根植在每个公民的意识中。它不仅要求人权与法律，还要求公民具备公民的精神与素养，如公正、积极参与、善于对话、善于妥协、宽容等。公民的参与度就是社会民主程度的一个重要指标。公民能否参与政策制定、公民参与的广度和深度如何，是判断和评价政策过程是否公正、政策是否符合社会伦理的重要前提。"民主是一种社会管理体制，在该体制中社会成员大体上能直接或间接地参与或可以参与影响全体成员的决策。"①

二是完善家庭政策的公民参与机制。

公民参与是指公民或社会组织通过一定的途径和方式直接或间接参与到家庭政策行动中，影响政府的家庭政策决策的行为。公民参与包括了在家庭政策过程中的基本权利和义务两个方面，权利是指在家庭政策行动中的知情权、投票权、批评建议权，义务是指公民在关心公共事务、纳税和遵守政策法规方面必须履行基本的义务。公民参与的方式有多种，可以是政治参与（通过参加政治活动影响政策），也可以是意见参与（通过各

---

① 〔美〕科恩：《论民主》，聂崇信等译，商务印书馆，1988，第10页。

种方式发表意见影响政策）和行动参与等。家庭政策制定中的公民参与是指政府在政策决策时，将公民作为政策制定的参与主体之一，共同研究制定符合人民利益的政策民主化体系，它包括听证制度、政务公开制度。现阶段我国政府的政策民主化决策体系还处于起步时期，尽管有一些基本制度，但还不完善，在具体实施过程中还缺乏具体的法规的保障和相关的监管。为此我们还需要健全相关制度。

第一是完善家庭政策的社会听证制度。我国 1996 年颁布实施的《行政处罚法》规定："行政机关作出责令停产停业、吊销许可证或者执照、较大数额罚款等行政处罚决定之前，应当告知当事人有要求举行听证的权利。"从这时起，听证一词走进百姓生活。1998 年的《价格法》首先将听证制度引入行政决策中。《价格法》规定，在制定关系群众切身利益的公用事业价格、公益性服务价格、自然垄断经营的商品价格等政府指导价时，政府应当建立听证制。家庭政策涉及的是人民群众的切身利益，关乎千家万户的生活。家庭政策听证制是公众与政府双向互动的重要方式，是政府在家庭政策制定时听取所有利益相关人的意见的程序性制度。听证是政府在做出政策决策之前的必须行为，也是家庭政策利益相关人提出意见和主张、表达利益诉求的机会，以使政府的家庭政策决策能够切实考虑到不同群体和不同阶层的家庭利益，使家庭政策制定更为公正和合理。这在一定程度上限制了政府决策的随意性，也避免了政府权力的滥用和暗箱操作。

第二是完善家庭政策的社会公示制度。政府的决策机关就关系人民群众切身利益的重大事项，在决策前要就拟实施的预案或草案进行公开说明，并广泛地征求意见。公示并不是一个单向过程，而是政府与公众互动交流的过程，政府决策机构应主动回应公众，在与公众沟通、交流和协商中，逐步使政策具有广泛的代表性，更符合人民群众的利益。通过公示制度，公民可以实现对政府行为的评价和监督。只有公开相关的行政事务，让公民对家庭政策有知情权，了解政策，才能根据已知的情况，决定其是否参与及如何参与，也才能保证公民参与的效果。目前的公示制度有些形式化，重视公开，但并不重视公众的意见反馈。

3. 法制化——决策伦理机制的保障

家庭政策决策与人民群众的利益息息相关，其决策目标是科学化，实现这一目标的制度保证就是决策的法制化。党的十九大强调指出："健全依法决策机制，构建决策科学、执行坚决、监督有力的权力运行机制。"[①]

政府决策行为的实质问题就是公权力的行使问题，它"涉及政府投资、经济调节、社会管理、市场监管、公共服务等各个方面。一般可分为常规决策、重大决策。常规决策解决的是那些经常重复出现、性质非常相近的例行性问题，可按程序化步骤和常规性的方法处理。重大决策是具有宏观性、全局性、方向性和原则性等特征的战略决策，往往属于偶发的、无先例可循的、非常规性的问题，重大决策的重要性决定了对其进行法律控制是保障决策效果的关键"[②]。家庭政策决策的法制化就是将决策体制及其过程纳入法制框架，用法律规范决策者的权力和决策行为，通过法律保障人民群众参与公共决策的权利。

决策法制化也体现了政府决策中的依法治国原则。政府决策具有宏观性和灵活性。宏观性因其决策关乎国计民生，一旦有决策失误或不当，它会影响人民群众的利益与社会稳定发展。灵活性则指政府决策行为属于政府裁量行为，这一裁量权具有很大的自由而且易摆脱约束，必须由法律程序对其加以控制，依法规范决策的程序、权限、职责等，以保证政府制定的家庭政策真正体现人民群众的利益，促进家庭发展。法制化也是实现决策民主化和科学化两大伦理目标的保证。决策民主化和科学化也是法治政府建设的目标和任务。缺乏科学和民主的决策行为有可能给国家和社会带

---

① 习近平：《决胜全面建成小康生活　夺取新时代中国特色社会主义伟大胜利》，人民出版社，2017，第 37 页。

② 李国旗：《我国政府决策法制化进程中的问题与解决路径》，《理论导刊》2009 年第 8 期。

来极大的损失和危害，对于现实生活中的所谓凭经验决策、拍脑袋决策、暗箱决策等问题，我们无法提出行政复议或者行政诉讼，只有在决策法制化的基础上，才能真正保证决策的科学和民主。

当今家庭政策决策法制化中还面临一些问题。界定政府决策权力、权限的法律不完备，决策主体范围及其法律地位、决策主体的权力职责缺乏明确规定；决策程序的规范化和公众参与决策的制度不完善；决策纠错机制及责任追究机制不健全。为此需要从以下方面努力。

第一，明确家庭政策决策的主体及其权限。决策主体主要包括政府、公民及公民组织、专家及研究机构等。政府作为决策权力主体要明确中央政府与地方政府、上级政府与下级政府、政府各部门之间的决策权限划分，明确政府与执政党、人大决策权的合理分权与衔接。在决策中既要保证党的领导和人大的最高决策权，也要保证政府的决策主体地位，明确公民及公民组织、专家及研究机构作为决策的参与主体的参与资格、权利义务、程序及具体途径。

第二，规范家庭政策决策程序。W.道格拉斯曾说，公正程序乃是正当过程的首要含义。以法律确立决策程序是决策职权合法运作的重要前提。只有将决策程序法制化，决策体制的构成要素才能形成一个相互联系各自发挥作用的有机整体。在某种程度上，政府决策就是按程序决策。根据一般的决策理论，合理决策的必需程序就是：确立政策议题、设计政策方案、可行性研究及试点、初步方案征求意见和修改、审批和通过政策、发布文本等，每一道程序都必须以法律的形式确定下来。规范决策行为，一是通过民主的决策程序保证决策的科学性，避免少数决策者滥用职权、草率行事。二是决策程序的法定性使决策内容具有法律强制性，利于实施。程序失当、违法，可以构成权力机关和上级行政机关撤销其决策的理由之一。

第三，政府决策责任的法制化。目前确定决策责任的困难在于集体行为导致责任主体不明确、责任划分不明等。我国决策的一般原则是"民主集中制"，事实上决策强调集中，即上级主管领导有最终决定权。但一旦出现问题，责任人又会强调民主，出现"人人有责"但人人都不负责的状况。而且在追究责任时，任意处置，草草了事。更有甚者把个别人当替罪羊，以开脱责任。因此必须按照"谁决策、谁负责"的原则，健全责任追究制，实现权责一致的要求。建立责任追究制不仅仅是为了追究当事人，更重要的是为了减少决策失误以及能及时纠正一些失误，有利于真正实现决策的公平与效率，使家庭政策真正保障人们的利益。正如特里·L.库珀所说："所有的公共行政人员，实际上是所有的公共雇员都有责任去维护他们的公民利益，做不到这一点就是违背了受托责任，也是对公民责任的否定。这是最基本类型的伦理关怀问题。"[①] 党的十六大以来我党反复强调改革和完善决策机制、完善决策的论证制度和决策问责制度，十六届四中全会提出"建立决策失误责任追究制度，健全纠错改错机制"，十八大强调"建立决策问责和纠错制度"，十八届四中全会强调"建立重大决策终身责任追究制度及责任倒查机制"等。2019 年 4 月 20 日，国务院发布《重大行政决策程序暂行条例》，对于我国行政决策制度建设有重要意义。该条例对重大行政决策的事项范围、具体程序、责任追究制度有规定，但对于责任追究的规定比较笼统、操作性不够，而且法律位阶较低，权威性不强。还有些规定零散化存在于党内规范性文件和地方政府的政策文件中，与今天新时代的要求还有一些不适应的方面。具体还应从以下方面做出努力。

首先，厘清责任主体。责任主体不明确一直是我国责任追究的难题。明确责任主体要严格合理界定上级与下级之间、部门与部门之间、人员与人员之间的职权分工，防止决策职能紊乱与错位，多元主体决策是现代政府决策的要求和特征，但政府不能转嫁责任，应当承担最终的决策责任。

其次，健全问责模式及程序机制。明确责任追究的主体、机制程序

---

① 〔美〕特里·L.库珀:《行政伦理学：实现行政责任的途径》，张秀琴译，中国人民大学出版社，2001，第 47 页。

及不同主体的担责方式，使问责程序启动和运行时有相应的法律规定，而不再依赖领导意志、由领导说了算。真正实现权责结合，规范决策者的权力，促使问责制真正产生效果。

最后，强化政府决策的道德评价与监督。政府的有限理性决定了决策失误的难免，必须建立系统的家庭政策道德性评价机制，对已经出台的家庭政策从目标、程序、内容、实施及其产生的影响和效果进行道德评价，为家庭政策的制定、调整及修改提供依据。

过去我们比较重视政策的政治价值和经济价值，忽略了政策的伦理价值。随着政策的科学化和民主化要求的提高，公众对公平正义的诉求不断增强，家庭政策的伦理要求和评价的重要性日益凸显，家庭政策必须回应公众对效率、效益、公正、社会秩序和可持续发展的要求。家庭政策的道德评价是依据一定社会的伦理原则进行的，它贯穿政策制定的全过程，是社会专门组织和公众多元主体共同参与的活动。具体而言，家庭政策目标评价就是分析政策是否维护家庭利益和体现社会公平。家庭政策要通过再分配制度和社会保障制度，促使社会资源进行符合正义的再分配，保障所有社会成员和家庭的基本权利和平等机会，为弱势群体和家庭提供支持和扶助。家庭政策内容评价是要分析家庭政策是否符合社会主流的价值理念，是否符合社会的法律法规。符合法律法规是家庭政策最基本的伦理要求，也是法治国家的基本规定。家庭政策的程序评价是要求政策制定过程中体现程序公正，保证公众参与的广度和深度。程序的公正和公众的广泛参与为政策的伦理性提供了基础，也可以减少决策的失误和风险。当公共政策在一种正义的程序中运行时，社会公众的平等参与权才能得到保障，"在加强公民向政府表达需求的权力过程中就会体现出公共利益"。[①]家庭政策的实施效果评价是要分析家庭政策是否满足家庭及其个体的需要，是否提高家庭发展能力，分析家庭政策是否会忽视或者会损害另一部分人的

---

① 〔美〕B. 盖伊·彼得斯:《政府未来的治理模式》，吴爱明等译，中国人民大学出版社，2001，第 82 页。

利益。家庭政策的道德性评价是家庭政策行动的重要一环，对政策主体的行为和政策结果做出道德评价，对于提升政策制定主体和政策评价主体的道德判断能力，提高政策的伦理水平，保证政策的道德性，都有重要作用。

但任何法律都不是万能的，何况法律都是滞后的，它是事后的一种惩罚，因而法律总会有一些空白、失灵的地方。这就需要对决策主体进行道德责任意识教育，提高决策者对自身职责的认识，使其将责任转化为自身的义务，树立起为人民服务的信念，使家庭政策的决策符合公平正义的社会价值，体现"人民为本"的主体性价值，"坚持把人民拥护不拥护、赞成不赞成、高兴不高兴作为制定政策的依据，顺应民心、尊重民意、关注民情、致力民生"。① 为人民谋福利、为人民谋幸福是我们政府决策的最高的价值准则，只有始终坚持"人民至上"，始终代表最广大人民的根本利益，才能抵制个人、利益集团和特权阶层的利益诱惑，真正实现决策的科学和民主。

---

① 习近平：《在庆祝改革开放 40 周年大会上的讲话》，《人民日报》2018 年 12 月 19 日。

第五章
家庭政策建构中相关者的责任担当

家庭政策是由政府主导，家庭、社会、市场、社会组织等多种力量参与的具有系统性、协同性的社会行动。因而家庭政策建构既要强调国家和家庭的作用，国家是家庭政策的制定者，家庭及其成员是家庭政策建构的逻辑起点和直接作用的对象，又要在国家和家庭的基础上形成多主体和多渠道的系统性的合作行动框架和体系，具体而言，社区、用人单位、大众传媒等在家庭政策建构中都有自己的责任。国家和家庭的责任已在上述章节分别有所论述，这一章主要阐释社区、用人单位、大众传媒的责任担当。只有多主体形成合力，家庭政策的价值才能充分发挥。

一　社区：中国特色家庭支持网络

改革开放以来实行的独生子女政策促使我国家庭规模逐渐小型化，而随着交通运输条件的改善，社会激烈的竞争环境和地区经济的不平衡也加剧了人员的大规模流动，家庭成员在空间上的阻隔，更使家庭功能不断弱化。为了适应中国家庭在发展过程中的这些变化，解决由这些变化带来的家庭养老、儿童照料、工作家庭责任失衡等问题，我国借鉴他国优秀经验，吸取中国传统家庭伦理合理内核，制定一系列旨在促进家庭健康发展、提高家庭发展能力、增强家庭成员幸福感的发展型家庭政策。这些家庭政策要发挥实效、达到促进家庭发展的预期效果，不仅需要政府和家庭的努力，也需要社区承担起相应的社会责任。社区承载着的家庭既是家庭政策的适用对象，又是中国人独特的情感承载方，把社区作为基础和平台，可以通过建立社区家庭发展服务体系、提供社区养老和儿童照护服务、开展社区家庭问题调解工作等措施来呼应家庭政策。建构以社区为依托的中国特色家庭支持网络，社区承担相应的社会责任，关系到家庭政策的实施和落实，关系到人民群众的切身利益。

（一）社区构建中国特色家庭支持网络的优势

面对全球化的挑战，国际社会越来越认识到，只有保障和支持人的发展、促进家庭发展能力的提升，才能使国家的经济和社会发展保持活力。在这样的认识指导下，一系列旨在提高家庭发展能力的家庭政策出台。我国的家庭面临经济与社会双重转型带来的老人和小孩照料压力增大等各种家庭问题，解决这些问题固然需要我国政府制定相关政策，但作为直接联系家庭的社区，也必须承担相关责任，打通政策与家庭的"最后一公里"。

社区是在血缘、地缘和历史文化等因素影响之下在一定地域范围内所形成的社会生活共同体。共同的地域、共同的活动和相互的社会交往构成社区的基本要素。在共同的地域之上有着共同的意识和利益，能够培养特殊的情感和信任，共同体内居民相互往来、相互帮助，具有一定的认同感和归属感。中国传统社会的经济是自给自足的小农经济，人们依靠土地生存，统治者也重视通过农业生产来维护自己的统治。传统的生产技术落后、生产能力低下，人们想要更好地生存，必须珍视土地，中国农民一家的生计全维系在土地上，用费孝通先生的话来说，就是"人是粘着在土地上的"[①]，于是渐渐地对生养自己的土地产生深厚的依恋。在小农经济状况下，每个人必须依赖于家庭家族成员的共同劳动才能生存，大家共同劳动和生活，彼此之间都是熟悉的，这种"熟悉是从时间里、多方面、经常的接触中所发生的亲密的感觉。这感觉是无数次的小摩擦里陶炼出来的

---

① 费孝通：《乡土中国·生育制度·乡土重建》，商务印书馆，2011，第 7 页。

结果"。① 熟悉的土地和熟悉的人增强了人们安土重迁的情怀，所谓故土难离。正如费孝通先生所言："以农为生的人，世代定居是常态，迁移是变态。"② 因而人们所有的经济、政治及社会活动都是以社区这一地域为基础，世代生活和繁衍在这里，人们对自己赖以生存的地方社区怀有深厚的情感。

传统中国社会人们赖以生存的共同体就是以宗法伦理维系的宗族共同体，宗族共同体的组织性和互助性在新中国成立后的集体组织中依然非常明显。农业合作化和人民公社化运动就增加了人们对于以生产队为单位的公共场域和组织的依赖。20世纪80年代实行家庭联产承包责任制，但由于生产力落后、资金短缺，传统的基于人情伦理的宗族组织在乡村社会依然占据主导地位，最常见的是日常生活中和农忙时节的互助，以及生丧嫁娶、造房、急救等方面的凑份子。这表明传统的宗族共同体并没有与国家、社会、市场脱离关系，相反它实现了国家、市场、社会的互嵌，道德和理性的互嵌，个人和社会紧密联系。这是小农基于理性互助互利以维持生存和发展的行动逻辑。③ 时至今日，互助互利依然是乡村共同体建设的核心话语。进入工业化社会，人员流动频繁，传统的社区逐渐式微。大规模的经济组织和国家组织的出现和加强，代替了原来社区的部分功能，社区开始向社会转变，社区的互助等作用被以市场和契约为基础的社会福利体系代之，当然它没有完全取代社区的作用。随着近30年社会福利体系的弱化，世界各国都在重新审视社区在社会管理和社会服务方面的重要性，社区组织获得了发展的新机遇。联合国经社理事会在1960年对于社区发展的定义中就已经将社区发展看作社区与政府的合作工作过程，认为社区要和政府充分合作，积极参与政府发起的从社区群体共同利益和需要

---

① 费孝通：《乡土中国·生育制度·乡土重建》，商务印书馆，2011，第10页。

② 费孝通：《乡土中国·生育制度·乡土重建》，商务印书馆，2011，第8页。

③ 刘妮娜：《从互助养老到互助共同体：现代乡村共同体建设的一种可行路径》，《云南民族大学学报》（哲学社会科学版）2021年第2期。

考虑的各项发展活动，利用政府提供的资金和技术促进本社区发展。目前这一观点也已经为各国所接受。社区在社会政策尤其是在家庭政策中的意义不断凸显。一般而言，社区在家庭政策中的作用有两个层面：一是社区以自治的方式向居民提供必要的社会服务，二是参与到政府的家庭政策构建中去，发挥自己的作用。

中国社会在改革开放前实行的社会管理体制是"单位制"，个人的一切福利都由单位包办了，个体高度依赖单位，个人是"单位人"。改革开放后，"单位制"解体，个体由"单位人"转变为社会人，原本由单位承担的社会福利职能被全部推给家庭和社会。与此同时，中国家庭面临流动化、小型化、老龄化等的冲击，传统的家庭福利保障功能越来越萎缩，它也无法承担太多的"单位转变为社会"的成本，在这种情况下，相当一部分社会责任职能下沉到社区，由社区来承接，社区的地位和作用自然而然显示出来，个体对社区的依赖性也不断增强。一方面，社区作为居民的自治组织，为居民提供福利性服务和公益性服务，满足居民的各种需求。另一方面，社区作为政府公共服务和社会治理的基层单位，它在具体实施家庭政策时发挥重要的作用，家庭政策中的许多行动计划都需要社区具体来加以实施，如社会保障、贫困救助、公共卫生等。我国进行社区范围划定也是以便于服务开展、便于社区居民自我管理等为划定原则的。社区成员对本社区具有强烈的认同感，以社区为依托，进行各种旨在促进家庭发展的各项活动便有了天然的地域、物资、人力、成本优势。[1]

首先是地域优势。作为已经步入老龄化的国家，养老问题是一个亟须解决的重大问题。中国人有落叶归根的意识，越是年长越是思乡情切。另外，养儿防老、多子多福的伦理观念今天仍旧影响着中国人，不仅老人渴望被孩子照顾，孩子也普遍持有自己照顾老人的传统伦理观念。中国养育关系最为特别之处在于，父母哺育孩子，长大后孩子照顾老人，存在反哺

---

① 黎昕主编《中国社区问题研究》，中国经济出版社，2007，第124页。

现象。在面临养老问题时，因为跨越血缘与地缘的养老方式还没有被人们普遍认可，所以更多的人倾向于离家越近越好；另外，由于社区是人们生活的地方，老人在社区接受照顾也便于与亲人朋友的日常交流，可以更好地适应养老生活。而为了缓解老龄化，我国十八届五中全会指出要"促进人口均衡发展。坚持计划生育的基本国策，完善人口发展战略。全面实施一对夫妇可生育两个孩子政策"。[①] 2021 年 5 月 31 日中国决定实施一对夫妇可以生育三个子女的政策及其他配套措施，这就意味着我国家庭对儿童的照顾责任越来越大。鼓励社区托育，可以让父母减少家庭照顾压力，促进工作与家庭责任平衡，也能为有育儿经验的社区人员提供一些就业岗位。

其次是物资优势。社区养老分为社区居家养老和机构养老，这两种方式都可以充分利用家庭内的生活用具以及社区的公共设施，如社区周围的超市、水果店等都可以对社区养老提供物资支持。

再次是人力优势。工作压力的增大和激烈的社会竞争让许多人陷入工作与家庭责任的失衡状态，难免产生对老人和小孩缺乏时间照顾的问题。单纯的养老和托育机构只提供服务不提供亲情，社区照护是将专业人员的服务与社区内的各种血缘关系、邻里关系、朋友关系等所承载的诸多人力资源有机结合到一起，协调配合。在涉及婚姻问题时，社区可以组织专门人员及时上门了解真实情况，解决问题，社区内其他亲朋都会对婚姻问题的及时解决起到推动作用。

最后是成本优势。社区可以充分利用社区内的人力资源优势和物质优势，不仅照顾到了被照顾者的情感需求，也极大地节约了照顾成本。"社区的援助具有互动成本低、援助频率高、容易实现援助的互惠性、可以培育特殊的情感和信任等优势"。[②] 在诸多优势之中，最为突出的是地域优

---

① 《中共中央关于制定国民经济和社会发展第十三个五年规划的建议》，《人民日报》2015 年 11 月 4 日。

② 郑杭生：《中国人民大学中国社会发展研究报告 2002 弱势群体与社会支持》，中国人民大学出版社，2003，第 323–324 页。

势，社区是每个人生长生活的地方，在社区为家庭养老提供支持时，更容易得到社区内的人的认可，因为人们尤其是接受养老服务的对象心中对社区具有天然的情感偏向，社区养老既可以减轻家庭的照护负担，也可以避免一般的机构养老带来的心理落差和情感缺失。

基于社区的以上优势，如何建构与市场经济发展和社会转型相适应的社区支持体系，以缓解家庭的压力、支持家庭的发展、提升家庭发展能力，也就成为家庭政策的重要内容。社区处于政府与家庭之间，是家庭连接社会、政府的重要环节，又由于地域空间的缘故与家庭有着天然的亲和性。社区与家庭相互依存相互促进，社区建设的目的就是为家庭及其成员提供一个良好的社会环境，而稳定健康的家庭又是社区功能发挥的基础。政府需要以社区为依托，把保护儿童、照顾老人作为目前社区建设的重点，并设立专业的服务家庭的机构，为儿童、老人、病残者及其他需要帮助的人群提供服务，建立专业咨询队伍，帮助解决家庭问题，满足各类家庭的福利需求。

（二）中国社区的家庭支持网络建构的现状

目前，我国以社区为基础和平台构建的家庭支持网络处于起步阶段，虽然还不成熟，但是已经进入政策研究和社会治理的视野当中，并在社区养老、儿童照顾和家庭婚姻问题救助等方面有了一定成果。

社区居家养老成为契合我国养老现状的新型养老模式，但这种模式还有待完善。为了应对老龄化背景下家庭养老功能弱化、子女养老压力过大的问题，我国大力发展社区居家养老这一新的养老模式。我国传统的养老模式是家庭养老。但随着家庭规模的小型化以及女性参与工作的普遍化，家庭照顾的人力资源逐渐紧缺。传统家庭养老模式在现实中遭遇到一些困难，老人在日常生活中难以得到精心的照顾，老人养老需求无法得到满足，甚至还出现了空巢老人群体。而机构养老虽然比家庭养老更加专业化，却存在费用昂贵、缺乏情感归属、服务水平和质量参差不齐等诸多问题。社区居家养老模式是以社区为依托、整合社区内外多方资源、为社区内老人提供日间照料和上门服务等多种形式的养老模式，兼具了家庭养老和机构养老的优势，既弥补了传统家庭养老的不足，又体现了家庭、社区和国家对养老责任的共同承担。目前我国已经连续出台社区居家养老的政策，如 2000 年的《关于加快实现社会福利社会化的意见》首次提出以社区为依托、以家庭为基础的社区居家养老服务方向。2005 年民政部发布的《关于开展养老服务社会化示范活动的通知》奠定了社区居家养老服务的基础性地位。2008 年全国老龄委办公室等部门发布了《关于全面推进居家养老服务工作的意见》，正式以文件的方式定义社区居家养老服务。2017 年《"十三五"国家老龄事业发展和养老体系建设规划》中提出要"大力发展居家社区养老服务"。党的十九大报告重申了对民生保障工作的重视，坚持在发展中保障和改善民生，在幼有所育、学有所教、劳有所得、病有所医、老有所养、住有所居、弱有所扶等方面不断取得新进展。2021 年 6 月国家发展改革委、民政部、国家卫生健康委联合发布《"十四五"积极应对人口老龄化工程和托育建设实施方案》，该方案提出国家重点支持养老服务骨干网建设，夯实社区居家养老服务网络，发展日间照料中心。[①]这些都是对居家养老的重要扶持，利用社区的平台为居家养老提供基本的公共服务和社会支持。在政策的指引下，我国北京、上海、南京等发达城市已经率先开始社区居家养老模式的探索，在此期间，社区服务人员采取"走出来，走进去"的服务方式，为老人提供健康指引、助餐助洁、日间照料等服务，为我国社区居家养老模式的探索提供了宝贵的实践经验。但是我国社区居家养老模式才初见成果，仍然存在服务项目单一、运作机制不完善、工作人员专业素质不高、服务设施不完善、优惠政策和配套措施不到位等问题，难以满足老人多样化的养老需求。

社区儿童照顾缓解了家庭照顾压力，但服务质量有待提高。除了越来

---

① 《"十四五"积极应对人口老龄化工程和托育建设实施方案》，http://www.gov.cn/zhengce/zhengceku/2021-06/25/5620868/files/04b844773d1e4bb78dde9b8309aff945.pdf。

越大的养老压力外,我国家庭也承担着比较沉重的儿童照顾压力,这可以从全面二孩政策放开却没有迎来预期的生育高峰期这点上反映出来。全面二孩政策的放开,传统养儿防老、男主外女主内观念的残留让儿童照顾成为家庭成员尤其是女性成员的另一大家庭照顾压力。父母由于忙于日常工作,无法在孩子需要照顾的时候给予及时的照顾,留守儿童的童年更是缺乏父母之爱,儿童在放假和节假日闲暇时不能理性安排时间,沉迷电视、网络世界无法自拔,甚至可能出现人身安全问题。我国专业社会工作者认证才刚刚起步,社区专业社会工作者还比较缺乏,这使得目前我国社区儿童照顾者的服务质量还有待提高。除了家庭和学校外,社区也担负着重要的教育功能,我国一些社区开展"四点半课堂"服务,以社区为依托,整合社区内可用的资源,将四点半放学以后无人看管的儿童集中起来进行照顾和辅导,为家庭分担了儿童照顾压力,也保障了儿童放学后的安全问题。但是"四点半课堂"存在经费不足问题,场地也常是征用社区居民休闲用地,给社区居民其他活动带来了不便。此外,家长重视成绩,让许多"四点半课堂"变质成为课下补习班,增加了儿童的课业负担。

社会工作介入社区照顾为社区发展提供专业性技术支持,但这种支持还不够强大。作为一个专业性较强的学科,社会工作以助人自助为宗旨,以弱势群体为对象,为解决弱势群体问题提供专业性技术支持、进行困难救助。在我国的许多地区,针对老人和小孩等弱势群体的社区照顾存在照顾方式单一、照护不专业、难以满足受照顾人需求的问题。引入社会工作,在一定程度上弥补社区居家养老服务水平不高、服务内容单一的缺陷,能指导各个社会主体积极承担照护老年人的责任。社会工作介入社区儿童照顾领域,也可以针对学龄儿童的照顾需求给予他们更为专业化的课外娱乐和课外的生活照顾服务。更重要的是,社会工作者会提高整个社区照顾队伍的服务专业性,同时能积极整合和调动社区有利资源促进社区建设。社会工作者,不仅是社区照顾服务的提供者,还是社区有效资源的整合者,更是政府政策的影响者,他们在承担了多种现实角色的同时也面临着很多压力。而由于在角色实践过程中，受到诸多条件的影响难以有效进入角色，再加上工作压力大且自身难以有效调整心态、薪酬不高并且职业上升空间小等原因，社会工作者的工作热情和责任感容易丧失，人员流动性也特别大，影响社区社会工作的有效开展。

我国社区促进家庭和谐工作存在思想和行动上的不足。我国社区对于家庭的支持不仅在于对家庭成员照顾责任的分担，还在于帮助社区家庭维持良好的家庭婚姻关系，对于解决家庭内部冲突事件具有相应的责任。家庭是社会的细胞，社会经历着经济与社会的双重转型，转型过程中的阵痛必定波及家庭，对于家庭婚姻问题的干预职能从单位转移到社区就是重要的表现。以家庭暴力为例，家庭暴力几乎在所有的国家都普遍存在。1979年联合国大会通过了《消除对妇女一切形式歧视公约》，1996年联合国经济及社会理事会人权委员会通过了《家庭暴力示范立法框架》，目前已经有包括美国、英国在内的120多个国家制定了有关反对家庭暴力的法律。我国对于家庭暴力也有了相关法律规定。为了防止家庭暴力的发生以及家暴带给家庭成员和社会的不良后果，中国出台了《中华人民共和国反家庭暴力法》。该法第十四条规定，居民委员会和村民委员会"在工作中发现无民事行为能力人、限制民事行为能力人遭受或者疑似遭受家庭暴力的，应当及时向公安机关报案"，[①] 除此以外，我国宪法、刑法、未成年人保护法、预防未成年人犯罪法等，这些法律都对家庭暴力作了相关规定，并明确社区在反家庭暴力中的作用和责任。但是长期以来，社区在反对家庭暴力、调解家庭纠纷中所做的工作不够，这主要是因为我国存在"宁拆一座庙，不毁一桩婚"、"清官难断家务事"、家庭矛盾是个人私事等观念，让社区没有反家庭暴力的主动性和积极性。再加上受到家庭暴力伤害的群体多见于老人、女人和孩子，这类群体自身可能因为缺乏法律知识、行为能力、自我表达能力，或者身心受创以后出于恐惧或者"家丑不可外扬"的

---

① 《中华人民共和国反家庭暴力法》，《人民日报》2016年1月26日。

心理等不能、不敢或不愿去向社区反映情况，家庭暴力不能得到及时制止，受伤害的家庭成员可能受到更多的伤害。而且我国相关法律实施机制还不健全，一些法律保护机制的可操作性不强，这也是社区介入家庭内部冲突的工作无法做得很到位的原因之一。

（三）以民生为本的中国社区家庭支持网络的建设

中国社会在独特的计划生育政策和强大的现代化力量的影响下，人口结构呈现少子化和老龄化态势，家庭结构的核心化和小型化削弱了家庭功能，家庭脆弱性明显增强，家庭发展能力受到了挑战。发达国家率先进入了老龄化，并对老龄化问题做出了回应。1982 年在维也纳举行了世界上第一次老龄问题世界大会。参加大会的许多发达国家在会议后纷纷设立应对老龄化问题的协调机制，大量关于老年人照顾问题的政策、法律产生。与发达国家相比，我国未富先老的现状让中国养老问题十分严峻。与此同时越来越大的竞争压力和越来越普遍的双职工家庭，让学龄儿童的照护问题也越发突出。构建社区家庭发展服务体系，满足社区家庭的发展要求，提供优质社区服务，增强社区家庭发展能力，构建具有中国特色的社区家庭支持网络，促进美好家庭建设势在必行。[1] 习近平总书记强调："社区是党委和政府联系群众、服务群众的神经末梢，要及时感知社区居民的操心事、烦心事、揪心事，一件一件加以解决。"[2] 以民生为本就是社区家庭支持网络建设的目标。具体而言要做好以下工作。

1. 积极发展社区居家养老服务

将社区养老作为养老新模式，为社区老人提供社区居家养老服务，能够提升老人的自我照顾能力，也能促进其家庭照顾能力的改善。

第一，整合各项有利资源支持社区居家养老服务。实际上，社区是联

---

[1]　刘庆宝：《社区家庭发展服务体系建设探析》，《理论建设》2015 年第 5 期。

[2]　习近平：《坚定改革开放再出发信心和决心　加快提升城市能级和核心竞争力》，《人民日报》2018 年 11 月 8 日。

系各个方向养老资源的枢纽，有学者将其形象地比喻为"社会化养老的末梢神经"①。传统的居家养老方式缺乏社会性，而纯粹的机构照料也难以迎合广大的养老需求。而社区居家养老克服了这两个方面的弊端。美国关怀主义伦理学家诺丁斯从代际关怀的角度主张养老照护就地化。她说："老年人搬进'老年之家'和老年社区不是唯一的出路。我们完全可以发挥想象力，设法使老年人继续住在原来的社区里，或者将他们融入其子女所住的社区。当我们把老年人与其家人及友人隔离开，我们失去的是几代人之间相互关怀的机会，既失去了长辈关怀晚辈的榜样，也减损了晚辈关爱长辈的机会。"②诺丁斯不支持老人在专业的养老机构养老，而是主张社区服务与居家养老照顾相结合的就地养老，她认为这是实现家庭代际道德关怀的有效方式，也是西方社会养老服务政策的发展方向之一，可以使老年人在家获得更多的更直接的道德关怀和社会支持，也在一定程度上减轻政府的福利压力。在社区居家养老服务提供上，不只有政府一个提供者，民间资本、社会组织和公民团体都应该共同努力，如美国就在养老产业方面允许私人产业和非政府组织介入，不断提升和补充社区养老服务。社区养老可以借鉴美国做法允许私人资本进入社区养老领域，也可以将居民自己及亲朋好友构成的自然养老体系与政府、企业组成的正式养老体系结合，形成社区养老服务这样的"非正式支持体系"，促进家庭养老问题的解决，将居家养老与机构照料变成社会化养老服务。

第二，完善社区养老服务体系。必须加强社区养老服务管理体系的创新与完善，在市政规划时，尤其是居民小区建设时，要注意对社区养老服务设施的规划与考虑；加大政策扶持力度，保障社区养老服务的资金支持，如给予老年人家庭服务津贴，奖励尊老爱老家庭等；要加强管理与监

---

① 童星、高翊翔：《社区服务：社会化养老的末梢神经》，《中共浙江省委党校学报》2017 年第 1 期。

② 〔美〕内尔·诺丁斯：《始于家庭：关怀与社会政策》，侯晶晶译，教育科学出版社，2006，第 249 页。

督，不断提高养老服务水平和效率，不断引入专业社会工作人才，重视提升养老服务从业者的专业素养和所提供服务的规范性、专业化水平，不断培养养老服务行业的专业人才，对从业人员实行严格的行业准入制度，为社区老人提供更加专业化和高质量的服务。

第三，促进社区养老服务运行系统的完善。要完善社区养老服务运行系统，必须在政府主导下进行科学规划，促进体制机制的创新，改变相关制度与法律法规相对滞后的局面，借鉴发达国家经验，在保持相关法律稳定性的同时着眼于老人照顾现实状况和未来走向，与时俱进地完善相关政策，创新社区养老服务的工作机制；要加强宣传，塑造良好的社区氛围，做好推进社区养老服务创新的基础工作。

第四，借鉴国外社区居家养老经验。首先，为社区服务对象提供多维度服务。美国社区设有老人活动中心、家庭保健中心等，家庭关怀是政府倡导的服务形式之一。[①] 英国1989年颁布《社区照顾白皮书》，正式开始社区照护实践。在社区照护的内容上包括居家服务、托老所等社区生活照顾，也包括物质支援、心理支持和整体关怀，以国家福利形式为社区照顾提供资金支持社区养老。与这两个国家社区居家养老服务相比，我国还需要在服务层次多样性、服务内容人性化方面努力，考察社区老人实际养老状况和养老需求，开发新的养老服务内容。其次，重视社区养老配套政策和法律的制定与更新，保障社区养老实践有效开展。要完善社区居家养老服务运行体系，必须制定长期稳定的政策。近几十年来，多国政府的养老政策趋向于"去机构化"，将社区照顾、就地养老和居家养老作为政策优选，制定包含有开发社区养老功能、加大社区养老支持力度的老年人长期照护制度（long-term care）。法国的老年社会政策由过去的福利机构关怀为主转向以社会综合关怀为导向，居家照顾为首选。联邦德国于1984年

---

① 〔英〕苏珊·特斯特：《老年人社区照顾的跨国比较》，周向红、张小明译，中国社会出版社，2002，第27页。

颁布的社会援助行动法案认定，社区照顾应优先福利机构关怀。^①美国的老年关怀则主要通过老年保健制度、医疗救助制度等机制实现，而不是由社会公共机构提供。美国在 1965 年颁布美国老年人照护法案，使政府向 65 岁及以上老人提供医疗照顾"Medicare"、向残疾人和穷人两大弱势群体提供医疗救助"Medicaid"等服务有了法律依据。1997 年美国出台《平衡预算法案》，针对病弱老人的医疗康复需求提出了 PACE 计划。日本于 2000 年实施《照护保险法》，长期照护制度在日本产生，民众要在 40 岁缴纳护理保险费，在 65 岁以后就可以获得政府提供的支付护理保险费等服务。美国和日本的长期养老政策做法并不相同，我们也可以从中看出养老政策具有相对稳定性的特点。在养老政策相对稳定的情况下，养老阶段性目标才能逐步实现。最后，重视社区居家养老的服务质量。受老龄化影响，我国在老年人口需要照顾的现实下，越来越多妇女成为居家照顾工作者。这样的做法虽然一定程度上缓解了一些家庭的就业压力，给一些低收入家庭带来了经济利益，却也存在难以提供较好的专业化服务、居家照顾工作者本身的养老抚幼问题加剧等弊端。发达国家在老龄化现实下，积极培养养老服务专业人才，实行严格的行业准入制度，社区居家养老服务质量普遍较高。中国应积极借鉴西方经验，给予该行业人员专业化培训优惠政策，提高社区居家养老服务人才的专业素养。

2. 积极承担社区儿童照顾责任

社区儿童是社区的主要成员之一，也是社区成员中的弱势群体，社区应对儿童的健康成长积极承担相应的责任。

第一，加强宣传引领，强化家庭对儿童的教育意识。社区可以通过召开宣传大会、举办各种趣味活动、办社区专栏、印发小册子等方式加强宣传教育，让家庭成员注重对儿童的身体和心理照顾，让儿童逐渐养成良好的行为习惯，促进儿童身心健康发展。家庭是孩子一个重要的教育场

---

① 〔英〕苏珊·特斯特:《老年人社区照顾的跨国比较》，周向红、张小明译，中国社会出版社，2002，第 22—23 页。

所，从古至今，我国都十分重视家风家教。在中国传统教育理念里，知识积累和道德养成都被家长看作极其重要的内容。而现今家庭在儿童教育问题上，家长一直存在两种错误的理念和方式，一种是圈养式管理，太过严厉，对孩子控制得过死，让孩子抓紧一切时间学习，忽视对儿童的心灵和品质的照顾；另一种是放养式管理，完全没有重视对孩子的教育。对于前一种错误育儿观念，社会工作者不仅要帮助孩子按时高效地完成作业，还要深入家庭，注意对孩子所处的家庭环境进行了解，及时发现并帮助家长认识到自己错误的教育理念，及时了解和关注孩子的实际情况和心理感受，释放学习压力，给孩子创造更好的家庭学习环境。而对于后一种错误的教育理念，社区社会工作者首先要通过沟通让家长意识到自己对于教育孩子的重要责任以及责任缺失带来的问题，然后要及时发现儿童已经形成的不良习惯并及时加以引导和改进。而对于有问题并因此难以得到他人认可的孩子，在发现他们不足之时，也要注意挖掘孩子的闪光点和自身潜力，帮助他们树立信心、改正缺点。

第二，完善社区儿童照顾设施。借鉴发达国家经验在社区内设立专门的学堂和图书屋，加强儿童道德教育，增长儿童知识；建设专门的儿童活动场所，开展各种户外活动，并有专门的看护人员进行看护。充分利用社区儿童照顾设施，可以让孩子在基本的学习任务完成后，有意识地发展有益的学习兴趣，促进身心健康。例如，由社区的社会工作者组织孩子们利用社区设施资源开展手工活动、团队趣味游戏、诗歌朗诵比赛、话剧表演等，丰富社区儿童课堂内容，令儿童的课余和假期时光充实有趣。社区儿童照顾设施的设立和完善，实际上给社区儿童照顾工作提供了更加完备的环境，使儿童能够享受社区社会工作者提供的更为专业化和多样化的服务，进行各种游戏娱乐，这样就可以让儿童充分利用闲暇时光，用社区内的集体儿童活动代替独自宅在家中沉迷网络游戏的行为，不仅摆脱游戏和网瘾的侵害，也减少儿童独自在家而引发的安全事故。

第三，在照顾对象上，社区儿童照顾要注重将流动儿童、留守儿童等纳入照顾范围，增强他们的参与意识，为他们的健康成长创造条件；在社区照顾的人员安排上，既要注重专业人才的引入，也可以借鉴日本的做法就近吸纳有育儿经验的人员。社区可以让社会工作者介入社区，凭借社会工作者的专业化技术方法，积极主动地了解社区内各个家庭及其成员的具体情况，加强交流，以便及时发现社区家庭的需求并快速做出反应。尤其是对于家庭暴力问题，如果孩子受家庭暴力伤害，他既没有完全自我保护能力，也没有相关法律意识，甚至心中产生恐惧而不敢做出任何求助行为，社区要主动发现照顾对象而不只是等需求者提出需求才采取行动。在儿童的照顾问题上，社会工作者更要兼顾对其心理和品质的引导和塑造，尽最大努力给予他们精神上的治疗，注重个人优秀品质的培养。

3. 积极做好家庭冲突的社区干预工作

简单的家庭冲突是可以在家庭内部解决的，较为严重的家庭冲突可以依靠社区所具有的人际关系优势如亲戚、朋友和居委会等帮助解决，情节最为严重的、社区必须进行干预的最为常见的家庭冲突就是家庭暴力。在中国受传统男尊女卑思想的影响，家庭暴力仍然存在，并且因个人权利意识和法制观念薄弱，家庭暴力现象无法得到遏制，让施暴者更加肆无忌惮，受虐者处境艰难。为此，在社区工作中，要转变思想观念，建立健全家庭暴力的工作预防体系，发挥好社区职能。

第一，通过发挥社区恢复、预防和发展的职能来预防家庭暴力。所谓恢复职能，便是当家庭出现一些因素导致家庭暴力发生时，社区找到问题的症结，然后对症下药，同时，帮助当事人以新的面貌投入接下来的生活；社区要发挥好预防职能，创设良好的社区环境，让家庭建立伊始便树立良好的家庭观念，减少家庭暴力事件的发生；社区要重视反家庭暴力的工作，发挥好发展职能，促进家庭、社会的发展，从而使社会得以进步。

第二，社区需要建立健全家庭暴力的社区工作预防和救助体系。首先，建立社区法律援助机制。目前我国反家庭暴力的法律援助机构过少，且多在司法行政机关内部，社区受虐妇女不能及时有效地获得法律援助，在社区建立法律援助机制，可以为受虐者提供更为便捷的维权方式。挪威对于遭受家庭暴力女性的援助工作十分有力，对于家庭暴力采取了零容忍的态度，提出无条件司法干预的做法，即使受害者撤销了诉讼，警察和公诉机关也可在不经受害人同意的前提下对施暴者提起诉讼。挪威刑事诉讼法第 122 条规定遭受家庭暴力的家庭成员有权利拒绝提供被家暴的证据，使因为各种原因没有提起诉讼的受害者得到司法救济。这都为中国反对家庭暴力提供了有力借鉴。其次，建立社区受家暴妇女救助站。家庭暴力中的受虐者身心都受到了伤害，社会工作者应进行必要的心理援助，在社区内设立相关庇护场所，进行社区照顾，可以有效减少受害人所受的伤害。美国于 1974 年建立世界上第一个受家暴妇女庇护站，为受害者提供援助，制定人身保护令制度等一系列政策措施保障受害者的利益。在加拿大，政府也发挥社区优势为受家暴妇女提供戒备森严的临时避难所，给她们提供膳食、住宿和法律帮助，直到她们找到安全住处为止。[①] 最后，建立社区教育体系。在社区设立婚前咨询，让男女双方提前认识到未来相处可能会出现的困难，减少未来可能出现的夫妻冲突；在社区普及家庭暴力相关法律知识，提早给人们敲响警钟、争取减少家庭暴力行为，构筑居民心中的法律防线；给社区居民提供家庭矛盾解决课程，提高人们理性解决家庭矛盾的能力。

4. 提高社区社会工作者的职业道德素养

社区社会工作的特殊工作属性对社会工作者的职业道德素养有非常高的要求。作为一名社会工作者，在接触社会工作之初就应该了解到社会工作实践所要面对的是对社会弱势群体的救助。这一性质不仅使社会工作诞生之初就具有伦理道德色彩，还让其在转型时期的现代中国社会有了很大的发展空间。借鉴西方发达国家的经验，让社会工作介入社区，可以为社区内弱势群体提供专业性技术指导和服务支持，促进社区家庭和谐发展。

---

① 　李贤华：《国外保护家庭妇女权益的司法制度》，《人民法院报》2012 年 3 月 2 日。

但是在具体的实践过程中，我国一些社区社会工作者自身专业知识储备不够，道德素养不够高，使自己陷入身份困境，不能很好地适应自身工作特性，甚至产生离职倾向。社会工作是本身就对道德素养有很高要求的工作，社会工作者应该努力提高自身的职业道德素养，这是社会工作者人才素质的核心要素。

第一，建构正确的职业价值观念。这是由价值观对于社会工作的重要性来决定的[1]。在具体的社会工作当中，我们需要与社会工作者、社会志愿者、政府相关部门以及受助者等多方进行沟通、合作，尤其是在与受助者进行交流时，一定会涉及价值观方面内容。此时，如何尊重他人价值观，做出合适的有利于受助者的判断都需要正确的价值观的引领。因此，在学校系统学习和机构组织培训的时候，一定要注重学员职业价值观的塑造。此外，要将传统道德融入社会工作的价值观中去。因为社会工作是由西方传入，内含的工作方法等内容是契合于西方社会个人主义价值观的，在我国强调集体主义的文化环境下可能并不适用。相反，中国传统道德中的爱国、敬业、诚信、友爱、助人为乐等却是社区社会工作者价值观中必不可少的道德内核。中国优秀传统道德作为我国道德资源，应该成为构建本土社会工作者道德价值观的内容。

第二，加快社会工作立法，理清权利与责任。[2] 为促进社会工作者道德建设，民政部门在 2012 年 12 月 28 日颁布《社会工作者职业道德指引》。这是直接从道德约束的角度促进社会工作者提高职业道德素质。事实上，有些社会工作者在投入实践以后，因为自身专业素质不够高、实践经验不足，在将自己的激情和知识转化为社区工作的成果中便屡屡遭遇挫折。这些社会工作者难以忍受烦琐的工作带来的压力，对于自身工作产生自我怀

---

[1] 罗肖泉:《关于中国社会工作职业道德建设的几点思考》,《伦理学研究》2009 年第 2 期。

[2] 李娟:《社会工作者在儿童社区照顾中的身份定位思考》,华中师范大学硕士学位论文，2018。

疑，责任感慢慢丧失，逐渐导致自身职业道德素质下降。加快社会工作立法，既可以帮助社会工作者认清自身的权利和责任，在工作中对于自己应该去管的事情放开手脚进行管理，也可以责任到人，帮助具有消极懈怠思想的社会工作者提高自身责任感。更为有利的是，加快社会工作立法，可以对社会工作人员的奖励和晋升机制、工资待遇增长机制、劳动就业和社会保障等有明确规定，这样就可以有效解决社会工作者职业满意度低、职业道德责任感不强、离职率较高等问题。

二 单位：工作与家庭责任的平衡

随着社会的转型，中国家庭结构发生了改变，家庭规模越来越小，家庭照顾功能出现弱化的趋势，家庭成员需要面临更多的无薪照顾工作带来的压力。同时市场经济的发展对劳动者的素质提出了越来越高的要求，劳动者为了在激烈的竞争中立足，必须花费更多的时间和精力于工作中，以维持和创造更好的家庭生活，造成工作与家庭责任的平衡被打破。工作与家庭责任失衡实际上是个体角色冲突的一种，每个人在社会中都面临多重角色的冲突如工作与家庭双重角色冲突，由于人的时间、精力等内在资源有限，人在这两种角色扮演当中资源分配出现偏斜时就产生责任失衡。实际上，工作与家庭责任平衡问题最开始出现于率先步入工业社会的西方国家。最初人们将家庭与工作单位作为两个分开的领域进行研究，直到 20世纪 70 年代研究者才开始从开放系统的角度进行研究，认为工作与家庭两个系统是相互影响的，在这一时期提出了溢出和补偿理论。溢出理论认为一个领域的感情和行为会影响另一个领域的感情和行为。如员工在单位遭遇不公平待遇，情绪低落，可能回到家里会迁怒家人。补偿理论是对溢出理论的进一步发展。它假定工作和家庭之间存在相反的关系，认为个人在一个领域有所缺失，在另一个领域就会努力去弥补。这些理论都说明家庭与工作相互影响。2000 年，美国学者克拉克提出工作—家庭边界理论，来解释工作与家庭冲突出现的原因，并给出平衡策略。在全球化发展过程中，工作与家庭责任平衡被越来越多的国家和企业所接受和重视，它成为经济合作与发展组织（OECD）衡量公民幸福程度的重要指标，不少国家出台家庭友好型政策来促进家庭自我能力发展和家庭成员工作与家庭责任的平衡。我国目前对工作与家庭责任平衡问题的研究还不深入，没有形成重视工作与家庭平衡的良好的社会环境。因此，单位积极响应家庭政策的要求，承担社会责任，促进工作与家庭责任平衡非常重要。

（一）单位承担工作与家庭平衡责任的依据

首先，每个人都是社会人，在单位与家庭里均有其角色。作为单位最重要的资源，单位的员工不仅仅是单位的人，更是来自一个个家庭的家庭成员，所以单位的员工通常要担负照顾家庭和完成工作两方面的责任。为了获得经济收入来维持家庭发展，成人后人们都走上了工作岗位，在工作中获得劳动报酬以创造更好的家庭生活。在西方管理学说史上，从梅奥的"霍桑实验"开始，人们已经开始关注员工个人的情感需求了，人们认识到员工不仅是经济人，更是社会人。基于人都是社会人的假设，单位如果只提供给员工经济利益是无法有效提高员工的工作效率的，管理人员必须考虑到员工除了经济利益需求以外的其他需求，如自尊心、成就感、对员工家庭的福利支持等等。事实证明，尽管人本管理理论仍有时代的局限性并且至今也在不断完善之中，但它在管理实践中的成功应用说明了单位关心员工人性化需求的正确性。

全球化时代经济形势越来越复杂，企业与企业间的竞争日趋激烈，迫使处在信息化和网络化时代的人们不断投入更多的时间在自己的工作中。员工一方面深感自己的工作压力越来越大，工作与家庭的界限越来越模糊；另一方面，作为家庭成员，在家庭本身的发展能力比较低、脆弱性强的背景下又承担着沉重的家庭照顾责任。一边是工作压力的加大，一边是不得不担负的家庭事务，工作者面临着严重的工作家庭冲突。在这样的情况下，忽视员工工作—家庭失衡的单位可能会失去技能熟练并且有较高专业素养的宝贵人才，而认识到这一点的竞争对手则会趁机吸引这样的人才。实际上，强调效率优先的科学管理理论是通过科学管理方法来提高员工的工作效率，以马斯洛的"需要层次理论"为代表的人本管理思想则注重关心员工的情感和心理因素，激励员工提高工作效率。两种管理思想虽然基于不同的人性假设，也有一定的缺陷，却都是以提高单位工作绩效为目的。但只有以人为本的管理把关心员工的工作与家庭责任平衡问题作为提升单位工作效率必须要做的工作。

中国传统文化重视家庭，中国人也非常强调家庭观念和家庭责任感。认为先修身齐家，然后才能治国平天下，家庭是国家治理的基础，把家庭建设摆在重要的位置。即使到了现代，家庭对于每一个家庭成员、对于国家和社会发展也有着极大的影响，它是个体生存和发展的第一场域，是社会安定和谐的基本单元。"无论时代如何变化，无论经济社会如何发展，对一个社会来说，家庭的生活依托都不可替代，家庭的社会功能都不可替代，家庭的文明作用都不可替代"。[①] 作为给员工带来直接压力的工作单位更应该认识到员工作为社会人扮演着双重角色，承受着工作与家庭的双重压力，单位要帮助员工履行家庭责任，为促进员工工作与家庭平衡做出自己的努力。

其次，单位依托社会生存，应该承担社会责任。单位组织目标的实现离不开社会的支持和帮助，单位的决策和运行也必须符合社会这个群体的伦理道德要求和社会价值取向。[②] 单位虽有其自身的利益，但它也必须履行社会责任。早在 1908 年，美国哲学家杜威就在其《伦理学》一书中提到企业具有公共责任。卡罗尔在其最终完善的企业社会责任模型中将企业的社会责任分为经济责任、法律责任、伦理责任和自觉责任四个层次。经济责任是基本责任，一个企业本身为了获得利益必须要进行经济活动，为

---

① 《习近平谈治国理政》第 2 卷，外文出版社，2017，第 353 页。

② 余达淮:《企业社会责任三题》,《经济经纬》2009 年第 1 期。

社会提供需要的产品和服务，这是一个企业最基本的社会责任。而企业在运行过程中必须遵守法律法规，这是企业的法律责任。由于承担法律责任会让企业自觉去承担伦理责任，于是企业迎合社会成员的期待，在经营中遵循道德规范。自觉责任是最高级的企业社会责任，是企业根据自身的发展理念，自觉参与慈善救助、义务劳动等等。该模型指出了单位应该承担的不同层次的社会责任。单位承担社会责任是必不可少的，这既是现在单位所处的外在社会环境的要求，也是为单位创造更好的社会环境的要求，最终会有利于单位的发展。

以响应家庭政策为例，一项政策从颁布到实施直至最后发挥它的实际效果，是需要政府以及社会各界共同努力的。单位便在家庭政策的实施中扮演着积极的角色，承担着一定的社会责任，在解决工作与家庭冲突问题中具有重要作用。为了解决如今中国家庭面临的一些现实问题，提升家庭以及家庭成员的发展能力，降低家庭成员来自家庭的压力，我国出台了一系列的家庭政策，涉及就业、养老等许多方面。但是，仅靠家庭政策要解决众多现实性的问题是不行的。如果没有良好的政策实施环境，政策就无法达到其预期的效果。而单位有自己的职责以及相应的社会责任去落实家庭政策的要求。现代人的时间基本都分给了家庭和工作单位，而在工作与家庭两者之间往哪里投入更多的精力和时间的选择面前，单位往往占据着十分重要的优势。单位一味地"捆绑"员工，会让员工对于自身家庭责任的承担感到有心无力，这不仅会影响到员工的个人工作状态，更会影响到整个社会道德和价值观的发展，无法给企业营造良好的发展环境，最终会影响到单位的生存。只有在一个良好的社会环境中，企业才能获得长足发展的支持。如果单位坚持"以人为本"的管理理念，采取一系列工作—家庭平衡的人力资源管理策略，设置一些家庭友好型员工福利政策，营造良好的政策环境，承担自己的社会责任，给予员工更多的人性关怀，减少他们的工作压力，给予员工尤其是女性员工更多工作上的支持，让她们意识到自己应该积极行使自己的合法权利，就可以减少员工的工作与家庭冲突问题，也有助于家庭政策的实施。

最后，单位只有承担社会责任才能不断发展。任何单位的最终目的是谋求自身利益的最大化，但是一味谋求自身利益、没有社会责任感的企业终会被社会所淘汰，只有真正担负起社会责任的单位才能在如今激烈的市场竞争中实现长足发展。从理论层面来讲，忽视社会责任的承担所导致的工作家庭责任失衡，不仅会影响员工的家庭，也会降低单位绩效。现有的工作—家庭冲突相关理论包括角色理论、溢出理论和冲突的边界理论。角色理论的提出者 Kahn 认为，人们在工作与家庭这两个领域扮演着不同的角色，当充当一种角色要付出更多的时间、精力而使得其在扮演另一个角色过程中时间、精力缺乏，就会产生两个领域的角色冲突。Grouter 认为人在一个领域里产生的情绪可能会带到另一领域，如果人们将在家庭中的情绪带到工作，一定会对员工的工作产生影响。Clark 在总结前两者经验的基础上，提出了冲突的边界理论，认为工作与家庭之间存在明显边界，对各个领域有重要影响的家人和领导者是各自领域的边界维护者，而员工总是在两个领域之间跨越，被称为跨越者。每个领域的边界维护者有不同的认识，两个领域的冲突可以通过边界维护者之间的相互沟通得到平衡。冲突往往伴随着其中一方利益的减少，这些理论就给因为工作家庭冲突导致员工工作绩效下降的单位提供了启示。[①]

除了以上理论以外，资源保存理论和身份认同理论也可以对此问题进行说明。Hobfoll 提出资源保存理论，该模型假定人试图获得并且保存对自己有价值的资源，借资源的获得与消耗来解释员工的工作压力和情绪耗竭。亨利·塔菲尔、约翰·特纳等人提出的身份认同理论认为人们把自己归类于某一群体，把自己归为某一群体的成员，这就是集体认同与关系认同。卫武和倪慧基于资源保存理论和身份认同理论，调查了 121 个员工的数据来分析工作家庭责任冲突对员工工作行为的影响。研究结果显示，工

---

① 范智琴：《工作—家庭冲突文献综述》，《河北企业》2017 年第 4 期。

作家庭冲突会让员工消耗情绪资源，产生情绪耗竭，情绪耗竭会在工作家庭冲突与员工反生产行为之间起中介作用。因此，基于资源保存理论，工作与家庭责任冲突会对员工在单位产生反生产行为起到直接与间接的作用。而基于身份认同理论，在面对同样程度的工作家庭冲突，有较强身份认同的员工能更好地考虑他人利益，整理好自身负面情绪，尽量减少个体的情绪耗竭。因此，单位要注重员工工作与家庭关系的协调，采取更加人性化的管理，增强员工的身份认同和集体归属感，降低员工由于工作家庭冲突带来的反生产行为，提高单位工作绩效。[①]

而从社会实践层面来看，不积极承担社会责任的企业，其长远发展将会受到威胁。一方面，中国加入世界贸易组织以来，我国的企业越来越多地参与到了国际市场竞争当中去，现在一带一路事业的蓬勃发展更是让中国的开放之路越来越宽广，中国跨国企业面临着前所未有的机遇和竞争。在国际合作过程中，欧美等国家的企业要求与其合作的企业在获得自身利益的同时要积极承担对环境和利益相关者的责任，达不到这个标准，这类企业的商品将被限制。另一方面，以人为本的科学发展观深入人心，不仅企业，国内外消费者也越来越注重所购买商品的生产过程，越来越多的消费者直接从生产者那里购买商品，企业的生产活动越来越具有外部性，甚至许多企业直接将生产过程透明化来获取消费者的信任，从而获得企业长久发展的更多可能性。

现在用人单位需要加强对员工家庭问题的关注，实际上也是顺应国家政策和适应市场环境，履行自己的社会责任，以树立企业良好的社会形象。单位强调工作与家庭的平衡，利于员工自身和家庭的健康发展，也能激发员工的工作热情，提高工作绩效，降低员工离职率，使得企业在吸纳人才中有更多的优势。

[①] 卫武、倪慧:《工作家庭冲突对员工工作行为的影响：基于资源保存理论和身份认同理论的视角》,《管理工程学报》2020 年第 1 期。

（二）我国单位承担工作—家庭平衡责任的现状

改革开放以来，我国各项事业蓬勃发展，单位积极履行社会责任，构建新的价值理念和管理模式，带领员工在完成自身业绩的同时积极参与了公益和慈善事业，在履行社会责任方面做出了突出贡献，在平衡工作与家庭方面也有一定成效。责任的履行，需要责任主体投入一定的时间、精力以及情感。作为个人，尤其是具有强烈家庭观念的中国人，家庭责任是其承担的重大责任，也正是由于对家庭责任的承担，许多身处工作岗位的个体才更加努力地工作。

如今，"全面二孩"政策推行及三孩政策开始实施，人口老龄化问题的日益严重，员工所扮演的家庭角色面临的压力越来越大。然而，近年来企业之间的竞争日趋激烈，也导致员工必须投入更多的精力到工作中，在两种角色压力的压迫之下，许多员工难以处理好工作与家庭责任的关系，导致工作与家庭关系失衡。在这个过程当中，作为直接给予员工压力的一方，用人单位如果及时采取有利于工作家庭平衡的各种人力资源管理策略，给予员工更多的伦理关怀，配合政府出台的家庭政策帮助员工平衡工作与家庭的责任，将有利于缓解我国普遍存在的工作与家庭责任失衡的现状。在此项工作中，我国许多企业高瞻远瞩，立足于企业的长久健康发展，积极调整管理策略，打造家庭友好型的企业文化，施行人性化的员工福利政策，涌现了许多好做法。如吉林石化公司的"五好"家庭创建工作和城市"妈妈班组"施行的弹性工作制，极大地调动了员工的工作热情，拉近了员工与企业的距离，有效地缓解了员工工作与家庭失衡的矛盾，更有利于单位长远发展。但是在一些单位中，还存在如下问题。

第一，企业缺乏家庭友好型制度。所谓单位的家庭友好型制度，是指单位为了帮助员工实现工作与家庭的责任平衡所采取的一系列正式或非正式的措施。现阶段我国正经历经济转型、人口与家庭结构变迁等变化，这些变化与欧洲、北美等西方国家相比，有许多相似之处。西方发达国家在工作与家庭平衡方面的研究与政策实践都走在我国前面，我国企业大多缺乏家庭友好政策，需要积极吸纳国外有益经验，建立和完善企业内部家庭友好制度。

改革开放以来，单位的各种改革与管理理念都忽视了中国员工家庭责任的承担，强调的是单位的业绩和经济效益，而单位绩效激励的实质不过是投入更多的时间，于是加班成为常态。有资料显示，我国劳动者普遍存在劳动时间过长、休假天数和员工福利少等现象。我国已成为世界上工作时间最长的国家。[1] 员工在自己的工作岗位感受到了很大的工作压力，造成工作与家庭责任的巨大冲突，致使出现健康恶化、婚姻满意度降低甚至婚姻破裂等问题。员工迫切需要提高自身的生活质量，这也导致了劳资关系紧张、工作满意度下降。[2] 企业的家庭友好制度的缺乏是造成当前局面的主要原因。此外，现实中还存在一些企业为了获得其他企业和社会的认可，设置了一些促进工作—家庭平衡的制度，却因为制度过于原则化不好操作等而在现实的管理实践中无法落实。

第二，性别平等机制不完善。目前男女平等的思想已经为社会所接受，女性走上工作岗位，成为社会经济发展过程中不可缺少的重要角色。但是传统"男主外、女主内"观念的根深蒂固，使女性在单位和家庭中深受其影响。工作与家庭冲突与平衡问题更多见于职业女性这一群体。这是因为，一方面，工业化的快速发展和社会激烈的甚至残酷的竞争，对员工的工作投入度、连续性和忠诚度有更高的期待和要求，员工工作压力不断凸显。为了维持工作生活的稳定和实现自身的发展，员工尤其是女性员工必须在工作中投入更多的时间与精力。因为职业岗位要求无男女之别，女性同样必须尽职尽责。但女性是生育的自然主体，女性担负着生育的重要使命，女性孕产期等特殊时期的生理心理压力，照顾婴幼儿和家庭中其他人的繁重劳动，使职业女性面临着比男性更多的工作与家庭的冲突，家庭友好型就业措施的不完善和国家福利政策的缺乏，也使得女性自身很难

---

① 刘叶、张芸芸:《家庭亲善政策：社会政策的新动向》,《社会工作》2018 年第 2 期。

② 刘永强等:《工作—家庭平衡的企业制度安排》,《中国工业经济》2008 年第 2 期。

解决这一问题。另一方面，中国的传统伦理文化认为女性适合做好贤内助，也更应该是家庭照顾责任的承担者，必须照顾好老人和小孩。男性则更适合也更应该成为家庭的经济支柱，在外打拼。这种思想观念在今天的社会还很有市场。社会舆论普遍认为现代职业女性必须协调好事业与家庭关系。如实在无法兼顾，女性必须做出事业与家庭谁为重的决策。如果选择家庭为重，社会舆论不会有什么非议，一般持支持赞同态度。但如果是选择事业为重而牺牲家庭的利益，则社会舆论会对女性持不友好的甚至贬抑的态度，女人自身也会产生沉重的歉疚感，觉得对不起自己的孩子和家庭。在这种文化氛围和语境中，如果女人在事业上成功，她还必须是好妻子和好母亲，才能算个好女人。如果没有家庭的成功，即使她有事业的成功，也是个有缺陷的女人，或者不算女人。而对于男性员工，社会舆论不会要求他做出照顾家庭的选择，而且对他全心全意投入工作而不顾家庭是持大为赞赏的态度的，男人也不会像女人那样，因为没有时间照顾家庭而对家庭有内疚感。迫于传统思想和当今社会舆论的压力，现实生活中的职业女性，为了在做好自己工作的同时维持良好的家庭关系，不得不在工作之余承受着繁重的家务劳动。每一个女人都渴望做到事业与家庭兼顾，期望实现事业有成、家庭幸福。也正是因为如此，职业女性的双重角色压力非常沉重。从这里也可以看出，女性工作与家庭平衡的压力问题更多的是社会文化和家庭政策造成的，而不能归咎于女性自身能力的缺乏，女性自身也不应该有太多的自责。

目前单位主要存在以下性别不平等现象：一是单位在用人中存在性别歧视。虽然我国《劳动者权益保护法》、《劳动合同法》、《就业促进法》及《女职工劳动保护特别规定》等强调了劳动者不分性别有着平等的就业与选择职业的权利，但目前在企业就业中仍存在性别不平等。生理性别的先赋因素、女性的怀孕和哺乳都成为就业性别歧视因素，学界称之为"母职惩罚"，即母职会对女性职业地位产生惩罚。这主要表现为对母亲的工资、就业率、就业形式、职位晋升等方面产生一定的负面影响，如工资降低、就业中断、全职工作转向兼职工作、职位升迁更加困难等。[①] 这实质上是企业利益最大化与女性生育成本非社会化之间的矛盾。一些企业出于利益和效率的考虑，想尽办法规避政策，少招或不招女员工，对在职女员工也缺乏照顾政策，更不用提友好型家庭政策。二是企业女性管理者升迁越发困难，企业女性遭遇性骚扰无保护措施，两性收入不平，等等。这一系列性别不平等现象会给女性员工带来极大的工作压力，加剧其角色冲突。而男性员工则会默认此现象，固化为思想意识，并使男女不平等思想在其家庭内部蔓延，认为女性确实更适合家庭，引起或加剧女性的工作与家庭冲突。

目前，我国能够意识到帮助员工处理好工作与家庭关系会带来丰厚回报并且采取积极行动的用人单位还不多，原因是多方面的。其一，投资给员工的顾家机会成本所带来的收益是具有滞后性的，它不会立刻反映在单位的绩效之上，而是在后来的收益中有显著体现，以逐利为其本性的单位可能更多地被眼前显著的经济效益所驱使。而且现阶段经济转型的过程中，经济效益也是政府和单位十分看重的指标，许多单位仍旧是经济利益至上，没有转变发展目标和发展思路，在这样的大环境下，单位可以努力做到合法生产，要求其积极承担社会责任、投资更多成本于短期难以看得见经济效益的地方，还需要一定过程和时间。其二，对于员工来说，我国缺少宏观的社会文化驱动因素，员工也没有意识将工作与家庭的平衡作为自己应该享有的合法权益。我国关于工作及家庭平衡的管理理论也并不是十分丰富，[②] 员工由下而上影响单位承担相应社会责任也比较困难。其三，我国关于不积极履行社会责任的相关法律制度并不完善，这就导致即使单位存在不履行社会责任的行为，也没有相应的法律进行规范，即使有了相关法律，也需要一套配合严密的监管体系保证实施。

---

① 参阅庄玉霞《母职惩罚理论及其对女性职业地位的解释——理论进展、路径后果及制度安排》，《国外社会科学》2020 年第 5 期。

② 刘永强：《家庭伦理的企业管理制度体系研究》，商务印书馆，2011，第 99 页。

单位不能正视员工的工作家庭冲突问题，在拒绝承担社会责任的同时，也拒绝了工作家庭平衡给单位带来的长远收益。这就直接影响到单位的员工及其家庭，而员工受影响之后必定会对企业的发展产生负面效应。工作压力过大与照顾家庭的重担，让处于宏观保障体系缺位中的员工长期处在工作与家庭的冲突之中，员工身体出现健康问题，家庭婚姻关系也出现破裂危机，降低了员工的幸福感。员工又将由此产生的负面情绪带入单位，就会对其组织行为产生负面影响，最终会影响企业的发展。工作与家庭的失衡实质上是企业片面追求短期经济利益而忽视企业社会责任的结果。企业在创造经济价值的同时也承担着相应的社会责任。一些企业为了提高自身的经济效益，不断增加员工的工作强度，忽略员工想要缓解工作与家庭责任冲突的诉求。这样的企业生产方式虽然可以促进短期效益的提升，但是在越来越重视企业社会责任的今天却不利于企业未来的发展。

（三）单位促进工作与家庭责任平衡的对策

1. 单位出台一系列家庭友好型企业制度

一些学者认为，工作家庭冲突有两个特点，一是工作与家庭的冲突是双向的而不是单向的，二是工作与家庭的冲突包括基于时间的冲突、基于压力的冲突和基于行为的冲突。企业的目的是追求利润，在没有意识到员工工作与家庭冲突的解决利于企业发展之前，企业就会为了追求更高的经济利益，做出歧视女性员工、压榨员工时间／精力／假期和增加员工工作压力与强度的行为。

单位想要获得更长足的发展，必须关注工作与家庭责任冲突问题，在单位内部制定家庭友好型制度，关注员工的职业发展与家庭责任的平衡。单位可以借鉴西方企业的一些顾家福利政策。在专门服务方面，对于女性员工，单位可以给予孕产假与哺乳假，让女性员工减轻工作压力，扮演好员工与家庭双重角色，这不仅可以提高员工家庭和谐度，减少员工工作与家庭责任的失衡，也可以提高员工对工作单位的好感度和忠诚度，提高企业员工的工作积极性，提高工作效率；对于属于外地人口的员工，单位可以减轻员工租房与交通的经济负担，另外给外地员工提供夫妻房、洗衣房等，建立相应制度来减轻员工的经济压力，免除外地打工者的后顾之忧，留住熟练工，促进企业员工数量的相对稳定，保证企业的生产量；对于有子女和老人的员工，单位可以开设"四点半课堂"，请专门的人来负责本企业内员工子女放学以后的学习与娱乐，关注员工子女的成长。为老人提供福利补贴或者设置临近的老人照顾场所，提高员工工作满意度，减少员工工作与家庭责任冲突。另外，在调节工作方面，单位可以借鉴美国、加拿大等国的先进经验，推广弹性工作制。作为老龄化十分突出的地区，西欧国家已经出台许多政策来应对由老龄化带来的工作与家庭失衡问题，主要包括工作政策和休假政策。工作政策有弹性工作时间、远程工作、压缩工作周、时间储蓄制度等，休假政策主要包括产假、陪产假、父母陪孩子的亲职假等。目前，我国大多数的工作岗位都是定时定点上下班，这就使得众多劳动者必须首先考虑工作时间，然后才能将其他时间进行分配，这样的工作时间制度无疑是导致员工工作与家庭冲突的一个重要原因，美国、加拿大等国家推广弹性工作制，可以有效避免员工工作与家庭责任之间的冲突，利于此问题的解决。

2. 完善单位性别平等机制

国际劳工组织 1981 年出台《有家庭责任的男女工人机会和待遇平等公约》（第 156 号），提出有家庭责任的男女工人比其他工人面临更多的问题，需要给其更多的帮助，以缓解其工作与家庭责任的冲突，提高工人的就业水平和家庭及其成员的生活质量。出于历史和传统等诸多原因，现代女性在参与社会劳动、努力提高自身家庭和社会地位的同时，在家庭中仍然承担着更多的家务劳动，尤其是抚幼养老的压力和负担，她们面临的工作与家庭责任之间的冲突比男性更为严重。如何缓解女性的这种困境，保障女性的就业权益，是中国女性亟待解决的问题。中国在完善性别平等机制方面需要继续努力。

首先，制定两性平等的用人制度。单位必须将无歧视原则贯彻到企业招聘、录用、培训以及晋升各个方面，重视员工的能力而不是性别。从目前的调查结果来看，女性的平均受教育水平已经大幅度提高，女性在就业市场竞争中已有一定优势，但由于传统观念、社会环境因素以及单位未贯彻非歧视原则，女性就业情况仍不容乐观。[①] 女性是生育的自然选择对象，又是传统意义上的家庭责任的承担者，用人单位在市场经济条件下不得不考虑用工成本，会自然地对录用女性有所顾虑。当然，随着我国法律制度的完善，显性的歧视已不多见，大量的是隐性歧视。要改变这一现象，一是需要用人单位承担起社会责任。单位要将性别平等意识内化于企业的管理之中，贯彻国家法律法规有关男女平等及保护妇女特殊权益的规定，加强对女性就业权益的保障，不设置任何的性别障碍。落实国家法定的带薪产假，确保所有育龄夫妇都享有育儿权益，并在可能的范围内适当延长产假，支持脱产照顾婴幼儿的父母重返工作岗位，并提供婴幼儿照护的服务设施和具体服务措施，减小女性的工作家庭冲突。二是需要国家对用人单位提供政策的支持。国家和政府必须以国家福利的方式为生育和家庭照护责任兜底，如为婴幼儿和老人照护提供资金和服务的支持，实现劳资双方利益的平衡，也使国家和用人单位之间的责任能够平衡，为单位履行社会责任奠定制度基础，也为家庭中的女性减轻照护负担。我国工作家庭平衡制度的出发点是认为家庭照护责任应由家庭成员自己来解决，而不应该由政府来分担。于是不论是发展儿童早期教育和社会养老机构，还是发展多形式的社会保障，其初衷都不是减轻劳动者的照护责任和负担，只是客观上有减轻家庭照护责任的效果。因而在家庭福利措施上我国要增加普适性的育儿津贴和覆盖更为广泛的公共照护服务。

其次，单位要创造男女性别平等的良好氛围。用人单位要消除对女性的刻板印象。不要主观上想当然地认为女性的工作能力一定不如男性，而

---

① 何勤:《国际比较视域下工作家庭平衡问题研究》,《中国人力资源开发》2014年第3期。

且认为女性一旦结婚就会因生育或家务影响工作，失去工作的积极性和主动性，事业的晋升也会被耽搁。事实上今天的大部分职业女性事业和家庭的关系处理得很好，在工作岗位上做出了自己的贡献，当然这离不开社会和家庭的支持体系的帮助。单位可以选择优秀的女性员工作为榜样，在单位中开展宣讲活动，将女性可以与男性一样工作优秀的思想观念传递给单位每个员工，激励女性员工在自己的工作中做出一番成就，强调社会、家庭及男性用政策和实际行动支持女性经营好工作和家庭。同时将防止性骚扰等写入单位规章制度，并通过员工集会、网络公众号宣传、印发手册等方式令员工知晓。在单位营造尊重女性、认可女性的家务劳动及工作价值的环境，保障劳动性别分工的公平和女性的就业权益。

3. 培育工作与家庭平衡的组织文化

中国传统文化一直以来注重和强调的是整体主义，认为整体利益高于个体利益，这样的文化传统有它的优势，那就是个体对于整体利益的维护，保障了共同体的生存和发展。但它有忽略个体利益的倾向，使个体的权益无法得到实现。这种文化至今仍有影响。对于用人单位而言，单位的利益始终是摆在第一位的。"工作第一、家庭第二"成为单位对员工的要求，员工常常以牺牲家庭利益为代价去成就单位的利益。单位也就自然而然地认为家庭友好政策不是它必须执行的，它认为必须执行的只是国家的法律和政策，而其他的政策都必须服从单位利益。因而员工能够享受的家庭友好政策非常有限，即使出台了一些政策也可能成为一种摆设。单位并没有把家庭责任纳入自己的发展战略框架内，也没有为员工照顾家庭提供支持性友好型的环境和具体的措施。因而培育工作与家庭平衡的组织文化是我们必须重视的课题。

政府应该利用大众传媒宣传和提倡工作与家庭平衡的理念，使每个个体和单位都有这种平衡的意识，树立工作是为了更好地生活、工作和家庭都重要的观念。摒弃工作至上的思想，认识到个人有享受家庭生活的权利，组织有帮助员工平衡工作与家庭的责任。工业革命以来的工作至上伦理虽然极大地提高了社会生产力水平，为社会创造了极为丰富的财富。但它同时也在伤害人类自身，工作与焦虑是人们挥之不去的梦魇，而真正在背后操纵的是资本逻辑，不断鼓吹拼命工作、拼命消费，人们的社会地位、理想生活、消费水平都与工作、收入紧密联系起来，而个体成为工作—消费—工作中的一个机器，沦为了资本增值的工具。在强大的物欲面前，个体迷失了自我和生活的意义，窒息了梦想和一切创造性，自我实现成了泡影。在这种工具理性的语境和资本的思维方式中个体也逐渐疏离了家庭和家庭生活，个体成为工作的奴隶，家庭沦为工作的牺牲品。

国外发达国家在向后工业社会的转变过程中，已经意识到家庭对于国家经济与社会发展的重要作用和帮助员工处理好工作与家庭责任平衡问题的重要意义。美国从国家层面颁布了工作与家庭平衡的相关法律，1993年《家庭与医疗休假法》对企业平衡工作与家庭的责任进行了规定。来自哈佛商学院的福勒团队在其最近的报告中指出，已经有越来越多的企业意识到帮助员工照顾家庭的重要性，并采取了主要包括专门服务和调节工作的员工家庭福利政策，涉及儿童保育、老人护理、家庭办公、产假、陪产假等许多方面的内容[①]。发达国家的实践已证明：工作与家庭平衡会提高员工的工作积极性和满意度，提高工作的效率。单位必须制定支持员工履行家庭责任的福利制度和工作制度，为员工照顾家庭提供各种保障，营造单位支持员工承担家庭责任的良好文化氛围。东风汽车公司在1990年到2000年10年间，积极发展公司健康促进工作，在10年中逐渐拥有了完善的以初级卫生保健为基础、面向职工以及职工家属的卫生服务体系。在此过程中举行的"健康社区"活动，不仅提高了员工社区内的健康意识，增强了企业员工的凝聚力，也为企业保存了健康的劳动力，为企业实现清洁生产

---

① 〔美〕Joseph Fuller，Manjari Raman，Daniele Kost：《企业为什么应该支持员工照顾家庭？》，《董事会》2019年第3期。

和可持续发展做出了贡献。[①] 单位应该向这方面做得比较好的如东风汽车公司等企业学习和借鉴，对顾家机会成本有助于企业盈利有一个正确的认知，从根本上产生内驱力，解决单位员工的工作家庭冲突问题，承担自己的社会责任。

三　大众传媒：家庭价值观的引导

"大众传播，就是专业化的媒介组织运用先进的传播技术和产业化手段，以社会上一般大众为对象而进行的大规模的信息生产和传播活动"。[②] 大众传媒是信息的载体，它是大众传播媒介的简称，主要包括报纸、广播、电视和互联网四种形式，其中"报纸、杂志、广播、电视是传统的大众媒体，随着新媒体技术的迅速发展与普及，互联网后来居上，成为新型的大众媒体"。[③] 当代大众传媒的传播方式更加多样、速度更加快捷、受众面更广、对社会生活的影响越来越大，已成为推进政治民主化进程中的不可缺少的力量，对于家庭政策的制定、传播和实施都有重要作用，它架起了公共政策与大众相互沟通的桥梁，是一个十分重要的中介因素。家庭政策要通过大众传媒对公众进行传播，而公众通常也要借助大众传媒实现对家庭政策的影响，大众传媒最终促成了公众与家庭政策之间的良性互动，这是大众传媒发挥作用最基本的逻辑。当今时代大众传媒凭借其强大的穿透力，将分散的社会整合为一个整体，与此同时把政府和社会有机连接在一起。媒体对家庭政策的影响日益受到人们广泛的关注和认可。

大众传媒是家庭政策周期中一个特殊的主体，它主要通过舆论引导

---

① 徐缓、罗启华、范忠群：《结合大型企业特点　促进职工家属健康——1990~2000 年东风汽车公司健康促进工作策略》，《中国健康教育》1999 年第 9 期。

② 郭庆光：《传播学教程》，中国人民大学出版社，1999，第 111 页。

③ 文春英、顾远萍：《当代中国大众传媒研究》，中国传媒大学出版社，2013，第 126 页。

的方式来影响人们的价值观念，从而对家庭政策的建构产生影响。任何家庭政策的背后都蕴含着一定的价值取向，而大众传媒在激发人们的情感共鸣、传播价值观方面发挥着独特作用。价值观念的传播是大众传媒重要的功能，传媒所有的传播活动本质上都是在进行一种价值观念的引导与宣传，无论是新闻媒体所发布的新闻事件，还是电视媒体上的影视剧情安排，其根本目的都是达到大众传媒的价值说服的目标。大众传媒通过对具有典型代表性的社会事件进行大量的传播与评述，使人们接受各种传播媒介所宣传的社会核心价值观念，使其改变自身所固有的价值观念，进而对人们的价值选择、价值观念及其行为方式进行改造，使其与社会发展的主流意识形态要求相吻合。因此，现代大众传媒成为家庭价值观传播的重要手段和途径，各种大众传播媒介可以凭借对家庭价值观的大量且长时间报道来吸引人们的注意力，影响人们的家庭价值观念与价值选择，进而对家庭政策的制定、传播与实施产生深刻的影响。

（一）大众传媒在家庭价值观传播中的功能

大众传媒的功能就是大众传媒对于社会生活所能产生的作用。拉斯韦尔是最早对媒介功能进行论述的学者，他提出了著名的媒介三功能说，即守望环境、协调社会各部分以回应环境和使社会遗产代代相传三种功能。[①] 在此之后，社会学家赖特对媒体功能进行了进一步的补充，增加了娱乐的功能。在他们之后，学者们对媒介的功能又进行了一定归纳和扩充。综合起来，主要有雷达功能、控制功能、传递文化的功能以及娱乐的功能。与此同时，大众媒体在传播的过程中还具有影响大、时效快、范围广、交互性强以及形象性与易感性等典型特点。正是大众传媒这些功能与特点使得大众传媒在家庭价值观传播过程中具有了自身的独特性。

---

① 〔美〕哈罗德·拉斯韦尔：《社会传播的结构与功能》，何道宽译，中国传媒大学出版社，2013，第37页。

1. 监测社会环境，提供价值选择

传播信息是大众传媒的基本功能，它具有传播速度快、内容丰富、手段多样等特点，能够在短时间内有效收集自然与社会中的信息，并且可以以最简单便捷的方式给受众提供他们所需要的各种信息，为政府和受众的行动决策提供一定的依据，起到环境监测的作用。

价值观念作为一种从社会中抽离出来的一种价值信息，随着现代社会的发展与现代化信息技术的不断完善，特别是新媒体技术的飞速崛起得到了广泛的传播。但是，复杂多样的信息风暴、多元化的价值选择，也使得大众的价值判别与选择面临困难。因此大众传媒雷达功能主要表现在两个方面。

一方面，大众传媒是传播家庭政策信息的主渠道，增强政策制定的民主性和科学性。在家庭政策的制定中，传媒通过深入的新闻报道，让公众了解有关政策制定的背景、意图和相关信息，在此基础上公众可以就政策制定的目的、内容及如何完善政策提供意见，进行广泛的讨论。反之，公众对政策信息不了解，或了解不充分，也就无法行使自己的民主权利并参与到政策的制定过程中，更无法对政策提出意见。传媒成为公众参与政策决策的直接途径，为他们发表意见提供各种平台，如群众来信、群众意见专栏等，同时传媒与社会舆论结合大大加强了它对家庭政策决策的影响。政府通过传媒能及时有效地全面了解公众的愿望和需求，并根据公众的利益诉求，对家庭政策方案的设计和内容进行合理的优化，使政策更能体现和符合公众的根本利益。学者指出，"新闻媒体在解决通过政策手段而有意或无意导致的利益分配偏差方面可以发挥一定的匡正作用，因为它可以有效增加民主的广度与深度，使政策的价值取向满足尽可能多的政策对象的利益诉求"。[1] 这一过程也为政策的合法性提供了依据，为政策的制定和实施创造了有利的公众支持条件。大众传媒在这里发挥着上情下达和下

---

① 陈堂发:《新闻媒体与微观政治——传媒在政府政策过程中的作用研究》，复旦大学出版社，2008，第18页。

情上传的作用，它成为政府与公众之间的传声筒，搭建起政府与公众之间交流的平台，是实现政策决策科学化和民主化的重要载体和方式，它也成为监控政府行政合法性的重要力量。

另一方面，大众传媒可以通过设定议程的方式，对公众的讨论话题进行适当的引导，能够对所收集到的信息进行筛选和处理，从而使它能够从社会所产生的大量信息当中，剔除掉有害信息，传递正确的家庭价值观信息，营造良好的社会舆论环境，为家庭政策的建构提供正确的思想价值基础。

大众传媒深刻影响着政策议程设置。1972年麦库姆斯等发表的《大众传播媒介的议程设置功能》一文将大众媒介的传播效果称为"议程设置"，于是议程设置理论成为有关大众传媒效果的理论，主要的论点是大众传媒有一种为公众设置"议事日程"的功能，传媒关注一些问题而忽略一些问题本身就可以影响公众舆论，人们一般是依据传媒所确定的问题的优先次序来确定对问题的关注和判断问题的重要性。有些学者认为"公众议程一旦被媒体议程所设置或反映，就影响了精英议程决策者的政策议程，在一些情况下，也影响了政策的贯彻执行"。[1]"公共舆论确定了公共政策的基本范围和方向"，[2]作为连接政府与公众的桥梁，传媒是政府了解掌握社会信息的重要途径，它促使公众积极主动参与决策，大大扩展了政策问题的来源和政策诉求的群体，提高了政府对政策问题的关注度和认知度。而且传媒可以把少数人的分散的意见汇成明确一致的意见，通过各种方式输入政府决策系统，为建立政策议程创造条件。

2. 信息解读，传播家庭价值观念

在现代社会中，信息充斥着每一个角落。对于各种各样的信息进行深入的解读是所有大众媒介最重要的功能之一。家庭政策作为一种政策信息要想获得公众认同和有效实施不仅要依靠大众传媒传播政策信息，更为重

---

① 陈振明编著《公共政策分析导论》，中国人民大学出版社，2015，第41页。
② 〔美〕詹姆斯·E.安德森：《公共决策》，唐亮译，华夏出版社，1990，第95页。

要的是要依靠大众传媒对信息进行"深加工",即发挥它解读"信息"的功能。大众传媒应该对家庭政策进行一种权威性的解读,为公众提供家庭政策制定的目标、影响以及政策背后蕴含的价值观念等方面的详细说明和诠释,让政策内容变成公众所能理解和明白的内容,并且能够以政策依据的价值观念来引导公众了解、接受和认同家庭政策方案。

从具体的媒体实践来看,媒体政策解读主要体现在:一方面,约请有关方面的专家和政府决策者对政策的精神、主要内容和背后的价值支撑进行专业性的阐释,对政策内核进行深入的剖析,让公众对政策制定的意义和具体方案有客观、真实、全面和透彻的了解。这种权威的解释能使家庭政策获得公众的认同。另一方面,通过主办专题栏目等各种方式,采用深入浅出的语言向公众普及家庭政策的基本内容。通过这些方式及时化解公众对政策的疑虑、误解和反对意见,最大限度地统一公众对政策的认识,使公众从被动的接受转向主动的理解、认同和支持,积极传播家庭政策蕴含的主流家庭价值观念,推动家庭政策的有效实施和执行。

当代社会的传媒是公众深入了解政策的主要途径。传媒的报道会大大提高政策的知晓度,增强公众对家庭政策的感性认识,加深对政策的印象,促使政策的可信度和权威性得以提高,让公众知晓和强化自己在家庭政策中应担当的角色,从而指导自己的行为。所有政策不可能自发地被接受和执行,需要传媒发挥社会交流和信息沟通功能,帮助公众认识家庭政策所依据的价值观念,使这种价值观念逐步被认识并成为人们的内在信念。

3. 宣传和监督,影响家庭成员价值判断和行动

大众传媒具有宣传和引导的功能,它全方位地影响着人们的思维方式和行为习惯,塑造着人们的价值观念。任何一个政策要影响人们的行动,都必须依赖传媒的宣传,让公众知晓、了解并接受政策蕴含的价值理念。

价值观念是影响公众理解和接受家庭政策的最重要的内在因素，也是制定家庭政策的前提和依据。因而要发挥大众传媒的宣传作用，引导社会舆论，倡导正确的家庭价值观。如传媒就某一主题，通过新闻、广告、影视剧等方式向人们大力传播主流价值观念和家庭政策的基本价值理念。例如央视的公益广告—family 家，就告诉人们：家有爱有责任。每一则公益广告，无论它是采取什么样的方式加以呈现，其本质都是一种情感或者理念的表达，体现了传播者所要传达的某种价值评判和道德追求，其通过传媒将价值观念传递给受众，潜移默化地影响着人们的价值取向、思想态度以及行为方式。这种凭借故事情节与生动画面引起人们情感共鸣的方式更容易被受众所认可与接受，并且能够进一步渗透到人们的内心深处，从而起到十分重要的引导作用。

同时，传媒能够通过树立正面典型和榜样发挥宣传引导作用。随着新媒体技术的发展，各种网络和媒体能够在更大范围内对模范人物加以传播和颂扬，从而引导人们向先进榜样学习，帮助人们树立正确的家庭价值观。例如，感动中国人物、家庭道德模范等评选活动就是一种典型的榜样示范教育，通过影像、文字等多种辅助手段的渲染，使典型人物的故事及其高尚的道德形象在人们的心中留下深刻的记忆，实现激励和鼓舞人心的作用，影响人们的道德情感、价值判断和道德选择。对家庭伦理价值观念的宣传和引导，有助于人们更好地理解家庭政策，破除政策执行中的各种阻力，使家庭政策发挥其功效。

传媒不仅仅具有宣传功能，还具有强大的监督功能和力量。尽管传媒的监督不具备强制性，但它具有涉及面广、公开、高效和迅速的特点，通过其舆论制约作用，传媒承担了家庭政策决策执行过程中的监督者和公众利益的捍卫者的角色。

一方面，传媒对政策决策执行过程的情况及其效果可以及时进行反馈，促使将政策决策执行的行动置于公众的监督之下，具有更大的公开性和透明度，从而减少政府行为的任意性和不合理性，提高政策行为的效益和效率。首先，政策是否符合民意？是否会导致一部分人的利益损失？政策实施的效果究竟如何？通过传媒公布和传播政策执行的结果，从而影响政策的决策系统，促进政策修订、完善及终止。如对生育政策的不断修订完善。其次，对政策执行过程中执行不力或不执行政策、曲解政策的问题及时反映，有利于消除"上有政策、下有对策"的现象。最后，对于政策执行中以权谋私的现象和粗暴的执行方式进行监督，提出批评和谴责，有利于消除这种不正之风，改变政策执行方式，缓和公众对这种现象的不满和对立情绪，以保证家庭政策的正确有效执行。

另一方面，传媒的监督也体现在对公众方面。如在家庭政策决策中公众是否积极参与，是否真正行使自己的民主权利、认真履行义务。是否只考虑自己的利益而不考虑甚至损害大多数人的利益，是否在参与中只是走过场，而不对家庭政策决策的实质问题发表意见、采取敷衍态度。

（二）大众传媒在家庭价值观传播中存在的问题

大众传媒具有强大的价值观导向作用，它能够通过各种方式把价值观念、行为方式以及各种不同的文化类型直接地展现在人们的面前，使人们的思维与行为方式发生重大的变革。但是我们也不能忽视当今我国大众传媒在价值导向上存在的严重问题。

1. 家庭价值观导向错误

大众传媒在进行家庭价值观传播时出现了与主流的家庭价值观相偏离的现象。随着社会的不断变革与传播媒介的迅速发展，大众媒体在价值观导向方面发挥着越来越重要的作用。但是，不容忽视的是仍然存在大量质量水平低下的家庭影视剧广泛传播的问题，这些影视剧中的媚俗化倾向与低俗化内容严重误导了受众的价值判断与选择，进而影响到主流家庭价值观的建构，让人们在应对相关家庭问题的时候容易对自我产生怀疑。例如，一些家庭伦理剧为了提高收视率，往往热衷于用"第三者"、婚姻危机、婆媳矛盾等家庭斗争的内容来代替优秀的传统家庭伦理内容，尤其是在夫妻关系的表述方面，热衷于将夫妻关系当作一种对抗性的关系，营造一种不和谐的假象，重点突出丈夫与妻子之间的互相猜疑与争吵，直到最后感情破碎、家庭解体。这些家庭伦理剧往往变成"家斗剧"，让受众对家庭生活产生错误的认识，认为家庭是缺乏温暖与爱的地方，家庭生活没有什么意义，甚至影响家庭成员之间的和谐相处。

此外，有些家庭伦理剧对于"第三者"形象的刻画也存在错误的价值导向。一些电视剧越来越多地在强调"第三者"自身处境的艰难及她们之所以会成为"第三者"的无奈，表现出了一种包容、同情甚至欣赏"第三者"的态度，这实质上是在为"第三者"正名，这无疑会给受众带来错误的价值导向。在这些电视剧中，不管是反映夫妻关系还是婆媳关系都有相似的故事情节和人物，主要展示了家庭生活的矛盾方面，而缺少对于家庭成员相处方式的正面引导，出现与主流的家庭价值观相背离的现象。这些错误的家庭价值观对家庭政策的制定和执行会产生不良影响。

2. 女性价值取向的刻板化和同质化

从社会性别的角度来看，长期以来，大众传媒的表达方式一直以男性为中心，在当下丰富的传媒产品中看似多元的价值观，其实具有刻板化和同质化的倾向。这表现在传媒的价值取向中。首先，对女性的关注主要是其外部价值，即可观赏的外部容貌。在众多化妆品的广告当中几乎全部使用美女的形象，并且向受众暗示：女性的价值就在于年轻、美丽。其次，传媒在倡导男性独立和强大的同时，强调女性的依赖性与依附性。传媒传递的信息是在一个家庭中，丈夫是家庭经济资源的主要提供者，他的社会地位和收入应该高于妻子。而妻子的价值主要体现在家庭当中，温柔贤惠、勤俭持家被视为女性的美德。相反，如果女性的性格强势就会造成家庭的矛盾和冲突，这其中暗含了明显的男性中心价值取向。人们常见的广告模式就是：女性作为母亲或妻子，担负照顾孩子或丈夫的家庭角色。出现在工作领域的女性非常少，而且在工作场所担负的角色也是辅助性的。女性即便在工作场所，呈现的画面却是人在而心不在，"她要么为枯发发愁，要么为月经不安，要么为约会分神，要么考虑将巧克力送给哪一个朋友"。[①]电视广告强化了女性家庭主妇的形象和不适应职场工作的刻板印象。

此外，传媒特别强调家庭关系和谐的根本就在于要发挥女性为家庭而自我牺牲与奉献的精神。例如，在家庭伦理剧《贤妻》当中就塑造了一个为了家庭牺牲自己的一切的妻子形象。这类家庭伦理剧的播出，强化了女性为了家庭而牺牲一切的奉献精神，使得这类女性形象受到越来越多人的认可和赞美，甚至导致一些女性将这种自我牺牲精神内化为自己的行为准则。这种女性形象显然不是当代女性所期望的，它表达的是男性社会文化对女性的期待和要求。

3. 家庭价值导向的媚俗化的倾向

在市场经济的背景下，为了迅速占领市场以及获得高额的利润，一些媒体片面地追求"眼球效应"，而对人文精神和社会价值持一种漠视的态度，致使大众传媒媚俗化现象蔓延。这主要体现在一些媒体盲目追求经济利益、追求新闻的"眼球效应"，各种"标题党"以及新闻炒作的现象层出不穷，新闻的真实性被忽视，致使新闻报道失实，尤其体现在婚姻家庭的报道方面。此外，在市场经济竞争压力下存在少部分媒体从业人员道德素养缺乏现象，他们在巨大的利益驱使之下，对于节目制作的底线难以准确地把握，难免会在"无意"中制作出大量媚俗化的节目内容，从而对社会和公众产生错误的引导。例如一些传媒工作者基于相关的数据统计，试图以子虚乌有的罪名将婚姻家庭置于险境，以此满足受众对于家庭的猎奇心理而引起轰动效应。但由此而使更多的年轻人因为受到这些舆论的引导，害怕走进婚姻家庭，甚至对婚姻家庭产生恐惧感和不安全感。[②]

---

① 王红旗主编《中国女性在演说》，中国时代经济出版社，2003，第8页。

② 参阅徐安琪、刘汶蓉、张亮、薛亚利《转型期的中国家庭价值观研究》，上海社会科学院出版社，2013，第247页。

（三）发挥传媒家庭价值观引导作用的实践路径

1. 发挥主流媒体的舆论导向功能

主流媒体指报道了主流信息，拥有了主流用户，占据了主流市场，吸引了主流广告，形成了主流品牌的媒体，[①] 影响主流人群、代表主流社会意识，传播主流新闻，形成强大的社会影响力，这是主流媒体所追求的目标。[②] 在家庭价值观传播方面，主流媒体作为在受众中具有很大影响力和社会权威性的媒体，承担着重要的宣传任务和功能。在家庭政策实施过程中主流媒体的解释、宣传与引导直接关系到家庭政策能否有效实施。

一方面，随着新媒体时代的到来，传统媒体与新的媒体形式融合是必然趋势。在媒体融合的过程中，政府应该结合网络、手机等新媒体的优势与报纸、杂志、电视等传统媒体的优势，实现传统媒体与新媒体之间的优势互补与合作，形成合力，更好地发挥主流媒体的舆论导向功能，引导公众树立正确的家庭价值观。为此，需要做到以下两点。首先，媒体自身应当积极作出相应的调整，推进传统媒体与新兴媒体之间的深度融合。充分发挥新媒体在传播方式、传播形式以及传播技术上的优势，建构融合环境下新型传播话语体系和传播方式。如在话语传播方式上改变传统的宣传思维，深入群众，全面了解受众的心理需求，以更接地气、更为公众接受、更灵活的方式传播主流声音。同时主动与有一定影响力的互联网商业平台和专业媒体加强合作，借助平台的用户和专业的技术资源、运营优势，在全媒体平台上探索创新，扩展主流舆论的传播范围、巩固主流舆论的阵地。例如，主流媒体可以通过开通微信公众号的方式去进行主流家庭价值观的传播，不仅可以提高家庭价值观的传播效率，而且，还可以扩大受众范围。其次，在使用新媒体技术对传统媒体进行革新的同时，也必须充分挖掘传统媒体自身的资源，充分发挥传统媒体的公信力、权威性、社会

---

① 李鹏、陈翔：《华西都市报的三次理论创新》，《新闻战线》2002 年第 6 期。

② 陈力峰、左实：《主流媒体的价值与要素解析》，《今传媒》2008 年第 7 期。

性、专业化、及时性的优势，保障传播的真实性和准确性，赢得公众的信任，使受众自觉地接受正确家庭价值观的影响。只有这样才能真正实现传统媒体与新媒体的深度融合，从而更好地发挥主流媒体的舆论导向功能，掌握主流舆论的主动权和主导权，引导公众树立正确的家庭价值观，以帮助公众理解和接受家庭政策。

另一方面，主流媒体承担着舆论引导、社会监督等一系列重要使命。它既要作用于公众身上，又来自公众。要保证主流媒体始终发挥正确的舆论导向功能，就必须加强主流媒体与公众的互动，改变传统媒体的单向传播方式，充分利用强大的新媒体技术与公众进行深度交流，构建以受众为中心的服务理念，实现"信息接收者—媒体使用者—内容反馈者"闭环服务。[①] 首先，要从改变传播语态开始。当前传播环境当中，受众对于信息的传播具有强烈的个性化需求。主流媒体传播的内容要让他们愿意接受，必须改变现有的传播语态，改变单向的传播方式，突出互动感，强化社交化传播，增强相互之间的沟通和交流，这样才可能更好地发挥主流媒体的舆论引导作用。同时要注意，传播语态的改变并不是要去迎合讨好受众，而是要以权威性、专业性为基础，以创新的方式实现家庭价值观更加有效的传播。其次，要采取多种方式接收公众反馈。可以通过热线电话、网络留言、电子邮件等形式，建立起广泛收集社会各个阶层受众意见反馈的立体化网络，使他们的意见通过反馈网络进入传媒机构，以此来形成健康的家庭价值观。只有这样传媒才能真正通过家庭价值观引导来促进家庭政策实施主体承担责任。

2. 强化媒体从业人员的道德素养

媒体从业人员是信息传播过程中的"把关人""守门人"，他们道德素养的高低直接关系着传播的效果和社会效益。"把关人"拥有收集、过滤以及传播信息的能力，他们所传递的信息直接影响着受众的思想、态度

---

① 李鹏、陈翔:《华西都市报的三次理论创新》,《新闻战线》2002 年第 6 期。

和价值观念。

　　近年来，我国新媒体形式迅速发展，媒体从业人员的人数迅速增加，而且由于人事制度改革，从业人员流动频繁，临时雇用人员增多，在年龄结构方面也越来越年轻化，从业者个性特点突出。但是媒体专业人员所需要的自律、敬业以及强调个人修养的优良品质在一定程度上被忽略了，提高媒体工作人员道德素养变得越来越重要。为此，需要做到以下几点，首先必须不断加强职业道德教育，培养媒体从业人员应该具有的职业观念、态度、情感以及作风等。每个媒体工作人员都应明确自己该做什么、不该做什么，使其应该遵循的道德准则深入人心，以此来达到提高媒体从业人员的道德素养的目的。只有在大众传播从业人员的道德素养普遍提高的情况下，大众传播才能真正坚持正确的舆论导向，引导人们树立正确的家庭价值观。其次，媒体从业人员也是家庭价值观的作用对象，应通过教育引导帮助从业人员树立正确的家庭价值观。媒体从业人员只有接受和认同正确的家庭价值观，才能创作符合正确家庭价值观的作品，为正确家庭价值观的传播做出贡献，促使其获得公众的理解和认同，从而促进符合家庭价值观的家庭政策的顺利实施。对一些背离家庭伦理的家庭政策，促使政策制定者对政策进行修改或终止，发挥传媒在政策制定、实施和执行中的作用。

3. 健全有关的法律法规，对媒体进行引导、约束和监督

　　道德与法律是规范人们行为的两种必不可少的手段，道德的约束更多的是一种"软约束"，需要依赖道德主体的道德自觉来发挥作用，而当主体道德意志不坚定和信念缺乏时，道德对主体的约束就会显得十分乏力。而在经济利益的驱动下，作为家庭价值观传播重要载体的大众传媒，在传播活动中，往往为了追求高收视率，出现各种低俗化、媚俗化的倾向，给受众以错误的价值观引导。因此，在家庭价值观传播过程中，需要健全相关的法律法规，把对媒体的引导、约束与监督提升到法律层面。

　　首先，完善与大众传媒相关的法律法规。大众传媒是党和人民的喉

舌，是政府和公众沟通的桥梁，为主流意识形态服务。因而党的政策是传统大众传媒进行传播的主要依据，而对这一领域内的法律依据缺乏相应的重视，这就使得传媒法律构建进展缓慢，至今尚未出台专门的《传播法》或者《新闻法》。与此同时，法律法规建设的滞后性问题，导致有关部门对大众传媒的传播活动出现监管不力的情况，存在一定的管理盲区。因此，要尽快推进专门的新闻法的出台以及一系列相关的配套法律体系建设，进一步明确大众传媒的权利与义务，让法律为传媒有序健康发展提供保障，有效提升家庭价值观的传播效果。

其次，需要对新媒体进行有效监管。在我国，公民的言论自由虽然受到法律的保护，但是这也并不表示人们在发布言论与信息时可以随心所欲、不接受任何监督与约束。在现实生活中，一些个人或者媒体为了获取经济利益或者想要达到某种特定的政治目的，在新媒体上传播虚假、色情信息，宣传腐化堕落的生活方式以及错误的价值观导向，从而给受众错误的价值观引导，对正确价值观的树立造成负面影响。因此，必须通过法律对新媒体进行必要、适度的监管，营造一个健康、清朗的网络空间，才能为正确家庭价值观的传播营造一个风清气正的媒体环境，从而为家庭政策的制定、实施提供正确的价值指导和支持。

参考文献

一 专著

[1] 《马克思恩格斯全集》第 1 卷，人民出版社，1995。

[2] 《马克思恩格斯选集》第 1 卷，人民出版社，1995。

[3] 《马克思恩格斯选集》第 3 卷，人民出版社，1995。

[4] 《马克思恩格斯文集》第 3 卷，人民出版社，2009。

[5] 邓小平：《邓小平文选》第 2 卷，人民出版社，1994。

[6] 邓小平：《邓小平文选》第 3 卷，人民出版社，1993。

[7] 胡锦涛：《在省部级重要领导干部提高构建社会主义和谐社会能力专题研讨班上的讲话》，见《十六大以来重要文献选编（中）》，人民出版社，2006。

[8] 习近平：《决胜全面建成小康生活 夺取新时代中国特色社会主义伟大胜利》，人民出版社，2017。

[9] 《习近平谈治国理政》第 2 卷，外文出版社，2017。

[10] 《中华人民共和国宪法》，人民出版社，2018。

[11] 中共中央党校：《执政党建设若干问题研究》，中共中央党校出版社，2004。

[12] 中共中央文献研究室：《十八大以来重要文献选编（上）》，中央文献出版社，2014。

[13] 中共中央文献研究室：《习近平关于社会主义社会建设论述摘编》，

中央文献出版社，2017。

[14] 中共中央宣传部:《习近平总书记系列重要讲话读本》，学习出版社，2016。

[15] 本书编写组:《中共中央关于加强和改进新形势下党的建设若干重大问题的决定》，人民出版社，2009。

[16] 中共中央党史和文献研究院编:《习近平关于注重家庭家教家风建设论述摘编》，中央文献出版社，2021。

[17] 国家统计局:《2019 年中国农村贫困监测报告》，中国统计出版社，2019。

[18] 国务院妇女儿童工作委员会办公室、国家统计局、联合国儿童基金会:《中国儿童发展指标图集（2018）》，联合国儿童基金会，2018。

[19] 费孝通:《乡土中国·生育制度·乡土重建》，商务印书馆，2011。

[20] 费孝通著、麻国庆编《美好社会与美美与共：费孝通对现时代的思考》，生活·读书·新知三联书店、生活书店出版有限公司，2019。

[21] 关信平主编《社会政策概论》，高等教育出版社，2004。

[22] 郭庆光:《传播学教程》，中国人民大学出版社，1999。

[23] 陈堂发:《新闻媒体与微观政治——传媒在政府政策过程中的作用研究》，复旦大学出版社，2008。

[24] 陈振明主编《公共政策分析》，中国人民大学出版社，2003。

[25] 陈振明编著《公共政策分析导论》，中国人民大学出版社，2015。

[26] 李秋芳等主编《半个世纪的妇女发展——中国妇女五十年理论研讨会论文集》，当代中国出版社，2001。

[27] 黎昕主编《中国社区问题研究》，中国经济出版社，2007。

[28] 李汉林:《中国单位社会》，世纪出版集团、上海人民出版社，2004。

[29] 李慧英、刘澄主编《社会性别与公共政策（之二）》，中国社会科学出版社，2014。

[30] 李龙:《西方法学名著提要》，江西人民出版社，1999。

[31] 刘喜珍:《中西老龄伦理比论》,中国社会科学出版社,2019。

[32] 刘筱红、赵德兴、卓惠萍:《改革开放以来中国农村妇女角色与地位变迁研究:基于新制度主义视角的观察》,中国社会科学出版社,2012。

[33] 刘永强:《家庭伦理的企业管理制度体系研究》,商务印书馆,2011。

[34] 吕青、赵向红:《家庭政策》,社会科学文献出版社,2012。

[35] 彭佩云主编《中国计划生育全书》,中国人口出版社,1997。

[36] 钱宁:《社会正义、公民权利和集体主义——论社会福利的政治与道德基础》,社会科学文献出版社,2007。

[37] 宋健编著《社会性别视角下的中国社会政策》,社会科学文献出版社,2012。

[38] 宋秀岩主编《新时期中国妇女社会地位调查研究》(上卷),中国妇女出版社,2013。

[39] 唐灿、张建主编《家庭问题与政府责任:促进家庭发展的国内外比较研究》,社会科学文献出版社,2013。

[40] 王红旗主编《中国女性在演说》,中国时代经济出版社,2003。

[41] 王晶:《找回家庭:农村代际合作与老年精神健康》,社会科学文献出版社,2016。

[42] 王周户:《公众参与的理论与实践》,法律出版社,2011。

[43] 文春英、顾远萍:《当代中国大众传媒研究》,中国传媒大学出版社,2013。

[44] 伍启元:《公共政策》(上册),台湾商务印书馆,1985。

[45] 谢明编著《公共政策导论》,中国人民大学出版社,2012。

[46] 徐安琪、刘汶蓉、张亮、薛亚利:《转型期的中国家庭价值观研究》,上海社会科学院出版社,2013。

[47] 杨伟民编著《社会政策导论》,中国人民大学出版社,2004。

[48] 英国上议院科学技术特别委员会:《科学与社会》,张卜天、张东林译,北京理工大学出版社,2004。

[49] 俞可平:《权利政治与公益政治》,社会科学文献出版社,2001。

[50] 袁柏顺:《寻求权威与自由的平衡——霍布斯、洛克与自由主义的兴起》,湖南人民出版社,2006。

[51] 张敏杰:《社会政策论 转型中国与社会政策》,北京大学出版社,2015。

[52] 郑杭生:《中国人民大学中国社会发展报告 2002 弱势群体与社会支持》,中国人民大学出版社,2003。

[53] 杨团、张秀兰主编《当代社会政策研究 2》,中国劳动社会保障出版社,2007。

[54] 〔古希腊〕亚里士多德:《尼各马科伦理学》,苗力田译,中国社会科学出版社,1999。

[55] 〔美〕约翰·罗尔斯:《正义论》,何怀宏等译,中国社会科学出版社,1988。

[56] 〔美〕哈罗德·拉斯韦尔:《社会传播的结构与功能》,何道宽译,中国传媒大学出版社,2013。

[57] 坎迪达·马奇、伊内斯·史密斯、迈阿特伊·穆霍帕德亚:《社会性别分析框架指南》,社会性别意识资源小组译,社会科学文献出版社,2004。

[58] 〔美〕托马斯·戴伊《理解公共政策》,罗清俊等译,韦伯文化事业出版社,1999。

[59] 〔英〕理查德·蒂特马斯:《蒂特马斯社会政策十讲》,江绍康译,吉林出版集团有限责任公司,2011。

[60] 〔丹麦〕古斯塔·艾斯平 – 安德森:《福利资本主义的三个世界》,古允文译,台湾巨流图书公司,1999。

[61] 〔美〕卡尔·帕顿、大卫·沙维奇:《公共政策分析和规划的初步方法(第二版)》,孙兰芝等译,华夏出版社,2001。

[62] 〔美〕斯图亚特·S·那格尔编著《政策研究百科全书》,林明等译,

科学技术文献出版社，1990。

[63] 〔美〕迈克尔·沃尔泽：《正义诸领域：为多元主义与平等一辩》，褚松燕译，南京译林出版社，2002。

[64] 〔美〕玛丽亚·康西安、谢尔登·丹奇革：《改变贫困，改变反贫困政策》，刘杰等译，中国社会科学出版社，2014。

[65] 〔美〕查尔斯·J·福克斯，休·T·米勒：《后现代公共行政——话语指向》，楚艳红等译，中国人民大学出版社，2002。

[66] 〔德〕路德维希·艾哈德：《大众的福利》，丁安新译，武汉大学出版社，1995。

[67] 〔法〕卡特琳·米尔丝：《社会保障经济学》，郑秉文译，法律出版社，2003。

[68] 〔美〕B·盖伊·彼得斯：《政府未来的治理模式》，吴爱明等译，中国人民大学出版社，2001。

[69] 〔美〕特里·L·库珀：《行政伦理学：实现行政责任的途径》，张秀琴译，中国人民大学出版社，2001。

[70] 〔美〕丹尼斯·米都斯：《增长的极限》，李宝恒译，吉林人民出版社，1997。

[71] 〔美〕科恩：《论民主》，聂崇信等译，商务印书馆，1988。

[72] 〔美〕米尔顿·弗里德曼：《资本主义与自由》，张瑞玉译，商务印书馆，1986。

[73] 〔日〕坂入长太郎：《欧美财政思想史》，张淳译，中国财政经济出版社，1987。

[74] 〔英〕安东尼·吉登斯：《超越左与右：激进政治的未来》，杨雪冬译，社会科学文献出版社，2009。

[75] 〔英〕贝弗里奇：《贝弗里奇报告：社会保险和相关服务》，劳动和社会保障部社会保险研究所译，中国劳动社会保障出版社，2008。

[76] 〔英〕大卫·李嘉图：《政治经济学及赋税原理》，周洁译，华夏出版

社，2005。

[77]〔英〕哈耶克:《通往奴役之路》，王明毅等译，中国社会科学出版社，1997。

[78]〔英〕霍布豪斯:《自由主义》，朱曾汶译，商务印书馆，1995。

[79]〔英〕马丁·鲍威尔:《新工党，新福利国家？英国社会政策中的"第三条道路"》，林德山、李资姿、吕楠译，重庆出版社，2010。

[80]〔英〕穆勒:《政治经济学原理及其在社会哲学上的若干应用（下）》，胡企林、朱泱译，商务印书馆，1991。

[81]〔英〕约翰·梅纳德·凯恩斯:《就业、利息和货币通论》，金陪、张世贤译，经济管理出版社，2008。

[82]〔美〕詹姆斯·E·安德森，《公共决策》，唐亮译，华夏出版社，1990。

[83]〔美〕内尔·诺丁斯:《始于家庭：关怀与社会政策》，侯晶晶译，教育科学出版社，2006。

[84]〔英〕苏珊·特斯特:《老年人社区照顾的跨国比较》，周向红、张小明译，中国社会出版社，2002。

[85]〔美〕凯特·米利特:《性的政治》，钟良明译，社会科学文献出版社，1999。

[86]〔美〕迈克尔·罗斯金等:《政治科学》，林震等译，华夏出版社，2001。

[87]〔法〕弗朗索瓦·德·桑格利:《当代家庭社会学》，房萱译，天津人民出版社，2012。

[88]〔德〕韦尔纳·劳夫:《理解教育：何为家庭教育的本质》，刘丽等译，龙门书局，2011。

[89]〔美〕汤姆·L.彼彻姆:《哲学的伦理学》，雷克勤、郭夏娟等译，中国社会科学出版社，1990。

[90]〔英〕安东尼·吉登斯:《第三条道路：社会民主主义的复兴》，郑戈

译，北京大学出版社、三联书店，2000。

[91]〔美〕R.T.诺兰等:《伦理学与现实生活》，姚新中等译，华夏出版社，1988。

[92]〔美〕梯利:《西方哲学史》（增补修订版），葛力译，商务印书馆，1999。

[93]〔英〕米尔恩:《人的权利与人的多样性—人权哲学》，夏勇等译，中国大百科全书出版社，1995。

[94]〔英〕拉里·埃里奥特、丹·阿特金森:《不安全的时代》，曹大鹏译，商务印书馆，2001。

[95]〔英〕齐各蒙特·鲍曼:《个体化社会》，欧阳景根译，上海三联书店，2002。

[96]〔美〕杰克·唐纳利:《普遍人权的理论与实践》，王浦劬译，中国社会科学出版社，2001。

[97]〔美〕托马斯·雅诺斯基:《公民与文明社会》，柯雄译，辽宁教育出版社，2000。

[98]〔美〕J.范伯格:《自由、权利和社会正义——现代社会哲学》，王守昌、戴栩译，贵州人民出版社，1998。

[99]〔美〕罗伯特·杰克曼:《不需暴力的权力: 民族国家的政治能力》，欧阳景根译，天津人民出版社，2005。

[100]林水波、张世贤:《公共政策》，台湾五南图书出版公司，1982。

[101]张金马:《政策科学导论》，中国人民大学出版社，1992。

[102]〔瑞典〕卡尔松、〔圭〕兰法尔主编《天涯成比邻—全球治理委员会的报告》，赵仲强等译，中国对外翻译出版社，1995。

二　论文

[1]　习近平:《切实把思想统一到党的十八届三中全会精神上来》，《求是》

2014 年第 1 期。

[2] 习近平:《决胜全面建成小康社会 夺取新时代中国特色社会主义伟大胜利——在中国共产党第十九次全国代表大会上的报告》,《人民日报》2017 年 10 月 28 日。

[3] 习近平:《坚定改革开放再出发信心和决心 加快提升城市能级和核心竞争力》,《人民日报》2018 年 11 月 08 日。

[4] 习近平:《在庆祝改革开放 40 周年大会上的讲话》,《人民日报》2018 年 12 月 19 日。

[5] 《中华人民共和国家庭教育促进法》,《人民日报》2021 年 10 月 25 日。

[6] 《李克强总理等会见采访两会的中外记者并回答提问》,《人民日报》2013 年 3 月 18 日。

[7] 《全面贯彻党的十八届五中全会精神 落实发展理念 推进经济结构性改革》,《人民日报》2015 年 11 月 11 日。

[8] 《中共中央关于制定国民经济和社会发展第十三个五年规划的建议》,《人民日报》2015 年 11 月 4 日。

[9] 《张桂梅代表"七一勋章"获得者发言时说——"只要还有一口气,我就要站在讲台上"》,《中国教育报》2021 年 6 月 30 日。

[10] 本刊编辑部:《隔代照料: 中国式育儿的利与弊》,《婚姻与家庭》2017 年第 12 期。

[11] 陈华仔、肖维:《中国家长"教育焦虑症"现象解读》,《国家教育行政学院学报》2014 年第 2 期。

[12] 陈力峰、左实:《主流媒体的价值与要素解析》,《今传媒》2008 年第 7 期。

[13] 陈卫民:《我国家庭政策的发展路径与目标选择》,《人口研究》2012 年第 7 期。

[14] 陈振明:《美国政策科学的形成、演变及最新趋势》,《国外社会科学》1995 年第 11 期。

[15] 崔宝琛:《当代青年女性工作—家庭冲突研究——兼论中国家庭政策转向》,《山东女子学院学报》2017年第3期。

[16] 董国礼、谢燕清:《家庭形态的想象与重构:一个分析性框架——1949年以来的国家权力实践》,《中国研究》2013年第1期。

[17] 杜凤莲、董晓媛:《转轨期女性劳动参与和学前教育选择的经验研究:以中国城镇为例》,《世界经济》2010年第2期。

[18] 范智琴:《工作-家庭冲突文献综述》,《河北企业》2017年第4期。

[19] 关信平:《当前我国社会政策的目标及总体福利水平分析》,《中国社会科学》2017年第6期。

[20] 韩央迪:《家庭主义、去家庭化和再家庭化:福利国家家庭政策的发展脉络与政策意涵》,《南京师大学报(社会科学版)》2014年第6期。

[21] 何欢:《美国家庭政策的经验和启示》,《清华大学学报》(哲学社会科学版)2013年第1期。

[22] 何勤:《国际比较视域下工作家庭平衡问题研究》,《中国人力资源开发》2014年第3期。

[23] 和建花、蒋永萍:《从支持妇女平衡家庭与工作视角看中国托幼政策及现状》,《学前教育研究》2008年第8期。

[24] 胡湛、彭希哲:《家庭变迁背景下的中国家庭政策》,《人口研究》2012年第2期。

[25] 计迎春、郑真真:《社会性别和发展视角下的中国低生育率》,《中国社会科学》2018年第8期。

[26] 蒋永萍:《制定修订家庭政策应以性别公正为基本理念》,《中国妇女报》2014年8月5日。

[27] 李楷:《家庭政策与社会变迁中的中国家庭》,《社会学研究》1991年第5期。

[28] 李桂梅:《中国传统家庭伦理文化的特点》,《湘湖论坛》2002年第2期。

[29] 李桂梅等:《论当代中国家庭政策的基本价值取向》,《吉首大学学报》2019 年第 1 期。

[30] 李桂梅:《"全面二孩"政策的社会性别伦理探析》,《伦理学研究》2020 年第 5 期。

[31] 李国旗:《我国政府决策法制化进程中的问题与解决路径》,《理论导刊》2009 年第 8 期。

[32] 李鹏、陈翔:《华西都市报的三次理论创新》,《新闻战线》2002 年第 6 期。

[33] 李实:《怎么看"6 亿人每月收入 1000 元"》,《半月谈》2020 年第 11 期。

[34] 李树茁、王欢:《家庭变迁、家庭政策演进与中国家庭政策构建》,《人口与经济》2016 年第 6 期。

[35] 李贤华:《国外保护家庭妇女权益的司法制度》,《人民法院报》2012 年 3 月 2 日。

[36] 李迎生:《中国普惠型社会福利制度的模式选择》,《中国人民大学学报》2014 年第 5 期。

[37] 李迎生:《从依附到自主:中国社会政策的历史演进与范式转换——基于社会政策与经济政策关系的视角》,《中国人民大学学报》2020 年第 4 期。

[38] 刘冬梅、〔德〕戴蓓蕊:《德国社会法中的家庭福利政策》,《德国研究》2017 年第 3 期。

[39] 刘继同:《中国现代家庭福利政策的基础性、战略性地位》,《社会政策研究》2016 年第 1 期。

[40] 刘继同:《当代中国婚姻家庭政策历史经验、结构特征、严峻挑战与发展方向》,《人文杂志》2018 年第 4 期

[41] 刘继同:《世界主要国家现代家庭福利政策的历史发展与经验规律》,《中共中央党校学报》2016 年第 4 期。

[42] 刘莉、李慧英:《公共政策决策与社会性别意识》,《山西师范大学学报》(社会科学版) 2003 年第 3 期。

[43] 刘妮娜:《从互助养老到互助共同体:现代乡村共同体建设的一种可行路径》,《云南民族大学学报》(哲学社会科学版) 2021 年第 2 期。

[44] 刘庆宝:《社区家庭发展服务体系建设探析》,《理论建设》2015 年第 5 期。

[45] 刘世军:《民心是最大的政治》,《光明日报》2017 年 1 月 23 日。

[46] 刘汶蓉:《转型期的家庭代际情感与团结——基于上海两类"啃老"家庭的比较》,《社会学研究》2016 年第 4 期。

[47] 刘晓玲、邓志强:《现代生育伦理价值取向的嬗变》,《伦理学研究》2009 年第 4 期。

[48] 刘歆立:《公共政策道德性及其意义初探》,《重庆社会科学》2005 年第 7 期。

[49] 刘叶、张芸芸:《家庭亲善政策:社会政策的新动向》,《社会工作》2018 年第 2 期。

[50] 刘中一:《构建符合我国国情的家庭福利政策体系》,《开放导报》2011 年第 4 期。

[51] 刘永强等:《工作—家庭平衡的企业制度安排》,《中国工业经济》2008 年第 2 期。

[52] 罗肖泉:《关于中国社会工作职业道德建设的几点思考》,《伦理学研究》2009 年第 2 期。

[53] 吕良辰:《公共政策的伦理缺失与制度设计》,《管理观察》2014 年第 2 期。

[54] 马春华:《瑞典和法国家庭政策的启示》,《妇女研究论丛》2016 年第 2 期。

[55] 蒙克:《"就业—生育"关系转变和双薪型家庭政策的兴起——从发达国家经验看我国"二孩"时代家庭政策》,《社会学研究》2017 年第 5 期。

[56] 穆光宗：《"鼓励生育"需要的是"生育福利"》，《中国社会工作》2018年第9期。

[57] 聂飞：《社会资本视角下的家庭政策体系构建研究》，《求实》2016年第10期。

[58] 彭希哲、胡湛：《当代中国家庭变迁与家庭政策重构》，《中国社会科学》2015年第12期。

[59] 钱振明：《公民道德建设：现时代政府的新职能》，《中国行政管理》2002年第2期。

[60] 宁吉喆：《第七次全国人口普查主要数据情况》，《中国信息报》2021年5月12日。

[61] 尚晓援：《"社会福利"与"社会保障"再认识》，《中国社会科学》2001年第3期。

[62] 佘宇：《福利国家模式是否必然影响经济增长——围绕北欧福利国家模式的争议》，《发展研究》2013年第2期。

[63] 盛亦男、杨文庄：《西方发达国家的家庭政策及对我国的启示》，《人口研究》2012年第4期。

[64] 石贝贝、唐代盛、候蔺：《中国人口生育意愿与男孩偏好研究》，《人口学刊》2017年第2期。

[65] 石玲、王艳：《运用Hill-Upchurch标准分析中国九十年代婴幼儿死亡率的性别差异》，《人口研究》2002年第2期。

[66] 宋健、周宇香：《中国已婚妇女生育状况对就业的影响——兼论经济支持和照料支持的调节作用》，《妇女研究论丛》2015年第4期。

[67] 孙春晨：《新时代公民道德建设的公共政策价值导向》，《东岳论丛》2020年第8期。

[68] 唐灿等：《女儿赡养的伦理与公平——浙东农村家庭代际关系的性别考察》，《社会学研究》2009年第6期。

[69] 童星、高钏翔：《社区服务：社会化养老的末梢神经》，《中共浙江省

委党校学报》2017 年第 1 期。

[70] 王春光:《中国社会政策阶段性演变逻辑》,《国家行政学院学报》2018 年第 3 期。

[71] 王建:《教育缓解相对贫困的战略与政策思考》,《教育研究》2020 年第 11 期。

[72] 王庆华:《利益博弈时代公共政策的价值取向》,《吉林大学社会科学学报》2010 年第 2 期。

[73] 王绍光:《中国公共政策议程设置的模式》,《中国社会科学》2006 年第 5 期。

[74] 王思斌:《略论社会政策的社会治理功能》,《社会政策研究》2016 年第 1 期。

[75] 王伟光:《正确处理人民内部矛盾建构社会主义和谐社会》,《学习时报》2006 年 3 月 21 日。

[76] 王阳:《社会政策融入家庭视角的国外经验与我国借鉴》,《上海城市管理》2015 年第 6 期。

[77] 卫武、倪慧:《工作家庭冲突对员工工作行为的影响:基于资源保存理论和身份认同理论的视角》,《管理工程学报》2020 年第 1 期。

[78] 吴德帅:《消解与建构:社会福利权历史流变与启示》,《理论月刊》2017 年第 11 期。

[79] 吴帆:《第二次人口转变背景下的中国家庭变迁及政策思考》,《广东社会科学》2012 年第 2 期。

[80] 吴帆:《全面放开二孩后的女性发展风险与家庭政策支持》,《西安交通大学学报》(社会科学版)2016 年第 6 期。

[81] 吴帆:《生育意愿研究:理论与实证》,《社会学研究》2020 年第 4 期。

[82] 吴帆:《我国家庭政策的价值取向、框架与路径》,《中国妇女报》2014 年 6 月 17 日。

[83] 吴帆:《中国家庭功能变化与家庭发展能力建设》,《人口与计划生育》

2017 年第 9 期。

[84] 吴小英:《家庭政策背后的主义之争》,《妇女研究论丛》2015 年第 2 期。

[85] 吴玉玲等:《人口转变与国家 – 家庭关系重构:英美儿童福利政策的转型及其启示》,《江苏社会科学》2020 年第 5 期。

[86] 吴忠民:《从平均到公正:中国社会政策的演进》,《社会学研究》2004 年第 1 期。

[87] 吴忠民:《普惠性公正与差异性公正的平衡发展逻辑》,《中国社会科学》2017 年第 9 期。

[88] 肖伊宁:《英国工党的社会福利观念与政策变化》,《当代世界与社会主义》2019 年第 5 期。

[89] 徐安琪、张亮:《转型期家庭压力特征和社会网络资源的运用》,《社会科学研究》2008 年第 2 期。

[90] 徐缓、罗启华、范忠群:《结合大型企业特点 促进职工家属健康——1990~2000 年东风汽车公司健康促进工作策略》,《中国健康教育》1999 年第 9 期。

[91] 严强:《国家治理现代化与公共政策研究范式的选择》,《江海学刊》2014 年第 1 期。

[92] 杨宜勇、吴香雪:《女性延迟退休与家庭政策价值的再思考》,《价格理论与实践》2017 年第 1 期。

[93] 于长永、刘二鹏:《全面二孩:中国生育政策调整的理性选择》,《中国社会科学》(内部文稿)2016 年第 6 期。

[94] 余达淮:《企业社会责任三题》,《经济经纬》2009 年第 1 期。

[95] 余清臣:《面向立德树人的当代中国家庭教育:挑战与治理》,《西北师范大学学报》(社会科学版)2021 年第 1 期。

[96] 俞婷婕:《"剧场效应"下教师专业危机与出路》,《探索与争鸣》2018 年第 11 期。

[97] 岳经纶、张孟见:《社会政策视域下的国家与家庭关系:一项实证分析》,《重庆社会科学》2019 年第 3 期。

[98] 张康之:《公共政策过程中科学与价值的统合》,《江苏社会科学》2001 年第 6 期。

[99] 张世峰:《变革中的中国儿童福利政策》,《社会福利》2008 年第 11 期。

[100] 张欣:《公共政策与伦理问题相关性分析》,《理论与当代》2011 年第 3 期。

[101] 张秀兰、徐月宾:《建构中国的发展型家庭政策》,《中国社会科学》2003 年第 6 期。

[102] 赵喜顺:《国家在家庭变迁中的作用（摘要）》,《社会学研究》1990 年第 4 期。

[103] 赵韵玲:《公共政策过程中的价值取向研究》,《改革与战略》2016 年第 9 期。

[104] 钟晓慧、何式凝:《协商式亲密关系:独生子女父母对家庭关系和孝道的期待》,《开放时代》2014 年第 1 期。

[105] 钟晓慧:《改革开放以来政策过程中的积极家庭》,《妇女研究论丛》2019 年第 3 期

[106] 周中之:《新时代道德治理的新探索》,《思想理论教育》2020 年第 3 期。

[107] 庄玉霞:《母职惩罚理论及其对女性职业地位的解释——理论进展、路径后果及制度安排》,《国外社会科学》2020 年第 5 期。

[108]〔英〕R.M. Titmuss:《普惠性社会服务与选择性社会服务》,刘继同译,《社会福利》2012 年第 4 期。

[109]〔美〕Joseph Fuller，Manjari Raman，Daniele Kost:《企业为什么应该支持员工照顾家庭?》,《董事会》2019 年第 3 期。

[110] 卢文玉:《论社会性别视角下发展型婚姻家庭政策的构建》,《法制与社会》2014 年第 7 期。

三　外文文献

[1] David Easton, The Political System: An Inquiry into the state of Political Science, New York, Knopf, 1953.

[2] Carl J. Friedrich, Man and His Government: An Empirical Theory of Politics, New York, McGraw–Hill Book Company, 1963.

[3] Marshall T.H., Social Policy, London, Hutchinson, 1965.

[4] Kahn A J, Kamerman S B, The Politics and Organization of Services: the Course of Personal Social Services. Public Welfare, 1978(3).

[5] Lewis J, Gender and Welfare State Change. European Societies, 2002(4).

[6] Dennis F. Thompson, Paradoxes of Government Ethics, Public Administration Review, 1992(52).

[7] T.H.Marshall, The Rights to Welfare, in Talking about Welfare: Readings in Philosophy and Social Policy, edited by Noel Timms and David Watson, London, Routledge & Kegan Paul, 1976.

[8] Marshall T. H., Citizenship and Social Class, in Class, Citizenship and Social Development Essays, by T.H.Marshall Westport. Greenwood Press, 1973.

[9] Yan, yunxiang, Neo–Familism and the State in Contemporary China, Urban Anthropology and Studies of Cultural Systems and World Economic Development, 2018 (3, 4).

[10] International Labor Organization, Global Employment Trends for Women, 2007.

[11] Daly M, Care as a Good for Social Policy, *Journal of Social Policy*, 2002（2）.

[12] Pavalko E.K., Artis J. E., Women's Caregiving and Paid Work: Causal

Relationship in Late Midlife, *The Journals of Gerontology Series B: Psychological Sciences and Social Sciences*, 1997(4).

[13] Peter McDonald, Gender Equity, Social Institutions and the Future of Fertility, *Journal of the Australian Population Association*, 2000, 17(1).

[14] OECD, *Extending Opportunities: How Active Social Policy Can Benefit Us All*, Paris, OECD Publishing, 2005.

[15] Berkowitz, E.D., America's Welfare State: From Roo–sevelt to Reagan, Baltimore, Md., John's Hopkins University Press, 1991.

[16] Ringen, S., The Possibility of Politics: A Study in the Political Economy of the Welfare State, Oxford University Press,1987.

四　电子文献

[1] 《世界人权宣言》全文，https://xw.qq.com/cmsid/20220213A075CW00.

[2] 《"十四五"积极应对人口老龄化工程和托育建设实施方案》，http://www.gov.cn/zhengce/zhengceku/2021-06/25/5620868/files/04b844773d1e4bb78dde9b8309aff945.pdf.

[3] 2020年中国全民福利支出需占财政支出35%，http://finance.sina.com.cn/roll/20090403/18476064531.shtml? domain=finance.sina.com.cn.

[4] 《86岁彭云谈人口政策：毛泽东曾批示人口非控制不可》，http://finance.sina.com.cn/china/gncj/2015-12-28/doc-ifxmxxsr3894973.shtml.

[5] 《国民经济和社会发展第十三个五年规划纲要（2016–2020）年》http://www.china.com.cn/lianghui/news/2016-03/17/content_38053101_15.htm.

[6] 国务院常务会议研究部署发展家庭服务业政策措施 http://www.chinanews.com/cj/2010/09-01/2506131.shtml.

[7] 国务院关于印发国家人口发展规划（2016—2030年）的通知 http://

www.gov.cn/zhengce/zhengceku/2017-01/25/content_5163309.htm.

[8] 胡锦涛：制定引导人口合理流动 有序迁移的政策 https://www.chinadaily.com.cn/ dfpd/2011-04/27/content_12408399_3.htm.

[9] 温家宝：《推动社会福利由补缺型向适度普惠型转变》，http://roll.sohu.com/20120320/n338258042.shtml.

[10] 《我国社会保障支出占财政 12% 远低于西方国家》，https://finance.qq.com/a/20120615/000481.htm.

[11] 《中共十八届三中全会公报》（全文），https://www.guancha.cn/politics/2013_11_12_185190.shtml.

[12] 李晓宏：《家庭政策出现价值取向变化》，http://world.people.com.cn/n/2014/1204/c1002-26143818.html.

[13] 芒芒：看了袁隆平的母亲才知道，什么叫真正的名门望族 https://baijiahao.baidu.com/s?id=1703136405639979333&wfr=spider&for=pc.

[14] 王姝：《卫计委主任李斌回应：如何破解"因病致贫、因病返贫"》http://www.china.com.cn/news/2017-08/31/content_41507528.htm。

[15] 张秋盈：《双 11 过后的思考：买买买！是谁刺激了女人的购物欲》，http://news.fengone.com/b/20201118/613137.html.

[16] 中华人民共和国财政部，http://www.mof.gov.cn/gkml/caizhengshuju/202005/t20200530_3523307.htm.

[17] International Labor Organization, Global Employment Trends for Women 2007: ILO study warns on the feminization of working poverty, http://www.ilo.org/global/about-the-ilo/newsroom/news/WCMS_082166/lang--en/index.htm.

后　记

　　本书是我主持的国家社科基金项目"当代中国家庭政策建构的伦理维度研究"（16BZX104）的最终成果。课题结题后，压在我心里的石头终于落地，卸下重负的感觉让我舒心。五年的时间要完成两个课题（另一个是重大招标子课题），对于我来说，压力不小。在此，感谢朱俊林博士写作该书第二章初稿，感谢王琪琪、何小路同学分别提供了第五章第一、二节和第三节的部分初稿。感谢我的学生赵子鉴为课题结项之事的付出，感谢我的学生郭海蓉、苗鑫雨、全峻锋、石震宇、冉欢在书稿校对上提供的帮助。正是你们让我免去了不少琐碎烦心事务的叨扰。

　　家庭政策的伦理研究涉及的问题广泛而复杂，需要多学科的知识和跨学科的深度思考，本人的知识和学术积累相对有限，书中的观点和论述不一定精准，有漏误之处，恳请方家批评指正。之所以转入家庭政策的伦理研究，一方面感谢国家社科基金的立项及资助，另一方面我想在多年家庭伦理研究的基础上进一步拓展研究视域，虽有难度和挑战，但能够完成任务，也感到欣慰。

　　本书的一部分内容已在期刊上发表，我们在书中已说明并列入参考文献。本书的写作参考和引用了中外学者大量的研究成果，在文中我们力求一一注明，但难免有遗漏之处，特在此一并表示歉意和感谢。

李桂梅

2022 年 8 月于长沙

图书在版编目（CIP）数据

当代中国家庭政策建构的伦理维度研究 / 李桂梅著
. -- 北京：社会科学文献出版社, 2023.3
ISBN 978-7-5228-0965-6

Ⅰ.①当… Ⅱ.①李… Ⅲ.①家庭－社会政策－伦理
学－研究－中国 Ⅳ.①D601-05

中国版本图书馆CIP数据核字（2022）第196028号

当代中国家庭政策建构的伦理维度研究

著　　者 / 李桂梅

出 版 人 / 王利民
责任编辑 / 桂　芳
责任印制 / 王京美

出　　版 / 社会科学文献出版社·皮书出版分社（010）59367127
　　　　　 地址：北京市北三环中路甲29号院华龙大厦　邮编：100029
　　　　　 网址：www.ssap.com.cn
发　　行 / 社会科学文献出版社（010）59367028
印　　装 / 三河市东方印刷有限公司

规　　格 / 开　本：787mm×1092mm 1/16
　　　　　 印　张：17　字　数：242千字
版　　次 / 2023年3月第1版　2023年3月第1次印刷
书　　号 / ISBN 978-7-5228-0965-6
定　　价 / 128.00元

读者服务电话：4008918866